U0524753

本书为华中科技大学文科"双一流"建设项目"国家治理湖北省协同创新中心建设专项"基金资助成果

社会认识与社会形态研究丛书

欧阳康◎主编

人工智能与社会认识论

ARTIFICIAL INTELLIGENCE AND SOCIAL EPISTEMOLOGY

▶ 欧阳康／主编

中国社会科学出版社

图书在版编目（CIP）数据

人工智能与社会认识论 / 欧阳康主编. -- 北京：中国社会科学出版社，2025.3. --（社会认识与社会形态研究丛书）. -- ISBN 978-7-5227-3967-0

Ⅰ. C91-02

中国国家版本馆 CIP 数据核字第 2024YN4521 号

出 版 人	赵剑英	
责任编辑	喻　苗	
责任校对	胡新芳	
责任印制	李寡寡	

出　　版	中国社会科学出版社	
社　　址	北京鼓楼西大街甲 158 号	
邮　　编	100720	
网　　址	http://www.csspw.cn	
发 行 部	010-84083685	
门 市 部	010-84029450	
经　　销	新华书店及其他书店	

印　　刷	北京君升印刷有限公司	
装　　订	廊坊市广阳区广增装订厂	
版　　次	2025 年 3 月第 1 版	
印　　次	2025 年 3 月第 1 次印刷	

开　　本	710×1000　1/16	
印　　张	19.75	
字　　数	269 千字	
定　　价	108.00 元	

凡购买中国社会科学出版社图书，如有质量问题请与本社营销中心联系调换
电话：010-84083683
版权所有　侵权必究

总　序

在大家的共同努力下,"社会认识与社会形态研究丛书"由中国社会科学出版社出版发行了。

自笔者于1986年起在国内哲学界倡导并实际开展社会认识论研究以来,我们关于社会认识论的思考与研究已经走过三十多年的学术历程。总体上看,我们这个学术团队对于社会认识论的研究大体可以分为四个阶段。第一阶段的研究以《社会认识论导论》的出版为标志,主要围绕论题确立、学科界说、体系构建、特点探析来展开,这一阶段的研究为社会认识论研究廓清了外围,奠定了基础。第二阶段研究的主要成果是《社会认识方法论》(武汉大学出版社1998年版),主要任务是将研究由理论层面向方法论层面延展,突出社会认识方法论,使社会认识论的理论成果转化为可供实践和操作借鉴的方法论和方法论原则。第三阶段的研究将人文社会科学哲学作为主攻方向,因为人文社会科学是在理论层面上展开的社会认识活动的专门化和典型化形式,社会认识论要在帮助人们更加科学地认识社会和自我方面发挥作用,就必须关注人文社会科学,这一阶段的研究成果集中体现在

《人文社会科学哲学》（武汉大学出版社2001年版）这部著作中。第四个阶段是在实践哲学的基点上进一步开展社会形态和认识问题的研究。

立足于一个新的学术和时代高度来看社会认识论的发展，这些年来经历了不断的拓展和深化历程。首先，研究视野不断拓展，由比较狭义的社会认识活动进入到对于社会认识与社会形态及其互动关系问题的广泛关注；其次，研究思路不断更新，由比较单一的认识论研究到与本体论、价值论、评价论、实践论、决策论等研究思路的综合应用；再次，研究方法不断丰富，大量借用哲学和现代科学方法论，并努力综合地运用其解答问题；最后，问题意识更加鲜明，越来越清晰地指向当代人类和中国的重大理论与实践问题，并且力求做出有理论深度和对策论意义上的解读。

社会认识论的研究得以持续发展，一个重要的因素是博士和硕士生们不断地加盟。笔者自1989年开始招收硕士生，1994年开始招收博士生，先后有一百多位博士生和硕士生参加了社会认识论的研究队伍，形成了一个非常和谐协调的社会认识论研究共同体。研究生们不仅积极参加到社会认识论的课题研究中，也以社会认识论作为学位论文的主攻方向，提出和研究了一系列新问题，推动了社会认识论的研究。不完全统计，先后撰写的比较直接相关的硕士学位论文题目有《社会认识的评价机制》（乔志勇）、《社会认识的预见机制》（何小玲）、《社会认识的观测机制》（种海峰）、《社会认识的进化机制》（李勇）、《社会认识的客观性》（张建华）、《简论社会时间》（李学明）、《简论社会空间》（王晓华）、《简论社会和谐》（田伟宏）、《简论社会心态》（胡红生）、《简论社会预警》（潘斌）、《简论民族精神》（吴兰丽）等。

与此同时，一批博士研究生参与到社会认识论研究，撰写了一批博士学位论文,其中不少论文已经结集出版。例如,郑文先的《社会理解论》、刘远传的《社会本体论》、叶泽雄的《社会理想论》、张理海的《社会评价论》和李勇的《社会认识进化论》等已经由武汉大学出版社收入我所主编的"当代人文社会科学哲学研究丛书"出版;吴畏的《实践合理性》、张明仓的《实践意志论》和邹诗鹏的博士后出站报告《实践生存论》由广西人民出版社纳入我所主编的"实践哲学丛书"出版;夏建国的《实践规范论》由中国社会科学出版社出版;孙德忠的《社会记忆论》和董慧的《社会活力论》分别由湖北人民出版社出版;林世选的《国民素质论》由中央编译出版社出版;等等。

本丛书旨在进一步推出社会形态与社会认识方面的研究成果,希望它能够成为一个开放的系列,将相关的优秀博士学位论文和研究成果持续纳入其中。首批出版由七部专著组成。其中《社会认识论导论》是我的博士学位论文,于1990年由中国社会科学出版社纳入胡绳主编的"中国社会科学博士论文文库"出版,迄今已经整整30年了,市面上早已无法购得。承蒙出版社领导厚爱,《社会认识论导论》此次得以修订再版。其余六部著作都是近年来我所指导的博士在各自博士论文的基础上修订完善后首次出版的,有杨国斌博士的《社会阶层论》,胡红生博士的《社会心态论》,潘斌博士的《社会风险论》,谷生然博士的《社会信仰论》,王能东博士的《技术生存论》,谢俊博士的《虚拟自我论》。它们在社会认识与社会形态领域分别进行了细致入微的探讨。我们衷心希望本丛书的出版有助于社会认识论研究的深化和发展,当然也衷心欢迎和希望来自各方面的批评指教。

中国社会科学出版社的领导和各位编审关心学术建设,积极参加本丛书的策划与编审。赵剑英社长从一开始就介入了本丛书的策划并提出了宝贵意见和建议,为本丛书增色添辉。责任编辑积极参与本丛书的设计与审校，对本丛书的最终出版付出了大量辛勤的劳动。我们对他们的学术气魄和远见卓识表示由衷的敬意和谢忱。

欧阳康

2020 年 8 月

目 录

前 言 …………………………………………………………（1）

一 开幕式致辞

顾红亮教授致辞 ………………………………………………（3）
冯颜利研究员致辞 ……………………………………………（6）
王柏俊致辞 ……………………………………………………（9）
欧阳康教授致辞 ………………………………………………（12）

二 主题报告

社会认识论视域中的人工智能与新文明形态构建 ……… 欧阳康（17）
数字化时代中作为价值世界构建主体的人 ……………… 陈新汉（24）
技术化社会及其犬儒化问题 ……………………………… 邹诗鹏（36）
智能系统能否成为社会认识的主体 ……………………… 孙伟平（41）
意识上传与认知坎陷的可迁移性 ………………………… 蔡恒进（47）
在马克思新世界观中把握人工智能的本质 ……………… 余乃忠（52）
人工智能与未来社会
　　——人工智能、共享主义与共产主义 ……………… 郑召利（58）
数字主体的身份认同 ……………………………………… 徐　强（61）
行为、意向和责任 ………………………………………… 张贵红（70）

三 学术论文

马克思历史唯物主义视域中的人工智能奇点论……… 涂良川（81）

人工智能主义：基本理念及其来自人本主义的

  挑战………………………………………… 谷生然（98）

机遇与挑战：数字乡村建设与乡村治理现代化 …… 张登巧（117）

5G 技术赋能高等教育发展：变革趋势、现实挑战及

  路径选择……………………… 张雷生 袁红爽（125）

数字文明与文学的功能性转向 ……………… 吴长青（149）

人工智能时代的意识现象学

  ——从情境出发兼论"幸福" ……………… 吴 雁（169）

数字时代的人文学科认识论 ………………… 张 炯（188）

以唯物史观辨析人工智能的现代性挑战 … 孙 颖 韩秋红（198）

AI 时代人何以自处

  ——从人工智能到人工情能之思 ………… 冰 马（216）

从现象学到后现象学：技术人工物道德的哲学

  反思 ………………………………………… 曹克亮（241）

从漠视到践踏：时间正义在资本主义的过去和

  现在 ………………………………………… 孙 涛（260）

浪漫主义的赛博格：对主体生存问题的一种视野 …… 陈珈翎（276）

四　附录

附录一　"人工智能与社会认识论"学术研讨会
　　　　综述……………………………………………（289）
附录二　中国辩证唯物主义研究会社会认识论专业
　　　　委员会理事成员名单…………………………（301）

前　言

2021年10月29日至10月30日，"人工智能与社会认识论"高端论坛暨中国辩证唯物主义研究会社会认识论专业委员会2021年年会在华东师范大学闵行校区举行。

本次会议由中国辩证唯物主义研究会社会认识论专业委员会主办，华东师范大学哲学系承办，华中科技大学哲学学院、华中科技大学哲学研究所、华中科技大学国家治理研究院、华东师范大学马克思主义学院、华东师范大学中国智慧研究院、华东师范大学中国智慧研究院、《华东师范大学学报》（哲学社会科学版）编辑部、《华中科技大学学报》（社会科学版）编辑部和《思想与文化》编辑部协办。

在10月29日上午举行的开幕式上，华东师范大学副校长、马克思主义学院院长顾红亮，中国辩证唯物主义研究会副会长、中国社会科学院哲学研究所副所长冯颜利，华东师范大学哲学系党委书记王柏俊，中国辩证唯物主义研究会副会长、社会认识论专业委员会会长、华中科技大学国家治理研究院院长、哲学研究所所长欧阳康先后致开幕词，并为华东师范大学哲学系成立的"社会认识论研究中心"正式揭牌。

本次会议以"人工智能与社会认识论"为主题，设主旨演讲和"人工智能与人类文明""人工智能与认识论""人工智能与唯物史观"三个平行专题演讲论坛，会议以线上、线下相结合的方式召开。来自中国社会科学院、复旦大学、上海交通大学、南京大学、浙江大学、华中科技大学、西安交通大学、大连理工大学、华南理工大学、南开大学、中国科学技术大学、东北大学、东北师范大学、华东师范大学、南京师范大学、华中师范大学、上海大学、安徽大学等数十所高校及科研院所的一百余位马克思主义哲学和科学哲学领域的专家学者出席会议，发表了精彩见地。会议收到42篇参会论文。

会议期间，中国辩证唯物主义研究会社会认识论专业委员会召开了会长办公会（扩大），研究了有关学会发展的重要问题。

为了传承学术，激励探讨，我们将会议成果结集出版。本论文集依托此次学术研讨会的会议成果，主体内容是与会学者的主旨发言及与会专家提交的学术论文。在结构内容安排方面，本论文集由总序、前言、领导致辞、与会学者发言、学术论文、附录组成。其中主要内容包括：第一部分是4位领导的致辞；第二部分是10位与会学者的主旨发言；第三部分是与会专家学者提交的14篇学术论文。需要特别说明的是，在本次研讨会上许多专家既做了非常精彩的大会主旨发言，又提交了学术论文。为使文集内容安排更加合理化，我们以发言专家学者提交的论文为最终成果呈现给读者。第四部分为2个附录，即附录一是本次会议综述；附录二是中国辩证唯物主义研究会社会认识论专业委员会理事成员名单。

本论文集的结集出版，凝聚了各方面的智慧结晶和辛苦付出。首先，各位与会专家学者会聚于本次研讨会，围绕人工智能与人类文明、人工智能与认识论和人工智能与唯物史观，探讨了人工智能的内涵及其与人类智能的关系；人工智能如何改变和加强社会文明的进步；人工智能对人类文明进步的影响引申出哪些重大哲学理论和社会问题；如何从人工智能带来社会变革中寻求丰富和发展社会认识的思想资源和实践资源；如何通过社会认识论的创新性研究促进人工智能的发展，提出了许多学术观点，对他们的智慧付出表示衷心的感谢！本论文集是在欧阳康教授的总体指导下，在吴兰丽副教授和赵泽林副教授的具体指导下，博士生胡志康完成研讨会会前论文的初步收集与整理。由博士生匡梦婷具体负责本文集的编排、校核与出版跟进事宜。在文集编排过程中，华中科技大学国家治理研究院杜志章教授，李芳元老师，博士生郭永珍，张宸晟，硕士生孙宇青、汤泽泽、刘琦、郭苏昊给予了热心帮助，在此对他们的辛勤付出表示感谢。最后对中国社会科学出版社编辑人员为本文集的付梓出版所付出的辛劳一并表示谢忱。

对论文集中的疏漏之处，敬请各位专家学者批评指正！

本书编者

一　开幕式致辞

顾红亮教授致辞*

尊敬的各位专家学者，上午好！

很高兴今天我们能够欢聚在华东师范大学召开"人工智能与社会认识论"学术论坛暨中国辩证唯物主义研究会社会认识论专业委员会2021年学术年会。我谨代表华东师范大学对大会的召开表示热烈的祝贺。华东师范大学于两周前举办了70周年校庆，我们回顾总结了建校70年以来的办学历程和成就。校庆结束后，重要的是如何面向未来、继续谋划和推进学校的"双一流"建设。

今天会议的主题充满了未来感，这同华东师范大学正在推进的"双一流"建设方案是高度契合的。三年前，华东师范大学提出"五大行动计划"，其中包括"五个+"，即教育+、生态+、健康+、智能+和国际+。"智能+"的行动计划同今天的会议主题有着十分密切的关系。华东师范大学也在"智能+"行动计划方面做了一些相关工作，重点聚焦在人工智能和教育的结合上，我简单跟大家介绍一下学校的想法和做法。

第一，华东师范大学作为一所师范院校对于教师的培养是十分

---

* 顾红亮，华东师范大学副校长，马克思主义学院院长、教授。

重视的，我们一直在思考如何培养一批卓越教师。为此，学校提出构建"一流专业教育""一流教师教育""一流智能教育"深度融合的研究型卓越教师培养体系，积极探索在新时代智能教育背景下卓越教师的成长规律。我们计划建立师范生六年制的本硕贯通培养试点，构建整合通识教育和专业教育、教师教育和智能教育、融合教育和准入制实践的新师范培养平台。

第二，针对人才的培养，华东师范大学提出了"四个教育相统一"的育人体系。四个教育指"师范思维导向的通识教育""前沿导向的专业教育""研究导向的教师教育""英才导向的智能教育"，其中特别是"英才导向的智能教育"同今天的议题高度相关。通过加强人工智能和教育的深度融合，充分利用现代智能技术的优势推动教与学划时代的改革，进而更新人才培养的理念和方式，实现学生个性化发展和卓越发展。

第三，就学术研究而言，华东师范大学在软件工程、脑科学、认知科学、教育学等学科领域具有优势。在上海市教育委员会的支持下，华东师范大学新成立了上海智能教育研究院。2021年六一儿童节前夕，学校举办了智能教育周并展示了相关智能教育项目，如音乐和绘画相互关联的儿童音乐画像，可抓取体能数据的智能跑道等。通过充分发挥人工智能的优势，实现教育形态和育人模式的变革。

当今世界格局日益复杂，社会变化愈加迅速，这需要我们对社会现实进行更为理性化、科学化、合理化的思考和研究，更为积极关注包括人工智能、大数据在内的新科技问题。特别地，人工智能方面有很多哲学问题、伦理问题需要关注，哲学和其他学科一样都能够为人工智能的发展做出专业贡献。

今天召开"人工智能与社会认识论"的学术论坛，彰显了哲学学科面向时代、变革现实的担当，彰显了哲学工作者理论的自觉性和时代的使命感。我相信,这次会议必然能够做出大文章、成就大学问。

最后祝愿本次大会圆满成功,谢谢大家。

冯颜利研究员致辞*

尊敬的欧阳康会长、顾红亮副校长、王柏俊书记，各位朋友们，大家上午好！

我是中国辩证唯物主义研究会的副会长、中国社会科学院哲学研究所副所长，这次我们中国辩证唯物主义研究会社会认识论专业委员会2021年学术年会在上海华东师范大学隆重召开，会议得到了华东师范大学的鼎力支持。在此，我代表中国辩证唯物主义研究会和中国社会科学院哲学研究所，向中国辩证唯物主义研究会社会认识论专业委员会全体代表，向在华东师范大学参会的各位同人表示热烈的祝贺和衷心的感谢！祝贺会议圆满成功，感谢邀请我来致辞和学习。

中国辩证唯物主义研究会社会认识论专业委员会是2019年11月正式成立的，2020年的学术年会在长沙理工大学召开，主题是"大数据与社会认识论"。今年10月，学会又与华东师范大学共同主办"人工智能与社会认识论"学术年会。人工智能技术的发展如今成为影响人类生活的重要因素，它渗透到经济社会与人类生活的各个方面。对于人工智能的发展，我们既有期待也有困惑。人工智

---

* 冯颜利，中国辩证唯物主义研究会副会长，中国社会科学院哲学研究所副所长、研究员。

能实现了传统社会向智能社会的转变，不仅为我们提供了很多生活的便利，也对人类的生活方式、思维方式产生了重大影响。

人工智能使我们以全新的视角认识外部世界以及人类自身，也重新定义了我们自身和我们的思维方式。同时，人工智能也给政府、学界，尤其是产业界带来很多新问题新挑战。在这个背景下，对人工智能的研究已经成为当今哲学研究，特别是社会认识论研究的重点课题、热点话题。关于人工智能与社会认识论，我就两个问题，谈谈自己的一孔之见：第一个问题，我们为什么要讲人工智能，它有哪些重要意义？第二个问题，人工智能与社会认识论的结合何以可能？

就第一个问题而言，我们需要将人工智能与社会认识论相结合来探讨。首先，对于人工智能生产的本质认识和把握，这是认识论的任务。人工智能是用机器模仿人的思维能力和智能活动，从而为我们拓展和提高思维能力的一种技术，其演进是模拟人的认识活动和人脑构造的过程。人工智能如何像人一样思考，像人一样行动，这也涉及人如何认识的问题。人工智能与社会认识论有明显的关联，将人工智能纳入社会认识论视域来研究，有助于推动人工智能研究多种范式的产生和技术的进步。在人工智能的研究中人们不免会提出这样的问题，即它能够模拟人的哪些认识方式。人工智能的现状还不能完全模拟人的自然理性推导、自我经验学习和与自然环境的互动等。人工智能与社会认识论的结合是反思人类社会全部命运的必然要求。人工智能使传统社会向智能社会转变的同时，也在丰富现代社会时代精神的发展。人工智能与社会认识论的结合是社会认识论面向人类社会工业最新的发展，从理论与实践相结合来探讨的一个积极尝试。这个探讨是新时代中国经济社会的发展与哲学创新和建设的基础。

就第二个问题而言，人工智能与社会认识论的结合何以可能？

这是对人工智能本身的认识问题，人通过实践和外界对象发生相互作用。进入互联网时代，人与人更多的交往实践通过网络中介，这种中介甚至将认识对象虚化了。我们所讲的人工智能与社会认识论结合的问题就是怎样认识和把握人工智能所塑造的智能社会，并进行哲学阐释的问题。一方面是对人工智能所创造的智能社会进行认识论的阐释，深刻认识和把握智能社会。对人工智能社会的全新结构、方式和规律进行重新认识，要从认识论的角度深化对智能本身的认识，对智能社会进行深刻揭示等。另一方面对于社会认识基于人工智能的阐释，也拓展了社会认识论的视界，两者相互作用，相互促进，相互发展。为此，我们以马克思主义哲学的方式，对人工智能所塑造的智能社会和人工智能本身进行合理的反思，对人工智能的远景、发展和定位进行持续的思考。基于此人工智能需要社会认识论。

我就讲到这里，谢谢大家。

王柏俊致辞*

尊敬的各位领导,各位专家,各位朋友们,大家上午好!

接下来我代表承办方——华东师范大学哲学系做一个简短的致辞。首先,我们很荣幸能够承办这次活动,对会议的开幕表示祝贺。在此,特别要向中国辩证唯物主义研究会社会认识论专业委员会给予的信任表示感谢,这次会议也是我们哲学系这段时间以来承办的最大规模的线下会议,感谢与会专家和工作人员对会议顺利召开所做的贡献。

我简单向大家介绍一下华东师范大学哲学系的情况。哲学系成立于1986年,学校刚刚举办70周年校庆,而哲学系成立将至35周年。虽然历史不长,但是学源绵长,可以追溯到1955年,冯契会同刘佛年(华东师范大学第二任校长)、周抗(马克思主义哲学家)、徐怀启(哈佛大学博士、著名基督教史家)、曾乐山(著名中国哲学史家)诸先生组建了哲学教研室。冯契先生是华东师范大学哲学系的学术奠基人,他创立了"智慧说"理论体系,致力于在实践唯物主义基础上汇通中西哲学。1960年,他受中宣部委托主编华东师范大学版的马克思主义哲学教材,哲学教研室是当时全国承

---

* 王柏俊,华东师范大学哲学系党委书记。

担这个任务的六所单位之一。他之前还写作了《怎样认识世界》《谈谈革命的乐观主义》等畅销的马克思主义哲学小册子。经过几代人的努力，哲学系的发展形成了以问题为导向，史实互动，积极融会贯通不同思想资源的风格，发展出了"智慧说""具体形象学"等原创性的理论成果。

目前，哲学系中、西、马三方齐头并进的态势逐渐形成。马哲教研室的规模不大，总共5位教师，其中教授有3位，陈立新教授、潘斌教授和孙亮教授，副教授有陆凯华和徐峰。虽然体量不大，但是人均产出成果比较多，他们承担了教育部的重大攻关项目、国家设立的重点项目等。同时，他们与学界的互动交流也比较多，与各位专家展开了广泛学习支持。在学生培养方面也取得了相对比较好的成绩，马哲的招生分数线和学生的就业率是最高的。我们还有一批活跃在马克思主义理论、马克思主义中国化领域的学者，比如童世骏教授、陈卫平教授、郑忆石教授等。未来几年，我们希望在历史唯物主义基础理论与当代社会现实问题研究这些方向上继续推进。

信息社会的数字化、智能化等日益成为当代社会的典型特征，人工智能的发展与其对社会的变革更是成为极具影响的研究领域。对于人工智能可能产生的一系列社会问题，既是当前学界关注的重点，也是社会认识研究所面临的新对象、新论域，更是拓展和深化社会认识论研究的责任和使命所在。围绕"人工智能与社会认识论"的主题，就人工智能背景下，社会认识论的重大理论与现实问题展开学术研讨，必将提升社会认识论研究的水平与层次，扩展研究论域。

今天的会议安排非常紧凑，也非常饱满，议题丰富，观点鲜明，具有很高的学术价值和现实意义，期待与会的专家学者进行深层次、多角度、全方位的交流和研讨。同时，借此机会向长期关心、支持和帮助华东师范大学哲学系发展的各位前辈师长和老朋友，表示衷心的感谢！诚然，限于能力和水平，会务方面难免有些不周之处，请大家多多包涵，也欢迎大家今后多来华东师范大学哲学系，多来上海指导。预祝会议圆满成功，也祝各位专家学者在这里度过一段难忘的时光，谢谢大家！

欧阳康教授致辞[*]

尊敬的各位领导，各位老师，各位同学，大家上午好！

非常高兴来到美丽的华东师范大学召开中国辩证唯物主义研究会社会认识论专业委员会的 2021 年年会。首先请允许我代表社会认识论专业委员会和本次会议的主办方向大家表示热烈的欢迎，同时也要特别感谢来自各方面的大力关心、支持与帮助。

此次会议有很多重要的背景，得到了各方面的大力支持。第一，要特别感谢中国辩证唯物主义研究会在 2019 年经过规范的程序，决定成立社会认识论专业委员会。这是对于社会认识论的学术研究、学科建设、人才培养、社会服务的重大关心、支持与帮助。这两天上海正在发生一个哲学界的大事件："第二届中国哲学论坛"在上海大学召开。2004 年召开了首届中国哲学大会，当时是在时任全国人大常委会副委员长李铁映同志的关心下召开的。2011 年，在海口召开了"2011 中国哲学论坛"，这是当时中国社会科学院哲学研究所举办的一个重要大会。其后我们一直期盼着中国哲学大会，在王伟光会长的关心支持下，今年中国的十二个哲学二级学会齐聚上海大学。在此，我提议所有的与会代表，对中国辩证唯物主研

---

[*] 欧阳康，中国辩证唯物主义研究会副会长、社会认识论专业委员会会长，华中科技大学国家治理研究院院长、哲学研究所所长。

究会、中国社会科学院哲学研究所和有关单位这些年的关心、支持与帮助表示衷心的感谢。

第二，特别感谢华东师范大学的关心支持。说起华东师范大学我就有一种特别的感情。早在1983年，我还是硕士研究生，为了写硕士学位论文和一个同学到全国访学。来到上海的时候，当时哲学系著名学者冯契教授等拨冗接见我们两位硕士，并交谈了一两个小时，真是非常让人感叹。冯契教授是华东师范大学哲学学科的奠基人，我对他有非常深切的崇敬。他把马克思主义哲学研究与中国哲学研究内在、深度地结合起来，创立了"智慧说"等。他提出"化理论为方法，化理论为德性"，具有深远意义。我曾经有一次机会深度向冯契先生表达敬意，当时在韩国召开"国际中国哲学大会"，设立三个中国哲学家专场，其中一个就是冯契教授专场，大会组委会让我担任了冯契教授专场的主席。与会学者从各种角度探讨冯契学术思想，让我受益匪浅，也因此和华东师范大学结下深厚的渊源。我的博士潘斌毕业后来到华东师范大学哲学系工作，与华东师范大学的联系就更加紧密了。现在华东师范大学又为社会认识论研究提供如此重要的条件，成立社会认识论研究中心。我认为在中国的高等教育，尤其是师范教育，不管是教书育人、科学研究、文化传承还是社会服务方面，华东师范大学都堪为典范。我也提议所有的参会代表，向我们的东道主华东师范大学表示感谢和敬意。

第三，感谢所有与会来宾。坦率地讲，在当前的疫情态势中我们大家能够来到这里开会也是要有点胆识的，很多单位对大家来上海开会还是有点担心。昨天有老师一到这儿就说是"麻着胆子来的"。这个"麻着胆子来"其实表明了大家对会议的关心和支持，是一种学术的力量，也是大上海的力量、华东师范大学的力量。我代表组委会对大家的到来、信任表示衷心的感谢，谢谢大家！

社会认识专业委员会成立以来每年开一次年会，关注一个重大问题，已经先后关注了三个重大问题。第一次会议是2019年在华中科技大学召开，讨论的是"社会认识与中国道路"，希望能够把中国道路作为社会认识论研究的对象。当时也正好是建党100周年之前、疫情之前，在准备纪念中国共产党百年华诞之际。中国道路是中国共产党带领中国人民走出的一条成功的现代化道路。习近平总书记在纪念建党100周年讲话中把它概括为"中国式现代化新道路""人类文明新形态"，表明对于中国道路的认识和中国的现代化建设已经达到相当的高度。第二次会议是2020年在长沙理工大学召开，主题为"大数据与社会认识论"。当时大家围绕大数据在人类社会发展过程中所具有的特殊意义，做了非常有深度的探讨。

本次会议从社会认识论的角度来关注人工智能，我认为可能有几个需要特别关注的地方。第一，深度认识人工智能，它到底意味着什么？人工智能和人类智能有什么关系？第二，人工智能如何改变和加强了社会文明的进步？人类文明的进步与现代科技的进步紧密联系在一起，而人工智能是现代科技进步的核心，也是中轴。第三，从人工智能对人类文明进步的影响中可以引申出哪些需要我们来深度关注的重大哲学理论和社会问题？第四，从社会认识论的角度，我们如何从这种深入的社会变革中寻找我们未来发展的思想资源、实践资源，从而更好地丰富发展社会认识论。第五，通过社会认识论的研究为人工智能的发展，为人工智能更好地指向人类文明进步，为人类文明进步在人工智能的影响下走得更加健康、更加快速，提出我们的工作意见和建议。

再次衷心地感谢各位！期待大家的精彩报告！衷心地预祝会议取得圆满成功！

二　主题报告

社会认识论视域中的
人工智能与新文明形态构建*

欧阳康

探讨社会认识论视域中的人工智能与新文明形态构建，需要首先理解什么是社会认识论视域？

什么是"社会认识论"？就是关于社会认识的哲学学说。什么是"社会认识"？我在1988年的博士学位论文《社会认识论导论》中对它作了界定，包含两个方面内容，人们对于社会的认识，既是一种对象性的认识，也是一种自我认识。一方面，因为社会是人的社会，人是社会的人，在这个意义上社会认识和其他的认识有相似之处，它关注的其实是人们如何更好地、准确地和科学地去认识对象。另一方面，社会认识论关注的不仅仅是个体对社会的对象性认识，还有社会总体的自我认识。因此，我的博士学位论文叫"社会认识论导论"的同时还有一个副标题，叫"探索人类社会的自我认识之谜"。社会认识论在对象性认识和自我认识、个体对社会的对象性认识和社会总体的自我认识的统一中来关注社会认识，探索人

---

* 本文系欧阳康主持的国家社会科学基金重大项目"大数据驱动地方治理现代化综合研究"（19ZDA113）的研究成果之一。

类社会的自我认识。按照这样一种思路来看我们今天的话题，我想讨论如下几个问题。

一 人工智能的产生意味着什么？

近代工业文明发展已经有两百多年的历史，为什么会在1956年正式出现人工智能？产生人工智能概念和技术的原因是什么？我认为其实是工业文明的发展遇到了极限。多年来我对哲学的理解是把它看作一种致极性的思维，它始终立足有限、追寻无限，虽然达不到无限，却达到了极限。人工智能的产生意味着近代工业革命达到了极限。对工业革命的极限的理解涉及对工业文明的理解。工业文明依赖的机器主要是在延伸人的肌体功能，包括手、脚、运动、体能等，从而造就一个大规模的生产体系。这个生产体系最大的特点就是让每一个人的能力在某一方面片面地高度发展，通过各式各样的生产线把它整合起来形成一个全面的生产体系。过去主要是人体力不够，包括脚力、手力不够，不够快、不够高、不够强，于是就有了更多扩展体能的办法。后来发现工业文明缺少一个最根本的核心——智能，当体能增加以后，智能跟不上，所以人们开始来关注人内在的、最核心的也是最重要的智能的问题。

我的硕士学位论文叫《论主体能力》，它可能也是当时中国的主体性研究中最早的一篇关于主体能力的论文，刊发在《哲学研究》1985年第7期的首篇。当时我给主体能力规定了三个要素，分别是"人本身的自然力""经验—知识力""情感—意志力"。所有人的能力都离不开这三个方面，但是人的哪些能力优先得到发展，不同的时代有不同的选择，分别达到不同的水平。工业革命通过社会化大生产极大地加强了肌体的能力，极大地增大了社会化的生产。但是，在进一步的发展过程中发现智能出现了问题，智能跟不上社会发展的需要，由此产生了人工智能。

人工智能所关注的就是如何让人的智能得到发展。哪些智能得到发展？比如说首先是感知的问题，为了更好地感知外部世界，就有了以各种传感材料和传感器为核心的人工智能。其次是运算的问题，也是脑力的问题，为了更快更准确地进行运算，来证明已有的理论、命题或者改进已有的方法，就出现了以机器学习算法为核心的人工智能。再次是进行复杂模式的识别，外部世界纷繁复杂，如何更好地认识它们？除了看和体会外，需要进行问题的求解。接下来人类将面临很多越来越复杂的问题，如何通过智能系统去对这些问题进行深度的解读？这就进一步发展出了"专家系统"。专家系统的作用是希望能够以智能的方式帮助人们更好地做决策。通过人工智能的发展，人的主体能力在整体上得到了革命性提升，工业革命也走向后工业革命，传统工业社会成为后工业社会。当然，其中涉及的因素很多，智能化是非常积极的和重要的方面。人工智能的产生意味着人类文明的巨大进步，由传统工业文明走向智能工业文明，是社会文明的整体性进步。

二 人工智能发展中的起伏说明了什么？

人工智能在其发展过程中曾经有起有伏、有涨有落，造成了几度浪潮，也几度沉寂，这意味着什么？

20世纪以来，人工智能浪潮历经几起几落。1956年开始第一次人工智能浪潮，首款感知网络神经软件发布，在算法方面也出现了一些世界级的发明。70年代初，AI遭遇了瓶颈，人们发现逻辑证明器、感知器、增强学习等只能做比较简单、比较专门且具体的任务，稍微超出范围它们就无法应对。计算机有限的内存和处理速度都不足以解决任何实际的 AI 问题，人工智能也就走向了低落。20 世纪 80 年代，随着语音识别、语音翻译等技术的发明，一类名为"专家系统"的 AI 程序开始为全世界的公司所采纳，而"知识处理"成为主流 AI 研究的焦点，这掀起了第二次人工智能的浪潮。然而，专家系统的实用性仅仅局限于某些特定情境，这使得人们对专家系统的狂热追捧又逐渐转向冷落。

从社会认识论的角度看，人工智能发展中的这种起落意味着对于人类智能的认识需要进一步拓展。比较原初的人工智能是从不同的方面去模拟人的感觉能力和思维能力等，关注的是人类智能的不同方面，各自从特殊的领域来加以拓展，使其能够发挥更加积极的作用，这是很有意义的，但也是有局限的，最根本的就是很难形成一个有序的、有机的能力整体。实际上这涉及人类能力的内在有机性和功能整体性问题。我的第一位博士生导师李秀林先生当时专门关注社会有机体论，社会有机体论强调社会内在的有机性，而这种有机性的根本前提是智慧性的统摄。后来我的另一位博士导师夏甄陶先生带领我们写了《认识发生论》和《思维世界导论》，通过研究我们发现了很多关于人脑的秘密。比如，人脑之所以能够形成高度符号化的、语言化的智慧，是因为有一个二级机能组织三级机能区，而且这块机能区中有一块脑物质是人到成熟期才能够发展起来，它专门负责人的最复杂的符号化思维活动，而在人进入衰退期时它最先衰亡。人的智慧尽管直接看起来表现为感觉、知觉、表象、概念、判断、推理等形式，但是它们有一个中枢，这个中枢最重要的功能就是把各种智能统摄起来形成整体。早期出现的这些人工智能，为什么后来会遇到巨大的障碍？被人们抛弃或者遗忘，甚至让人们对它们很失望？因为它们很难真正达到这样一种特殊的高度。比如，机器把一种语言文字翻译成另一种语言，但是反向翻译时得到的却不是最初的文字，这表明了跨文化交往不仅是翻译的问题，而且是意会和神会，存在着形式和内容如何内在统一的问题。

在这样的背景下，对人类智能的认识实际上面临着社会认识中经常讲到的一种现象——对象的复杂性。对于复杂社会的认识，我们往往都是盲人摸象，对更加复杂的人类智能的认识更是如此。当我们从各种单一智能方面来拓展人类智能时，可以达到一定高度，但是每种单一智能如果不能得到智能整体有机的支持和推进，仍然会遇到巨大的障碍。从这个角度，就需要对于人类智能的整体性和复杂性有一个深度的认识，它需要有一个智能体系和系统性配套。比如我们讲运算，运算什么？它需要有算力，算力表现为计算机的速度。有一次我到日本神户大学参加国际学术会议，专门去参观了他们的计算机站。神户计算机是当时全世界相当快的计算机，一直在运算速度上与中国计算机行业竞争。人工智能的水平依托于运算速度，但又不仅仅是运算速度的问题，还需要智能系统的有机有序的功能配合。从这个角度来看，一些简单的、初级的人工智能只是对人类智能的某一或者某些方面的学习和模拟，它们将人的某一方面或者某些方面的智能加以放大和强化，而另外一些方面领域的智能并没有来得及相应地和有序地智能化，这不仅使人工智能在功能方面有限，还有可能造成人类智能的不均衡发展，甚至可能给社会带来一些新的问题。

三　当前人工智能再度复兴意味着什么？

近年来人工智能再度复兴，有何背景？意味着什么？

当前人工智能再度复兴，甚至方兴未艾，这意味着人类对自身的认识，尤其是对自身智能的认识和包括情感、意志等的其他方面的认识得到强化，形成一个有机整体。最重要的表现可能就是支撑作为一个整体性的、普遍化的、有机性的人工智能的条件逐步趋于成熟。比如现在不仅有了运算速度很快的计算机，有了大数据支撑，还有了整个智能系统的支持。在研究大数据的时候，华中科技大学计算机学院一位著名学者用了一个重要概念，不是用一般的"大数据"，也不是用一般的"人工智能"，而是"大数据智能"，对我很有启发。我们为了要做"中国绿色GDP绩效评估"这个全新课题，请了一些计算机、自动化等方面的专家来给我们开讲座。可以说各种新兴学科都很前沿，但是各自也都可能存在一定盲区。他们仅仅从自身的角度来看人工智能和大数据等，没有关注到其他的相关学科。当前最重要的就是大数据、云计算、互联网、物联网等都深入地发展起来了，能够把人类几乎所有能力加以学习运用并实现有序的整合。比如人最重要的就是会听——语音识别，包括机器翻译等，会看——图像识别，包括文字学习等，会算——高速海量云计算，会说——语音合成，包括人机对话等。因此，当前最重要的既不是单独的计算机，也不是单独的人，更不是连接人和机器的信息网络系统，而是人和机器的全面地、有序地结合，使机器能够深度学习、自主学习。大数据通过人工智能实现的智能化应用，使它获得了全方位的发展和全层次的应用。

通过以上各方面有机地、有序地整合，有可能构成一种人类文明新形态。这种人类文明新形态的重要标志是整个社会进入智慧社会。前不久我们专门申请了教育部正在征集的首批国家级虚拟教研室——"智能社会与社会认识"。人类文明正在进入这样一个时期：人的体力、智力和其他各方面能力，由于现代信息科学技术的高度分化性发展和人工智能的高度综合性整合功能而得到极大的拓展和强化。因此，大数据背景下人工智能的再度复兴，是依托于全新的科技体系而得以展开的，这种复兴有可能造成全新的生产体系、生活方式、交往方式、思维方式、情感方式、行为方式等，使人的社会生存方式乃至社会结构产生整体性和革命性变化，这可以叫"人类文明新形态"或者"智慧文明"，也可以叫"智能社会"或者"智慧城市"。

对于社会认识论研究而言，无论是叫"人类文明新形态"还是叫"智慧社会"等，都从对象性意义上、从主体性意义上提供了机会，也提出了挑战。从对象性意义上，我们要很好地研究和把握作为社会认识对象的智慧社会或者人类文明新形态，把握其本质特征和演变规律。从主体性意义上，我们要根据社会形态和社会文明的变化来更好地塑造社会认识主体，更好地融入这个社会并为其发展做出更大的贡献，更好地走向未来。

数字化时代中作为价值世界构建主体的人

陈新汉[*]

一 价值世界在人的构建中形成和发展

"凡是有某种关系存在的地方,这种关系都是为我而存在的。"[①] 自然界原本没有"为我而存在"的关系,自然界的生命进化使生命体生产出自身需要的生活资料,于是生命活动就使生命体在改变自身之内和自身之外自然界的过程中形成"为我而存在"的关系。实践就是构建"为我而存在"关系的活动,价值的本质就是"为我而存在"的关系。

无限多样的价值在相互作用中构成了"一个具有特殊关系和联系的特有对象区域",这个对象区域里"存在着一个秩序",它"完全独立于一个它在其中显现出来的善业世界的此在"(舍勒)。这就是以物理世界中的事物为载体的价值世界。物理世界与自然界不能等同,与广义的或狭义的自然界相区别,是物质世界无限多样

---

[*] 陈新汉,上海大学哲学系教授。
[①] 《马克思恩格斯文集》第1卷,人民出版社2009年版,第533页。

性的一种具体形态。物理世界以载体的形式参与到"为我而存在"关系的构建之中。物理世界以特殊形式内在于价值世界之中,价值世界是物理世界的特殊样式,两者相互包含,相互转化。价值世界属于物质世界,是宇宙演化中以"铁的规律性"必然形成的产物,是物质世界无限多样性的又一种具体形态。

价值世界的出现丰富了宇宙存在的内涵。在宇宙中,事物的存在总是互为对象,"没有任何存在物作为自己的对象,就是说,它没有对象性的关系,它的存在就不是对象性的存在"①。在茫茫宇宙中,无机物的存在处于普遍的对象性关系中,它们在相互作用中按照自身的规定性以自在的方式进行着物质和能量交换。价值世界形成后,生命的拥有者把经过改造的自然事物当作满足自身需要的对象予以占有,从而就从环境中凸显出来成为主体,作为改造对象的自然事物就成为客体。主客体关系总意味着"主体的客体化和客体的主体化",以自为的方式进行着物质和能量交换,从而就把对象性关系进一步提升为"自我对象性关系"。

构建"为我而存在"关系的活动,决定了"我"在其中的主体地位。作为主体的"我"可以是个人,也可以是社会。人们生活在"现实交汇的同一个时空里",越来越形成的"人类命运共同体"是外延最大的社会。"全部人类历史的第一个前提无疑是有生命的个人的存在"②,社会不能等同于众多个人的总和,"是人们交互活动的产物"③。尽管我们不能把主体理解为众多个人主体之总和,然而"人"毕竟是价值世界构建活动中主体的最基本成分。

价值世界由人在实践中构建,不仅是"为人"而存在,而且是"为人"而显现。在价值世界中,不可能有离开人的主体,人是价

---

① 《马克思恩格斯文集》第1卷,人民出版社2009年版,第210页。
② 《马克思恩格斯文集》第1卷,人民出版社2009年版,第519页。
③ 《马克思恩格斯选集》第4卷,人民出版社2012年版,第408页。

值世界中的唯一主体。以人或人类为中心，这是"原始的不需要加以证明的命题或原理"。由于地球以"诺亚方舟"的形式承载着以人为主体的价值世界，使宇宙"所含蕴的理性（Nous）得到意识"（黑格尔），因而在浩瀚宇宙中尽管如尘埃般渺小，却熠熠地闪耀着智慧的光芒。

二 人在价值世界构建作用中的数字化

"各种经济时代的区别，不在于生产什么，而在于怎样生产，用什么劳动资料生产。"① 根据"用什么劳动资料生产"，可以把价值世界在构建中的发展划分为游牧文明、农耕文明、工业文明和信息文明。在价值世界的构建中，随着机器运行越来越复杂，对机器系统中信息调控的要求越来越高，这就使通过人工方式对信息调控的局限性越来越凸显。这种劳动资料在运行中的矛盾，就使得对机器控制的信息技术越来越重要，随之生产这种信息技术的信息技术越来越重要。正是在这个意义上，我们可以理解邓小平说的，"科学技术是第一生产力"②。在互联网和计算机所构成的网络化基础上所形成的数字化方式，使价值世界构建中的劳动资料发生了全新的变化，从而使以前文明形态的生产方式转化为新的生产方式，实现了社会文明形态的转型。在数字化时代，计算机和互联网既是价值世界在构建中数字化的基础设施，也是构建中价值世界的数字化体现。正是在计算机与互联网相互作用的发展中，人工智能和大数据的发展使价值世界构建的数字化呈现为全面加速推进的趋势。

---

① 《马克思恩格斯选集》第2卷，人民出版社2012年版，第172页。
② 《改革开放三十年重要文献选编》上，中央文献出版社2008年版，第663页。

"人就是人的世界",人存在于他所构建的价值世界中,由此人就必须在所从事的构建活动中得到理解。人构建价值世界的活动主要通过人与物之间和人与人之间所发生的作用体现出来,这两个方面不可分割地联结在一起。由此我们就可以从这两方面来理解,在数字化时代,作为主体中最基础成分的人在构建价值世界活动中的数字化存在方式。可以从以下两个方面来理解。

其一,人在构建价值世界活动中与物之间发生作用的数字化。这里的"物",首先是指物理世界里以物理实在形态呈现的自然事物,它始终处于基础的及先在的地位;其次,也是更主要的,是指以物理实在形态为载体的价值世界中的价值事物。很多事物例如矿物看似自然事物,但当人们勘探、开采、提炼时,就不是自然事物,而是以物理事物为载体的价值事物了。在前信息文明形态中,"为了在对自身生活有用的形式上占有自然物质,人就使他身上的自然力——臂和腿、头和手运动起来","并且使这种力的活动受他自己控制",[①] 于是人的身体就直接与事物发生关系,从而进入价值世界的构建之中。在数字化时代,人主要地以接受、加工和发送信息的数字化方式间接地与事物发生作用,从而进入价值世界的构建之中。尤其是进入人工智能和大数据时代,人与物之间发生作用的数字化,不仅更多地体现在价值世界构建中作为数字化工具的硬件和软件上,而且还以越来越快的速度体现在与人的身体直接相衔接的寓硬件和软件于一体的事物上,如体现在外设于身体的电子穿戴设备上,甚而言之,体现在内设于身体的电脑芯片上,等等。

其二,人在构建价值世界活动中与人之间发生作用的数字化。

---

① 《马克思恩格斯选集》第 2 卷,人民出版社 2012 年版,第 169 页。

人"在其现实性上","是一切社会关系的总和",① 人在构建价值世界的过程中必然发生人与人之间的相互作用。在前信息文明形态里,人与人之间主要通过肢体和语言或直接或间接地发生作用。在信息文明形态中,人与人之间发生的作用往往以摆脱了血缘、地缘和业缘的"化名"(pseudonymity)形式并越来越多地通过以互联网为载体的电脑语言体现出来。尤其是进入人工智能和大数据时代,人与人之间发生的关系,发生了两个变化:第一,"化名"以更纯粹的方式出现。这就使摆脱了各种限制的交往双方可以隐藏各自的真面目,然而正是这种"虚拟主体性可能比'实在'自我更真实"地呈现。第二,电脑语言以更纯粹的方式出现。与自然语言相比较,电脑语言的符号单位不是词,而是作为代码的"数",它"具有'净化'语言的作用",从而更有利于思维的形式化和精确化,"反映了思想本身信息性质的回归"。这就极大地提高了交往双方关于信息的接收、处理、储存、传递的效率。人与人之间以数字化方式发生作用,使人与人之间的联系越来越便捷和频繁,随之而来的就是有可能越来越真实。由此可以在理论上说,在个体融洽基础上形成的社会主体,更能体现社会主体与个体之间的融洽。

在价值世界构建中,人与物之间发生关系的数字化和人与人之间发生关系的数字化不可分割地联系在一起,由此使作为主体的人以数字化的活动方式存在于价值世界之中。与前信息文明形态中的人的存在方式的特征相比较,数字化是信息文明形态中人的存在方式的主要特征。

---

① 《马克思恩格斯选集》第 1 卷,人民出版社 2012 年版,第 139 页。

三 人的数字化存在方式使价值世界构建更能体现"理性之光"

人之为主体,在于构建为我关系,这就是主体能动性。人是肉体或物质与灵魂或精神的统一,主体能动性的发挥既离不开与肉体相联系的感性活动,也离不开与灵魂相联系的理性活动。在主体能动性的发展史中,理性在主体构建活动中的地位和作用越来越凸显。黑格尔动情地描述了人们进入工业文明形态的感受:"自从太阳站在天空,星辰围绕着它,大家从来没有看见,人类把自己放在他的头脑、放在他的'思想'上面,而且依照思想,建筑现实。亚拿萨哥拉斯第一个说理性统治世界,但是直到现在,人类才进而认识到这个原则,知道'思想'应该统治精神的现实。"

在由工业文明形态转化而来的信息文明形态中,人的数字化存在方式所体现的在"理性之光"照耀下主体能动性的发挥,从而使"一种性质崇高的情绪激动着",人们感到,"仿佛'神圣的东西'和'世界'的调和现在首次完成了"。(黑格尔)

这是因为:(1)在人与物发生作用的数字化视域中,价值世界中的一切在原则上皆可通过数字化而"显现其因果派生层次的相关关系",以数字化方式存在的人,在理论上就可以更为有效地认识物理世界和价值世界的规律,从而能更为有效地"依照思想,建筑现实"。① (2)在人与人发生作用的数字化视域中,以数字化方式存在的人,不仅能分别在个人主体层面和社会主体层面发挥主体能动性,以"依照思想,建筑现实";而且能使个体主体和社会主体

---

① [德]黑格尔:《历史哲学》,王造时译,上海书店出版社1999年版,第459页。

协调一致地发挥主体能动性，以"依照思想，建筑现实"。

人是价值世界构建要素中的主体，对价值世界构建活动产生巨大效应。从微观上分析，人的数字化使人工智能和大数据渗入处于劳动资料中心地位的机器系统，促进了包括生产工具系统、能源系统、运输和贮藏系统等的数字化，极大地提高了其效率，极大拓展和加深了价值世界构建的广度和深度，由此对构建价值世界的影响怎么评价都不为过。从宏观上分析，人的数字化使在体现为信源和信宿之间关联的信息所具有的黏合作用得到发挥。人工智能和大数据所形成的数字化通过以互联网为基础的物联网不仅把一个工厂、一个部门乃至一个国家的劳动资料黏合起来，而且越来越把全球的劳动资料黏合起来。把一个国家乃至全世界的劳动资料通过数字化黏合起来，由此对于生产力和生产方式发展的影响从而对构建价值世界的影响怎么评价都不为过。

四　数字化时代中价值世界构建主体的两种异化倾向

马克思把异化定义为："人本身的活动对人来说就成为一种异己的、同他对立的力量，这种力量压迫着人，而不是人驾驭着这种力量。"[①] 异化的本质就在于由人的活动形成的原本由人驾驭的力量反过来"压迫人"。没有人参与的事物的运动，即使对人形成灾难，也不是异化。异化作为一种客观的历史现象，不能仅仅限于道理谴责，而必须着重于"历史评价"，即揭示异化中的否定环节并予以反思。有异化就有对异化的克服，价值世界构建的历史就是异化产

---

① 《马克思恩格斯选集》第1卷，人民出版社2012年版，第165页。

生和对异化克服的历史,这正体现了"前途是光明的,道路是曲折的"①。

数字化使人类的信息文明形态又一次处于"一个光辉灿烂的黎明"。然而数字化一旦形成,"往往有其自主性的'逻辑'",有可能"挣脱人们的控制","导致反主体性效应",这就是异化。至少有两个与作为主体的人相关的异化倾向值得我们关注。

其一,大数据与个体主体的存在问题。人以数字化的方式存在,是信息文明发展的逻辑。大数据形成了对人的"全景监视场景","个人被按照一种完整的关于力量与肉体的技术而小心地编织在社会秩序中";② 由此,个体的"自我意识建构"就会逐步"透明"化,当个人没有隐私时,人们就不能自信地认为"我"就是"自己处于自己理性、自主的主体性的中心"。人是价值世界的中心,这个"人"不仅是指由人构成的社会主体,而社会是由个人组成的,因此更是指由人构成的个体。"全部人类历史的第一个前提无疑是有生命的个人的存在。"③ 如果作为主体的个人消失了,那么何以理解人的生命意识、尊严意识,何以理解没有了以个体为细胞的社会主体?

其二,人工智能的进化与人的主体地位。这个命题可从两个方面分析:(1) 当人工智能超过人类智能,人类的主体地位能否继续存在?就目前而言,人工智能只能在"为我而存在"关系的构建中产生,从而只能在人类智能进化的基础上发展;然而,当人工智能发展到一定程度后,按照"自主性的'逻辑'",人工智能就可以自我进化。由于人工智能以电子机体为载体,人类智能以生物机体

---

① 《习近平谈治国理政》,外文出版社2014年版,第272页。
② [法]福柯:《规训与惩罚:监狱的诞生》,刘北成等译,生活·读书·新知三联书店1999年版,第243页。
③ 《马克思恩格斯选集》第1卷,人民出版社2012年版,第146页。

为载体，前者的进化速度有可能会远远地超越后者。如果人工智能的发展达到一个"奇点"后超过了人类智能，人类的主体地位何以存在？（2）当人类智能与人工智能相互交融时，人类的主体地位怎么理解？随着信息文明的深入，作为人类智能载体的生物机体在升级换代中会出现电子载体渐进替换生物载体的情况，"这些改变触及的会是人类的本质，就连'人'的定义都有可能从此不同"①，这种智能能不能算是人类智能？这两种情况都对人在价值形态世界构建中的主体地位提出了挑战，需要我们认真地予以思考。

五 人文精神通过"实践诠释"对数字时代中主体异化倾向予以批判

在《哲学大辞典》（2001年版）等辞典的条目中都只有"人文主义"，而没有"人文精神"。"Humanism"被用来概括欧洲文艺复兴时期的"humanista"（人文主义者）的主张，"人文主义亦称人道主义"②。"人文精神这个词是地道的中文词。"③ "人文"，作为名词来理解，"文明以止，人文也"；作为动词来理解，"人文"就是实践，于是就能"化成天下"，以构建体现于价值世界的"文明"。人在实践中"使自己的生命活动本身变成自己意志的和自己意识的对象"④，人文精神就是实践活动在意识中的历史积淀。

实践具有以下两个特征：（1）实践使人成为主体。实践创造人

---

① ［以色列］尤瓦尔·赫拉利：《人类简史：从动物到上帝》，林俊宏译，中信出版社2017年版，第390页。
② 冯契主编：《哲学大辞典》，上海辞书出版社2001年版，第1182页。
③ 吴国盛：《科学与人文》，《中国社会科学》2001年第4期。
④ 《马克思恩格斯选集》第1卷，人民出版社2012年版，第56页。

的生命活动需要的资料,把环境纳入生命的组成部分,从而成为主体。(2)实践使人实现对自由的追求。"主体的对象化,也就是实在的自由——而这种自由见之于活动恰恰就是劳动。"① 作为实践在社会意识中经积淀而凝聚形成的人文精神,由此就具有两大内核:第一,凸显主体意识。"人是目的":在人与物的关系中,人具有最高价值;在人与人的关系中,互为手段是为了实现"人是目的"。第二,追求自由意识。自由就在于能"把自身筹划到最本己的能在上去",由于"每个人的自由发展"的实现离不开人与人互为手段,这就要求把达到"一切人的自由发展"的社会作为目标。② 人文精神作为社会价值观念就是追求自由的主体意识,是最基础的社会价值观念。

韦伯说:"对有意识的人类行为的终极要素所做的任何有意义的探索,都首先是与目的和手段这两个范畴密切相关联的。"韦伯把人的社会行为取向分析为属于理性范畴的"目的合乎理性""价值合乎理性"和非理性范畴的"情感的"和"习俗的"。中西方学者在对韦伯学说的研究中把属于理性范畴的两个行为取向分别用工具理性和价值理性标识之。人文精神作为贯穿于价值世界构建始终的"世界精神",其所具有的"宇宙的无限权力",通过价值理性和工具理性在设定目的和实施手段上发生作用,然后在由目的推动和手段调节的价值世界构建中追求自由,以体现其"宇宙的无限权力"。

马克思把诠释学建立在实践的基础上,"对对象、现实、感性",必须"当做感性的人的活动,当做实践去理解",③ 由此使马克思在诠释学中发动了一场"哥白尼式的革命"。人文精神作为最

---

① 《马克思恩格斯文集》第8卷,人民出版社2009年版,第174页。
② 《马克思恩格斯选集》第1卷,人民出版社2012年版,第422页。
③ 《马克思恩格斯选集》第1卷,人民出版社2012年版,第133页。

基础的社会价值观念必然会自觉或不自觉地内化成为主体意识中最有影响力的社会价值观念，从而在主体理解和解释活动中起到"轴心作用"。人文精神通过作为载体的价值理性和工具理性分别在认识层面和实践层面对价值世界的构建予以诠释。"哲学家们只是用不同的方式解释世界，问题在于改变世界"①，改变世界就是更深刻地解释世界，实践层面的诠释无疑比认识层面的诠释更为深刻。

康德说，"我们的时代是真正批判的时代"，一切都必须经受理性"自由而公开的检验"。康德的理性批判就是理性的自我批判，即"理性组织法庭审判它自身"，"对一般形而上学的可能性和不可能性进行裁决，对它的根源、范围和界限加以规定，但这一切都是出自原则"。②批判就意味着用人文精神的"原则"指向作为"尘世的现实"的构建中的价值世界，通过"实践诠释"机制，揭示其"自身矛盾的东西展开"中的否定因素，并在实践层面上予以改造。

上节所说的"大数据与个体主体的存在问题"和"人工智能的进化与人的主体地位"，在本质上就是数字化时代所产生的人的主体异化倾向问题。人文精神必须通过"实践诠释"机制，在认识层面和实践层面，对作为载体的与目的相联系的价值理性和与手段相联系的工具理性在价值世界构建中的数字化问题所引起的主体异化问题予以审视，从"根源、范围和界限加以规定"，对由工具理性异化倾向尤其是价值理性异化倾向所导致对人的主体性的负面影响予以批判。当然，人文精神如何在人工智能和大数据如火如荼地发展中从"根源、范围和界限"方面，即对个体在价值世界构建中的"自我意识建构"的"透明"化及所引起的人的尊严问题，如

---

① 《马克思恩格斯选集》第1卷，人民出版社2012年版，第136页。
② ［德］康德：《纯粹理性批判》，邓晓芒译，人民出版社2004年版，第3—4页。

何从工具理性尤其是价值理性的异化方面予以批判；对由于人工智能的智能水平和人机融合所引起的人在价值世界构建中的主体地位问题，如何从工具理性尤其是价值理性的异化方面予以批判，还需要研究再研究。

然而，有一个基本原理是应该肯定的。在"整个所谓世界历史不外是人通过人的劳动而诞生的过程"① 中，自我创造和自我发展的人构成了创造历史的人民主体。为要坚持用人文精神的"原则"对价值世界构建中的价值理性异化不断予以批判，就必须有赖在历史创造中的人民主体不断地自我创造和自我发展。这正是"必须坚持以人民为中心"② 的唯物史观的根本原则。

---

① 《马克思恩格斯全集》第3卷，人民出版社2002年版，第310页。
② 《习近平谈治国理政》第3卷，外文出版社2020年版，第182页。

技术化社会及其犬儒化问题

邹诗鹏[*]

从机械技术发展到自动化技术继而发展到智能技术，技术发生了巨大的转变。应当说，海德格尔对于"座架"的思想为理解技术形态提供了一个有意思的资源，似乎已经成为讨论技术问题的现成进路。我还比较看重法兰克福学派。技术的问题在法兰克福学派那里是以技术社会批判的形式展现的，而法兰克福学派中处理这个问题的几个哲学家的视角是不一样的。比如霍克海默、阿多诺等人虽然清楚技术对社会的规制作用，但他们还是把问题的原因归结为资本的逻辑。我们现在看到：现代性社会的批判模式不外乎就是在三大范畴间展开，即资本、技术和国家。实际上，海德格尔思想的核心是技术，而法兰克福学派到哈贝马斯这里发生了转变，就是专用技术取代资本的决定性逻辑，而之后的马尔库塞在推进法兰克福学派的研究时运用的也是技术社会批判思想。当然，马尔库塞当时面对的技术主要还是机械技术，我们今天的自动化技术、智能技术，已经发生了很大转变。因此，技术形态本身的转变也是需要研究的，从传统的机械技术演进到自动化技术再到智能技术，我认为存

---

[*] 邹诗鹏，复旦大学哲学学院教授、当代国外马克思主义研究中心研究员。

在三次跳跃。

我们谈智能技术特别是谈权力发展时,实际上面对的还是一个座架问题。我们对智能技术的反思在一定程度上还是需要引入虚无主义及其体验。如果说我们今天面对的是智能时代的座架这种新东西,那么智能技术就与其他技术不一样了。这确实涉及一个社会认识和社会理论的核心问题,即技术的不断座架化对技术社会的形塑及对人的改造。因此,我认为技术和人的生存是技术的社会化和社会的技术化。技术不仅是强势介入人与人之间的中介,它本身就是人必须驯服的主体,人是受制于技术的。如果你要驯服它,那么你至少就没有被客体化,此时它无法处在主体和客体之间,达成一种主体与客体、主体与主体间的这种关系。科学社会已经加速启动,或者说以科学社会为中心的新型智能技术加速了这一启动。相对于技术而言,人是客体,我们都是被技术规定的,海德格尔对此是非常清楚的:"技术是现代人的天命。"天命是规律,我们没办法摆脱,且由机械技术到智能技术的发展进一步加剧了这一态势,几乎所有的技术以及所谓的智能时代,完全控制了我们的日常行为。

人文学科对于这样的技术、资本和国家,从长远来看是一种积极的反抗力量,但人文知识分子对于技术似乎走着两个极端:或者彻底驯服于技术,或者无视技术。智能化社会从技术层面本身就设定了人要不断学习的要求,即便永远学习,人还是跟不上这样强势的技术发展。这导致了来自人文学科的抵抗以及人文精神的焦虑。事实上,技术化社会里人人都是技盲。在一定意义上,技术化社会生产出的抵抗和焦虑,也许会成全一种反向的社会活力,但都不得不变成某种经典方式。

技术本质地关注着生存的离弃问题。这里面存在一个难题,即海德格尔想通过一种"死"的理论,来摆脱掉所谓技术天命时代人的这样一种生存困境,但是最后我们面对技术的态度就是好死不如赖活。我们总要活着，我们对技术的牵扯和古典时代相比已经变得截然不同。从这个意义上讲，鲍德里亚的象征交换与死亡，在一定程度上回应了尼采和海德格尔的虚无主义的问题。我们今天的状况是非常明显的，我把技术化时代描述为两个方面的状况：

第一就是虚无化。它实际上是最后的一个结果。我们大量地消耗在个人犬儒化的日常工作之中，虚无则是其中无处不在的体验，当然也包括对死的虚无，但表现为"赖活"（"好死不如赖活"的"赖活"）。死亡看起来好像离我们很远，实际上它可能随时都在我们背后。从这里出发可能想到的是死亡的界限，技术日常化的后果，对于此在而言，并非海德格尔所讲的烦、忧与死，而常见的状态，正是"赖活"。欧阳康教授强调我们研究问题需要一种极限思维，这很重要，因为正是在极限中，我们可以察知事物的最大的可能性（或最大的不可能性）。我将技术的生存体验也推到一个极限，人们先行到死亡里来领会对所谓智能时代的体验，可以把它最本质的一些方面显现出来。

第二就是身体的犬儒化和犬儒化的身体。在这个技术时代一切做事的方式都变得很容易也很有可能，我们一切凡是想做的事都可能变成现实。技术之思取决于技术的发展程度。我们今天讲马克思，并讨论马克思的技术思想，但马克思当时苦恼的问题并非技术，而是资本。马克思对技术的理解，并没有进入现当代技术，智能时代需要激活马克思的技术思想，但不能仅仅依靠马克思的技术思想，海德格尔的技术思想也是如此。比如，无论是马克思还是海德格尔，都难以想象技术时代身体的犬儒化和犬儒化的身体问题。在智能时代，更大的问题是在当下处境中我们没有办法避免，只能在技术状况下展开思，其实质是非思。我们做着总也做不完的事情。"007""996"就是犬儒化的身体，人身上的思想被彻底抽掉了。当他们把身体和有限的精力寄托于外部的时候，身体已经不再是健康的本体了，身体变成人的全部的一个活动躯体，而不是感性的和灵动的身体。

身体自20世纪60年代以来为现代性所凸显，这是一件非常紧要的事情。然而，在我看来，它的一个消极方面，正是身体的犬儒化和犬儒化的身体。在这里它确实出现一个现代性的张力，并在智能时代发展到极限。我们很难理解这个问题，但所有人都有感觉，只要在科层制、结构化的社会里，我们的身体就不够用，需要不断地劳作，通常说来还是无意义的劳作。智能时代的网络把我们每个人的在线方式变得杂多甚至无限。我的基本理论是如何应对智能时代这样高度犬儒化的身体，而不是说我非常欣赏也非常认同。陈新汉教授说我们要通过反主体来反抗，但在这里是找不到主体的。我们的身体都属于被支配的客体，甚至连客体都谈不上，只是技术的代用品。

当今时代，我们完全被海德格尔所谓的座架控制，当然还有资本以及国家。现代性的一个凸显现象是资本与国家的结合。智能社会很明显的特征就是智能、国家以及资本的联结。现代人文科学的一个重大使命就是要考虑在现代性的座架中人的自由和解放问题，这也是现代人文科学的核心问题。马尔库塞在讲技术时代时讲的是机器时代，所谓的不自由，是指机器时代人们舒舒服服的，任何方面都安排得好，但却是不自由的，你甚至会发现一个叫作 liberty 和 liberation 的前所未有的分离。无论是劳动方式，还是所谓的有效劳动和无效劳动，甚至是智能时代——当然我觉得基本上经常是这样——有效劳动和无效劳动的边界问题，即什么是该做的，什么是不该做的，都很模糊。只有一点很清楚，就是人自身的健康、家人、朋友以及其他可能自己该做的。因为这个时候人完全把自身当作公共的，推到一个特别的正式的层面。

当然，我作为个人还是有能力摆脱掉犬儒性，总归要有所谓的精神，从事哲学总可以获得某种超越性和思考现实问题的正当性。我在理性上指出的困扰，并非我必然遭遇到的感性困扰。重要的方面是，我们怎么样保持思想能力，这对哲人而言总是一项持续的考验，而且它竟然越来越成为稀缺品。

智能系统能否成为社会认识的主体

孙伟平[*]

迈入智能时代，社会认识论面临着许多新颖且深具挑战性的问题。今天，我想选择一个有争议的前沿性问题与大家交流，即智能系统能否成为社会认识的主体。这个问题非常之难，我也没有真正想清楚，因此只能表达一些初步的、不成熟的意见。

讨论智能系统能否成为社会认识的主体，首先需要弄清楚人工智能是什么。众所周知，迄今关于人工智能的定义有很多，但没有任何一个定义得到大家的公认。我近些年来一直在参与人工智能前沿问题的哲学讨论，实话实说，对这个基础性问题也常常感觉很困惑。而且，令我感觉十分不安的是，即使是科技界人工智能领域的权威专家，似乎也没有什么人能够把这个基础性问题说清楚。2019年初至 2020 年底，我参加了中国工程院的一个院士重点咨询项目"智能无人系统的发展战略研究"，课题组囊括了人工智能领域的二十多位院士。在课题研究过程中，我们非常期待相关专家给人工智能、智能无人系统下一个权威的定义，但一直未能如愿。即使是课题报告中给出的智能无人系统的如下定义——"依托计算机模仿人

---

[*] 孙伟平，上海大学智能哲学与文化研究院院长，伟长学者特聘教授。

脑所从事的推理、学习、思考和规划等思维活动,从而解决需要人类的智能才能处理的复杂问题",我们感觉并不尽如人意,恐怕也难以在全社会形成共识。

当前,人工智能的发展一日千里,我们的相关认识也在不断走向深化。过去我们往往说人工智能是对人的思维、智能的模拟,但现在看来,它可能不仅仅是模拟,还可能是延伸,甚至会超越人类智能。就此而言,人工智能显然是一种革命性、颠覆性的高新技术。这种技术成为新型社会的基本技术支撑,应用到社会的不同领域,已经并且正在导致大量的问题,也需要从哲学角度进行深层次思考。一方面,智能技术正在改变、塑造我们每一个人,用日新月异的新技术、设备将我们"武装"起来;正在改变、塑造我们生存、生活的社会,令整个社会迈入一种新型的技术社会形态——智能社会。另一方面,以智能机器人为代表的各种智能系统的认知水平在不断提高,自主性和自主等级也在日益增强。一个基本事实是,各种各样的智能系统正在从事各种各样的实践和认识活动,包括取代人们从事各种体力劳动和脑力劳动。于是,立足社会认识论的视角,我们需要追问:智能系统能不能认识社会,能不能成为社会认识的主体?

在乐观派看来,人所具有的,智能系统都可以具有;人所能做的事情,智能系统今后都可以做。以往有人声称,人工智能要成为社会认识的主体,就得从结构上模拟人类,长得像一个"人",并且能够"像人一样思考和行动"。我认为,完全从结构上模拟人是没有必要的,一个专职拧螺丝钉的机器人有机械臂就足够了,长得像人太"浪费"了;而且由于人的复杂性,以及目前对这种复杂性的把握程度,完全从结构上模拟人的难度太大了。因此,现在人工智能走的基本上是功能模拟的道路,即从功能上模拟、延伸、超越人类。这明显是一条更具可行性的路径。

在现实中，人们常常立足结构模拟，把人作为人、人作为主体的一些基本性质和智能系统放在一起比较。对比人与智能系统，过去曾经认为是人的本质的一些性质，似乎智能系统也可以具有。例如，关于人的本质是会思维，或者有智能，有人就提出了机器会不会思维、机器思维能不能成立之类问题。这些问题确实非常麻烦，不容易回答。但是，如果我们把思维分解成感知能力、记忆（存储）能力、运算能力（包括想象力、创造力）、表达能力等的话，就不难发现，智能机器、智能系统也可以具有这些功能。人之"能够制造和使用生产工具"的本质特征，智能系统也可以做到。毕竟，智能系统是可以具备制造能力的，今天机器人都开始制造机器人了。至于人的"劳动"本质，智能机器、智能系统更是不在话下。它们事实上已经在从事各种劳动实践活动，承担各种劳动任务和劳动职责。我们甚至开始忧虑这样的问题：智能系统的劳动能力、劳动状态、劳动态度越来越好，正在造成人类劳工大量的技术性失业，这可能导致所谓的"社会排斥"，出现所谓的"无用阶层"。至于智能系统是否具有社会性，是否可以像人一样结成一定的社会关系，我们直觉这也不是问题。智能系统与人之间、智能系统与智能系统之间，可以基于互联网、物联网结成越来越复杂、越来越多样、越来越灵敏的"关系"。智能系统大量走进人类的生产和生活，与人的交往越来越密切，有人已经在讨论"人机婚姻"之类的话题了。如果某一天真的出现了"人机婚姻"，那么就很难说智能系统没有社会性，没有社会关系，不能成为社会活动、社会认识的主体了。

在大多数情况下，智能机器人在外形上都不像人，但它如果要制造得像人的话，也可以比我们每一个人都长得更加"标准"，合乎"人"的"要求"——如果能够将这种"标准""要求"陈述出来的话。实际上，基于生物技术、智能技术的发展，现在的智能机器人已经制造得越来越漂亮了，互动、交往能力也正在日益提升。与人相比较，智能系统的最大优势是它令人惊讶的进化速度。毋庸置疑，智能系统的进化跟人类遵循的是不一样的遗传规律、进化规律。概括起来说，智能系统的进化速度比我们人类快，其个体的成熟，也并不需要经历人类个体从婴儿到成人的漫长过程。就此来看，今后到底是谁的智能能够占优，机器智能会不会超越人类智能，都要打上一个大大的问号了。甚至到底谁才是"万物之灵"，也可能会成为一个问题。在这种情况下，谁才能成为社会认识的主体这一问题，就很难再固守以前保守的结论了。

事实胜于雄辩。我们不妨看看智能系统近年来所取得的一系列成绩。2016年3月，Google公司的AlphaGo打败了韩国围棋世界冠军李世石；2017年5月，又打败了中国围棋世界冠军柯洁，曾经极大地震惊了世人。2020年，Google公司的AlphaFold成功根据氨基酸序列预测了生命基本分子——蛋白质的三维结构，在基因测序方面展现出了杰出的能力。在科学研究方面，今后或许大量的科学发现都会依靠机器人或者智能系统去完成。而科学认识当然是非常典型的一种社会认识。

或许有人会认为，总是存在着一些专属于人类的领域，智能机器在这些领域可能难有作为。比如，在人类最引以为骄傲的艺术创作方面，就有人坚持，智能机器肯定比不上人类。但不幸的是，各种智能系统正在闯进艺术创作领域，并且正在大显身手。例如，在诗歌创作方面，现在的"机器人诗人"就越来越厉害了。微软公司的小冰出版过诗集，其诗歌大家应该都知道。我在这里想重点介绍一下清华大学人工智能研究院常务副院长孙茂松教授与学生矣晓沅等人创制的"九歌"人工智能诗歌写作系统。2017年，中央电视台曾经举办过一次人机诗歌创作比赛。令人震惊的是，当时的人类评委根本就分辨不出哪些是大学生诗人创作的诗，哪些是"九歌"

创作的诗。"九歌"的水平实际上一直在提升。我认为，它创作的这首五绝的水平就非常不错："忆昔扬州月，于今又一秋。故人何处是，落叶满汀洲。"因为这首五绝不仅写得十分工整，而且有明显的整体感，甚至表现出了某种"意境"。现在还有一些智能系统正在向各种艺术领域进军。2018年10月25日，由三个对艺术一无所知的程序员开发的"艺术作品"《爱德蒙·德·贝拉米肖像》（Edmond de Belamy）在纽约嘉士得拍卖行，以5500美元起拍，最终以35万美元落槌，成了世界上第一件成功拍出的人工智能艺术品。在视听艺术领域，美国一位名叫戴维·柯普的音乐教授编写出一套计算机程序，用其谱出协奏曲、交响乐和歌剧。此举在古典音乐界引发了巨大争议，但曲子带给人的感动与共鸣是真实的。一个由音乐历史学家、音乐理论家、作曲家和计算机科学家组成的团队，根据贝多芬遗留下来的一些笔记和片段，经过两年多的努力，用人工智能完成了贝多芬生前未完成的《第十交响曲》。完整录音于2021年10月9日发布后，引起了许多人的关注。现在，智能系统还在广泛应用于弹琴之类乐器演奏、舞台表演……

专用智能系统的进步可谓非常之快，各种智能系统正在很多领域发挥作用。当然，类人的通用人工智能系统现在仍然比较差。但今后把各种专用智能系统及其能力"总装""集成"，看起来也不会存在什么技术上的终极障碍。如此一来，艺术创造的奇点，或者社会认识的奇点，是否会到来？也许，就像我们在工业时代跑不过汽车一样，迈入智能时代，我们的脑力劳动、创造活动也可能比不上相应的智能系统。这就像今天，任何人无论如何聪明，脑袋转得再快，也根本算不过手机里面的那个小小的计算器一样。

只是这样一来，我们将面临大量哲学特别是社会认识论方面的问题。

例如，智能艺术是不是专业的艺术创作？智能系统能不能作为艺术创作的主体？它创作以后的版权或者知识产权归谁？这些都会是棘手的问题。我们应不应该承认这样的智能系统是艺术创作的主体、文化创作的主体？抑或思想认识的主体、社会关系的主体？以及道德主体、法律主体？等等，都是亟待思考、解决的问题。

又如，随着智能系统在思维、智能、社会认识等方面的发展，它与我们自然人之间，谁才是合格的认识者？实际上，不管我们承不承认这些智能系统的认识主体地位，它都可以完成大量的劳动任务，可以在认识或实践活动中发挥越来越关键的作用，甚至可以自主地进行某种认识，自主地从事某种活动。

在智能系统日益发展，在社会认识、实践领域越来越能干，并且承担的任务和职责越来越多的背景下，我们究竟应该怎么办呢？我想，假装什么都看不见是自欺欺人，而逆历史潮流也是没有前途的。如果时代发展的大趋势不可避免，我们每一个认识者要想不被淘汰，就只有与这些智能系统深度"融合"，通过智能系统与人自身的互动发展，努力实现人机协同、人机融合和"人机一体化"。只有与时俱进地反思自己、提升自己，与各种智能系统融合起来发展、一起认识和改造世界，我们才能跟上智能时代发展的步伐，成为智能时代合格的社会认识者，创构一种前所未有的新型文明形态。

意识上传与认知坎陷的可迁移性

蔡恒进[*]

非常感谢把我安排在孙老师之后，孙老师对于 AI 进展的讲解很精彩，对此我无比认同，现在我要从另一个视角去看人工智能，我的标题中的"认知坎陷"一词可能很多人都没听过，我再稍微解释一下。意识上传是很多人都会关心的问题，为什么要引进"认知坎陷"这个词？很多人觉得这个词难以理解就不引进这个词，但实际上引进这个词是为了"意识祛魅"。意识是很难的问题，哲学家们把它分成两类，一个是 easy problem，一个是 hard problem。实际上在我看来最重要的是追溯意识的起源，不然的话对意识的理解就不够深入，很多问题难以得到解答。

一 意识的起源与迁移

人之所以是万物之灵，实际上更多地取决于出生之后头脑发育还不够完善，我们有很好的触觉，因而有更好的"我的意识"，当

---

[*] 蔡恒进，武汉大学计算机学院教授。

然"我的意识"一开始并不是反思性的自我,简单来说,我们生命朝前推,会推到单细胞生物,这是一个内外的意思。细胞膜有认知功能,可以分清楚内外,把营养放进来,把一些有害的东西给挡住,那么这是一个最原初的意识,我们就把它作为"proto-consciousness"。实际上这个不像我们理解的先要有意识才有自我意识,而是说先有最简单的"我的意识",然后意识世界才由此展开,使用"认知坎陷"一词的原因在于,我们对世界的认知是对于真实的认识,是对我们外界的实际情况的认识,当然实际情况是什么我们也不清楚,这是一种脱离时空的一个形象。一旦有了生命,生命就开始优化它自身,意识跟这些是密切相关的,很大程度上讲有"我的意识"才会有意识,因为我们有意识,所以我们要超脱我们所说的时空和定域性。因此,意识是无法被故意还原的,意识建构在物理世界之上,但它又是可以被理解的。"认知坎陷"是指在主体之间可以互相交流,有可能达成共识的一个结构体,这个结构体不一定是时空领域里的结构体。实际上意识就是这个结构体,所有的我们对这个世界和社会的认知、概念和体系都是认知坎陷。"认知坎陷"又或者是一张图片,也就是这些画家的图片,又或者是诗人的一首诗。这些表达是可以被其他的主体理解的,在这个表达过程中主体之间能够互相理解的部分称之为可迁移性。可迁移性是由高到低的,最高的是像费马大定理,再次一点,比如电子、质子和基本粒子,可迁移性是非常高的,它不取决于你在哪里做实验,也不取决于比如原子的辐射等。时空也是一个"认知坎陷",是我们人在物理世界发现的。"认知坎陷"实际上是很难反思的,在相对论中,爱因斯坦做了一些四维时空,它们是互相联系的,我们有可能在黑洞物理学,或者是广义相对论和量子力学结合的过程中来重新理解它,这被认为是 hard problem。可迁移性问题接着往下走,就是诗歌、文献作品和绘画等。如果用"认知坎陷"来破解意识的问题,单一的这个词不一定有什么意义，但是结合对意识起源的认知——触觉大脑假说，就可以理解意识的起源。很多意识起源的理论中，比如可能手很重要，可能脑子很重要，可能直立行走很重要，但是我们发现这些都很可能是它的后果而不是原因，其原因就在于我们出生的时候。比如牛的出生，牛一出生就可以站地行走和吃奶，所以它生下来就是完善的。人类刚出生时无法说话和做事，脑袋都抬不起来，而且视力也是很弱的，只有0.1，可能看世界是一片混沌的，但是我们在跟外界接触的过程中，开始建构头脑里的世界观念，就是"认知坎陷"的一些构成，具体包括视觉和味觉等。首先比较颜色，大家会发现不同的语言里对于颜色的表达是不一样的，最简单的语言可能只能表达黑白，其次红可能被表达进去，但是黄和蓝是不一定能够在前面被表达进去，这就是一个慢慢地建构的过程。味觉在不同的文化里是有差别的，比如西方人可能对麻和辣分不清楚。这里说的是意识的起源，那么这对于我们理解AI有什么必要性呢？首先看人的"认知坎陷"，每个人的境界不一样，比如艺术家和我们的坎陷世界是不一样的，当然人类和牛的认知坎陷肯定也是不一样的；还有很著名的蝙蝠，它的定位和人不一样，所以它的坎陷世界和人也不一样；还有狗的嗅觉很灵敏，它的坎陷世界也和我们不一样，当然机器的坎陷世界也是不一样的。我们现在看的深度学习觉得难以理解，它的可解释性差，它的可迁移性实际上也是很差的。我们在进化过程中把认识这个事情用更简单的认知坎陷来实现，而机器要掌握这种特征需要通过找成千上万、上亿、上百亿、上万亿的这种参数特征来做认知，所以人类觉得无法理解、无法沟通。但实际上现在面临的问题是像刚才孙老师讲的，是让机器更像人，还是让人更像机器。

二 意识的建构与上传

目前按照深度学习的路径,存在的问题是可解释性差,有点"run away"。我认为只要理解了意识的起源,理解了意识的不可缺少方面,是可以在这个很复杂的局面下保留一定的统摄性。我们在这个世界里生存,还觉得很安全,尽管我们可能都是技盲,并不知道所有的技术细节,之所以生活得还不错,就在于我们意识的建构,虽然不知道细节,但是有人能帮我们做到。比如我要去北京,虽然不知道怎么走,但是我知道可以预订机票和出发时间。实际上从上向下的统摄性,最后还是自己的主体性和自我的建构,自我是不是足够强大,一个好的强大的自我,是指他的最终性和组织性非常强。意识可以上传,但是有程度的差别,物理的知识、数学的知识是没问题的,甚至要和外星人交流的话,可能要用数学的语言,就是它的 transferability(可迁移性)比较强,可以被所有的高级生命理解。可迁移性比较弱的这一部分,即使是人与人之间都会存在难以沟通的情况,我们可以暂且保留或者将它交给机器,但是交给机器的过程并非百分之百的上传。

总的来讲,我所担忧的是,目前所有的建构,包括人类现在的这种商业、资本和国家的建构,是逼着人向着机器走,而不是倒过来。现在有一线曙光,也就是区块链技术,它主张去中心化,实际上就是把个人放在一个更重要的位置上。这样,我们有可能作为一个节点参与未来的智能世界的发展。比如"元宇宙"概念,还有刚刚 Facebook 把名字改成"Meta",也是一个趋势,更多的是要构建一个未来的世界。未来的世界更多的是在意识领域里,在精神领域里或者在坎陷世界里做的事。在坎陷世界里面要做的事,如果你想让它有价值，就需要让它有更好的可迁移性。在那里，我们每一个人、每一个团体或者每一个国家，他们所占有的份额和扮演的角色是未定的，但是大家都有机会。这里核心的一点就是要有创新，要参透未来可能发生的事情。比如比特币是一个很好的产品，当然很多人认为它是一个完全虚构的事物，关键在于如果我们能达成共识，大家都可以接受，它就是现实，可迁移性就非常高。要重新理解这些东西，而不是说在原来的知识的基础上来理解新出现的世界。比如 NFT（非同质通证）是上千万美元或者是几亿美元的图像，可能会被认为是泡沫，它实际上是对未来的一个预示。因为在未来的意识世界和数字世界里，身份是非常重要的，在未来的世界里谁走在前列，显然是价值越大越受关注，那么他发出的声音自然会有更多的人听见。当前还是一个资本的逻辑，但是希望这个逻辑不是由 Old money——原来的钱来决定，而是由 New money——对未来有预见的人来决定。现在数字货币的世界，现在主要是由技术人员来建构的。这在某种程度上具有积极的意义，我们不是完全由资本说话，它表达的是一种价值，可以用资本来交换、来对冲。

最后，意识能不能上传？答案是的确能上传，但是并非百分之百地上传，而且上传之后关键要靠自己，因为人的意识也不完全是自己的，多少会受传统文化和语言的影响，语言也是一种"认知坎陷"。当我们把自己的思想表达成文章的时候、写成诗的时候、绘成画的时候，都是在上传我们的意识，这些意识会穿越千年，被后人传承。假如说我们理解了意识的本质和意识的起源，我们现在的世界和未来的数字世界、未来的人机一体实际是连续性的。

在马克思新世界观中把握人工智能的本质

余乃忠[*]

人工智能问题已经成为这个社会当中一个非常重要的论题。今天上午大家讨论的话题在视角上可能不太一样,但是总体上是围绕人工智能的主体性问题进行了讨论,人工智能是否有主体,或者其主体性特征是什么,又或者将来会给人类带来什么影响,这都是目前人工智能研究最核心的问题。很多著名哲学家、科学家,他们对这些方面都做出了一些判断,但是总体来看,他们的判断都非常直观、非常感性,是经验化的。

我从马克思新世界观这个角度来探讨在智能社会当中,人工智能是什么样的形象。马克思说,在森林中叫唤什么,森林就发出什么回声。这句话的意思是:世界是人的世界,是被人定义的世界,是按照人的实践理性而理解的世界。人的思维是有限性思维,无法接受无限的、无始无终的、一直都在的宇宙。

哲学仅仅是一个世界观,人类的有限性是很难理解这个问题的。如果宇宙有始,那么宇宙大爆炸前的世界又是什么样的,物质究竟来自哪里,这些问题一直在冲击着人类的哲学根基。是人类才

---

[*] 余乃忠,长沙理工大学马克思主义学院教授。

有的问题，是人类理性局限下的问题马克思的新世界观开辟了人类有史以来以有限丈量无限的伟大征程，这是马克思和其他思想家不一样的地方。

马克思新世界观有几层含义。第一层含义是人的对象世界是被人占有的世界，即是人的"感性活动"的世界马克思之前的哲学理解对象世界是基于认识论的视角，而马克思把它放在一个实践论的视角中，就发生了转换：在新世界观中，世界不是人的，世界是人的智力所理解和历史活动所占有的世界，世界因人的认识的深化和实践的丰富而不断展开。在新世界关系中，智能世界是什么呢？是人的知识体系框架中所容纳的世界。我们现在改造的一切仅仅是人的知识框架，就如一些人在讲人文主义的时候，认为如果没有达到一些标准就不能构成人文主义，这其实都是在我们的知识框架里面。

现在我们谈几点人工智能的"感性世界"，即人工智能会塑造什么样的世界，有五个方面：万物赋数的世界、万物赋联的世界、万物赋能的世界、万物赋智的世界、万物赋值的世界。这样的例子有很多，就如原来人类没有在宇宙、在自然界当中，但它们仍对我们人类形成了很大的能量，这个能量包含的东西是前所未有的。这五个方面中，我只详细地讲一点，即什么叫万物赋值，它的含义是什么呢？万物赋值是人工智能赋予万物以无价值到有价值或低价值到高价值的历史性转变，其中的值是基于整个人类的生存性和发展性的有用性。万物赋值可以从两个方面进行理解：一是万物如何作为人的活动的对象或中介，这是价值生成的基础；二是作为人的活动的对象或中介是如何作用于人类而使得人类获得解放与发展。人不仅像在意识中那样在精神上使得自己二重化，而且能动地、现实地使得自己二重化，从而在他所创造的世界中直观自身。马克思认为这种二重化说明了人在改造的对象中直观自身的发展与价值，也发现了对象的价值。人工智能通过赋数、赋联、赋能、赋智，把宇宙万物转化为人的对象，人在人工智能作品中直观到自己和万物的价值。

马克思新世界观的第二层含义是智能环境下"人的感性活动"。马克思的新世界观从人的实践活动去理解感性，作为人的感性活动的中介的人工智能让人在活动中的历史性矛盾得到前所未有的化解，主要化解了以下这几大矛盾。

第一个矛盾就是感性和精神敌对的趋和，马克思曾经注意到，只要人对自然界的感觉，处于自然界的人的感觉，因而也是人的自然的感觉还没有被人本身的劳动创造出来，那么感觉和精神之间的抽象的敌对就是必然的。也就是说人的感性和精神之间的矛盾是必然的。这是什么原因呢？因为我们的感性不充分，感性活动是通过劳动创造出来的，而不是天生的，所以人并不充分的感觉是感觉与精神、感性与理性矛盾存在的基础。第二个矛盾是自我意识和对象意识冲突的趋解，自我意识与对象意识的二重化表现，反映了实践活动的对象性和目的性，彼此思维指向不同，但又互相制约。自我意识与对象意识的矛盾性受人的实践所制约，人的实践活动越不发达，矛盾越尖锐。进入人工智能环境，记忆移植、人机融合与虚拟现实的出现，让人可以自由走出"自我"，去认识自我，真正把自我看作客体，从根本上实现自我意识与对象意识矛盾的消解。第三个矛盾是理论与理论对立的趋同。举个例子，1929年10月24日至29日在布鲁塞尔召开了第五次索尔韦会议，受到邀请的29人中有17人获得了诺贝尔奖，包括爱因斯坦、薛定谔、狄拉克、普朗克、居里夫人和哥本哈根学派领导人玻尔等世界级科学家。在这次会议上爱因斯坦与玻尔围绕量子力学的完备性展开了激烈的交锋。这次论战的本质是关于客观世界的本质和对客观存在所做的描述怎样才算言之有物？爱因斯坦用简单的光学粒子阐释他对量子力学完备性的质疑。

科学家之间也有许多理论上的争议，这种理论的争议究竟来自哪里呢？马克思说，理论的对立本身的解决，只有通过实践方式，只有借助于人的实践力量，才是可能的。也就是说，人工智能进入科学实验之后，人类认识自然的手段、工具、方法、深度、广度都发生根本性飞跃，产生出与微观世界相适应的实验仪器，人类从"宏观理性""微观理性"跃入"超微观理性"，如此，因果性与概率性、互补性与完备性之争也就不复存在了。这就是我们现在讨论的关于量子力学的事情，量子力学并不是建立了一个微观世界，而是建立了一个超微观世界，很多事情在超微观世界与在宏观世界是不一样的。

人工智能发展背景下的"超人"及其本质，这就是我们经常讲的：现在、未来人究竟是什么样的？马克思曾讲过：在费尔巴哈那里，人的本质只能被理解为"类"，理解为一种内在的、无声的、把许多个人自然地联系起来的普遍性。

因此，马克思新世界观的第三层含义就是从人类社会或社会的人出发把握人的本质。"超人"的技术形态是什么？究竟是其他种类呢？还是人本身的一种发展？马克思说，环境的改变和人的活动或自我改变的一致，只能被看作是并合理地理解为革命的实践。超"自然"的技术环境必然产生超自然人的"超人"。未来的时代肯定会产生"超人"，我们很多人很担心，并认为需要用一些什么主义来防止一些可能发生的事情，但实际上"超人"的出现是具有历史必然性的，生物技术和脑机接口技术会成为"超人"的两大技术支柱。

再来看"超人"的"人"性，分为自然属性和社会属性两个方面。"超人"的自然属性表现为四个方面的二重性：一是生物学的代谢性与物理学上的机械性并存；二是数字化的简单性与结构的复杂性并存；三是类人的智慧性与背离人的智慧性并存；四是增强性与脆弱性并存。从社会属性上来看,"超人"表现为五个方面的深刻矛盾:一是资本的集中与分散的对立;二是劳动的解放与束缚的对立;三是公共性与隐私性的对立;四是幸福指数提高与安全系数下降的对立;五是主体的统一性与分裂性的对立。这些就是"超人"的"人"性表现。

接下来我们来看"超人"的本质。"超人"的本质表现在五个方面的新变化:一是人类生存空间的有限与无限矛盾得到根本缓解;二是人类生命尺度发生根本改变;三是平等的人类社会建构获得了根本性技术支持;四是文明对抗将发生根本性转机;五是人的记忆的储存与互联,永生获得了新的定义,生与死、生命形态的传统与异化、有限与无限、宏观与微观的关系都将重新被理解。所有关乎这些的哲学的基本问题将会被重新认识,可以说,"超人"时代,人与自然的关系的新规定引起人与人的关系的新建构,或者正如马克思所期待的,人的本质力量得到新的证明,人的本质得到新的充实。

最后,简单理解一下人工智能发展背景下的"现实世界革命化",也就是人工智能发展到、革命到哪里去了。第一,人占有自然的方式从现实到增强现实。在马克思看来,人类用自己的身体以"对自身生活有用的形式"占有自然。而在人工智能时代,人对自然的占有已经从现实转向了"非"现实、增强现实和超真实。第二,人占有社会的方式已经从悲剧到喜剧。马克思说,当旧制度本身还相信而且也应当相信自己的合理性的时候,它的历史是悲剧性的。历史是认真的,经过许多阶段才把陈旧的形态送进坟墓。世界历史形态的最后一个阶段是它的喜剧。人工智能则成为世界历史形态走向最后历史阶段的加速器。第三,人占有自我的方式从不可解析到可解析。人类从动物中脱离的标志除了直立行走之外,就是对自我的占有。人类的主体意识就是对自我占有的主要表现。人类占有自我的方式有认识自我、发挥自我、驾驭自我。尽管脑科学等大量的研究不断发展，但人类并不能对自己的意识进行"层析成像"，也就是我们至今也未能搞清楚意识的起源、意识的工作机制、意识载体的再分与透视等，这一系列工作始终未能取得重大进展。据美国每日科学网站近日报道，美国科学家有史以来第一次研制出了一套新系统，借助语音合成器和人工智能，通过监控某人的大脑活动，将其想法直接转化成了可理解、可识别的语音。人类第一次实现了对自己如何思考的一种可视化的解析，实现了人类与机器之间思想的自由传输，通过机器下载思维活动过程，这是人类对自己的意识占有及其自由占有的最重大革命。

我来总结一下，人工智能是技术创新史上一种"乱到极端"的模式，当然这也还在我们人类知识的范围内，从提出"地球被木星引力吞噬""中微子性质发生变化"到"智能人俘获人类"等问题来凸显人类在宇宙中的不安与孤独。以马克思新世界观把握人工智能的发展规律，就是坚持从世界本身来说明世界，并把细节的证明留给未来的自然科学。我认为马克思的这句话看似简单，实际上意义十分重大，尤其是对我们哲学学科研究人工智能有着很大的启发。因为人工智能很多问题其实是科学问题，但是我们却要把它放到哲学问题中。

人工智能与未来社会

——人工智能、共享主义与共产主义

郑召利[*]

随着信息、大数据和人工智能的快速发展，有一种观点引人注目：中国已经步入人工智能时代，人工智能技术或许能够为马克思预想的"共产主义社会"提供一条可行的路径。有人认为，实现共产主义不是多么遥远的事情。数字时代和人工智能正在让共产主义走进现实。机器人一旦取代人类85%以上的工作，共产主义社会直接到来。甚至有的人认为，利用人工智能技术，共产主义可以在我们这一代实现。

刘强东在与秦朔的访谈中称，将人工智能嫁接到商业和技术上去，通过技术布局和公司的全部国有化，共产主义可以在我们这一代实现。他说："咱们中国提出共产主义，过去很多人都觉得共产主义遥不可及，但是通过这两三年我们的技术布局，我突然发现其实共产主义真的在我们这一代就可以实现。因为机器人把你所有的工作都做了，已经创造了巨大的财富，人类可以享受，或者可以做点艺术性的、哲学上的东西。国家可以将财富分配给所有人，没有

---

[*] 郑召利，复旦大学哲学学院教授。

穷人和富人之分。"秦朔认为,他所理解的刘强东的"实现共产主义"是指随着人工智能、云计算、物联网、无人车、机器人、AR/VR等新技术的成熟和普及,技术可以解放人的劳动,并按每个人的需求进行精准而便捷的产品分配。

不可否认,人工智能技术极大地改变了当今社会的方方面面,从人们的生产方式、生存方式、交往方式和思维方式,都产生了深刻变革。它与信息、大数据一起成为生产力的新兴要素。然而,随着大数据、互联网、人工智能等信息技术的迅速发展,处在社会主义初级阶段的中国,是不是面临着要实现共产主义的问题?这实在值得深思。秦朔还贴出了采访刘强东之后的个人感想,称共产主义社会的实现还非常遥远,但是作为一种美好丰饶的理想和人道主义的气质,共产主义的光芒又会在我们身边闪闪亮亮。

当前,信息文明成为主导文明,而信息文明由于智能革命又进入了新阶段。智能革命是新的产业革命,是以人工智能为核心的、在现代科技发展的背景下形成的新阶段。以人工智能为核心的信息时代,在思维方式上与工业文明有很大不同。工业文明以决定性的思维方式为标志,讲的是因果性。在大数据、物联网、云计算的背景下,相关性取代了决定性的思维方式。共享经济就是这种思维方式的具体运用,它可以采集到各种各样的信息,以此对人们的需求做出相关性的分析和判断。

从哲学上讨论,共享主义是不是意味着新的社会主义发展的可能性?如同机器大工业的直接后果是资本主义,共享经济为未来社会的发展奠定了一定的物质技术基础。共享经济和共产主义有增量关系,即技术的可能性为新的社会变革、社会主义和共产主义发展提供了可能。两者虽有联系,但并不是一回事,共享经济是资源配置方式,不是所有权的概念,不能把共享主义与共产主义混淆。人工智能的发展从一定程度上讲,呈现了共享经济的种种特征,但与马克思所设想的共产主义社会不能同日而语。将共产主义概念直接应用于复杂的现实生产生活中，容易造成观念的混淆，割裂和肢解了马克思关于共产主义思想的真实内涵。

马克思的共产主义学说有多种不同表述，作为人类社会发展的最高形态有其达成的标准和实现的条件。马克思的社会形态理论有"五大社会形态说"和"三大社会形态说"。他提出的"共产主义社会"为我们描绘了未来共产主义的社会图景：社会生产力高度发达，物质财富极大丰富；彻底消灭了私有制，消灭了阶级差别和阶级剥削，消灭了国家；一种自由人的联合体，社会成员得到自由而全面的发展。由此所实现的人的解放不仅仅是社会层面的，更是"通过人并且为了人而对人的本质的真正占有"。随着大数据、人工智能时代的到来，人们看到了某些与共产主义社会相似的特征。马克思预见科学技术的发展将大大解放人类劳动力，带来物质财富的积累和人类的自由解放。限于社会发展水平，理想的社会形态必须经过长期的历史发展和人们对社会现实的不断改变才能实现。

人工智能和共享经济的发展为实现共产主义提供了技术基础和物质基础，让人们看到了实现共产主义的希望与曙光。我们应正确地看待人工智能，充分地利用好发挥好人工智能的优势，趋利避害，使它更好地为社会发展服务。共产主义不仅是人类社会发展的理想，是一种理论学说、最高形态的社会制度，更是一种社会运动和实践过程。哲学家们只是用不同的方式解释世界，而问题在于改变世界。实现共产主义不可能一蹴而就，它要落实在不断探索的长期努力之中。

数字主体的身份认同

徐 强[*]

数字社会不只是一个多元社会，更是一个建构社会。不仅是外部世界的建构，也是自我的建构。同传统的现代性相比，没有哪个时代像今天这样让几乎每一个人都如此深切地感受到了数字时代的来临以及它对个体所产生的影响。从年轻人喜爱的数字游戏到老年人感受到的"数字鸿沟"，无不让人获得了对它的不同体验。然而，当我们说到数字时代时，绝不仅仅是因为数字技术介入了我们的生产、生活，而是在于它实现了对我们的生产、生活的全方位占有，从而使得人类的生产、生活呈现出高度数字化的全新样态，出现了数字生产和数字生活。而无论是数字生产还是数字生活，其前提都必须有赖于数字主体的产生。当我们在形而上学地反思当下世界时，我们会发现哲学的"一和多"的核心问题，正在逐渐转向"实和虚"的问题。只有进入这一问题域，我们才能真正拥有数字世界，进而理解这个新世界以及它给我们带来的一切变化。

在人的诸多问题中，主体问题一直是困扰学者的重要问题。德国现代著名哲学家哈贝马斯曾经在《后形而上学思想》一书中分析

---

[*] 徐强，南京师范大学公共管理学院哲学系、南京师范大学数字与人文研究中心教授。

了米德的主体理论，他用米德的"主我"和"客我"概念指称了个人是个体化的"主我"和社会化的"客我"的统一。只有当行为者掌握了自己有声姿态的客观意义时，他才采用另一个互动参与者的视角，即从他者的视角认识到自己是一个社会客体。"由于这种自我关系，行为者在'客我'的身份下扮演双重角色，'客我'像一个影子一样紧随着完成行为式的'自我'……"① 主体性的"自我"，即"主我"在重构活动中产生了"客我"。因此，"客我"离不开"主我"，并且与"主我"一起构成"自我"。这样一来，作为主体存在的"自我"内部就包含着"主我"和"客我"，它是"主我"和"客我"的对立统一。而由于"主我"和"客我"内在地包含了个人与社会的关系，它还是个人与社会关系的对立统一。

哈贝马斯讨论的"主我""客我"问题，对于我们探讨数字时代的主体问题具有重要的理论启示。在数字时代，"主我"不仅重构了一个社会"客我"，还通过"主我"生命实体的数据化重构了一个虚拟的技术"客我"。这样一来，对于作为自我主体的"主我"概念而言，就有两个相对应的"客我"：一是实体化的社会"客我"，二是数据化的技术"客我"。由于数字技术的加速发展，对于个体来说，实体与虚体的关系成为重要的关系维度。如果说以往在考察个体时，我们更侧重于个体与社会的关系，那么，在数字化时代，需要面对个体与社会和实体与虚体的双重关系。在个体与社会的关系上，个体是个体化的"主我"和社会化的"客我"的统一；在实体与虚体的关系上，个体是实体化的"主我"与虚体化的"客我"的统一。也就是说，个体处在不同的关系轴线上具有不

---

① ［德］于尔根·哈贝马斯：《后形而上学思想》，曹卫东、付德根译，译林出版社2001年版，第198页。

同的身份，需要加以明晰和确认。这两个"客我"的共同点在于：它们都是"主我"重构行为的结果，带有明显的建构特征。社会"客我"是处于一定社会关系下的"主我"取得的社会认同，技术"客我"是处于一定虚拟文化关系下的"主我"取得的网络认同。前者处于实体世界，后者处于虚拟世界；它们又都带有一定的受动性，社会"客我"是进入社会空间的权力让渡，技术"客我"是进入数字空间的权力让渡。只是技术"客我"与社会"客我"相比具有更强烈的符号特征，它是个体在网络虚拟世界的外在符码和技术性表征。而社会"客我"则是隐形的、内在的、非独立的，并不具有技术"客我"显著的外在表征性，相反，在不利于自我的情境下，个体有意隐藏自己的社会化"客我"，而试图竭力表现个体化的"主我"。这显然是对哈贝马斯的"主我""客我"问题的进一步延伸和拓展，同时也有助于我们更好地理解数字主体问题。

需要注意的是，在前数字时代，"主我""客我"之分是相对于作为自我的"我"而言的，如果我是独立主体，那么，无论是"主我"还是"客我"则都具有主体性。这一区分的意义在于：当进行自我认同时，作为主体存在的个体明了自身究竟在何种程度上表现自我"主我"，又在何种程度上表现社会"客我"。而对于他人而言，你始终是以独立的主体身份存在的，而不是以"主我""客我"的身份存在。他人眼中的你是同一的你，但在自我认知上则反映出"主我""客我"之分。

在数字时代，作为数字主体的虚拟"客我"对于自我来说是一个新的"客我"，它与自我"主我"以及社会"客我"一起共同构成新的自我存在。这不仅使原有的主客关系变得更为复杂，而且使人们必须重新面对新的世界和新的人类自身。数字主体虽然被称为主体，但实际上它只是仅有主体身份，却不是真实主体，它是自我"主我"的代言人和象征性存在，它的本质是自我"主我"的虚拟

"客我"。因此，尽管在网络世界中完成了数字主体的技术建构，但它却仅有主体之名并无主体之实，真正的主体是且只能是生命实体。只有生命实体才是自我"主我"，它既是现实世界的主体，也是虚拟世界的主体。

与传统的自我"主我"和社会"客我"不同，虚拟"客我"具有相对独立性。传统的自我"主我"和社会"客我"是内在同一的，它们无法分离，社会"客我"也无法独立存在。而虚拟"客我"则是以外主体的身份存在，它是数字世界的主体，是相对独立的。尽管虚拟"客我"不是看得见的实实在在的人，但却是生命实体的身份表征，不是"主我"却代表"主我"。从这个意义上来说，虚拟"客我"比起社会"客我"来更具有显在的主体性特征。但是，这并不表明虚拟"客我"就能成为网络世界的真正主体，它仅仅是一个技术主体，或者说是一个伪主体。之所以如此，是因为虚拟主体说到底只是数据符号或代码，它并不能承担主体责任，真正承担责任的只能是作为主体"主我"的生命实体。所以，现实世界与虚拟世界不是二元分立的关系，而是对立统一关系。人们在虚拟世界完成的网络行为不仅要由拥有生命实体的个人完成，而且它本身就是人类行为的一部分。究其根本，人类既要充分认知虚实世界的分离，更要认清虚实世界的统一，而以自我"主我"身份存在的生命实体则是虚实世界连接的交叉点，正是由于它的存在才完成了虚实世界的交汇和连接。

从表象上看，生命实体和身份虚体都代表自我，但是，它们却有主客之分。身份虚体只是生命实体在网络世界的表征和延伸，而不能取代生命实体，它也无法作为独立自我存在。生命实体以人的身体为存在前提，身份虚体以人的相关数据为存在前提。作为"客我"的身份虚体是作为"主我"的生命实体的数据化表征，而数据化则具有一定的表征限度。具体来说，那就是涉及个体的生物性指征的，如身高、体重等能够很好地实现数据化，而涉及个体的精神性指征的，如信仰、意志等则很难实现数据化。这就使得数据化从一开始就带有一定的局限性。数字主体代表的只是行为者的身份，而不具有与生命实体同等的存在论意义和价值。正因为如此，它的存在被看成只具有符号意义和价值。

数字主体是人为主体，它是借助生命实体的数据化而建构的一个技术主体，因此，它不是真实主体。数字主体不是在人的独立主体之外，再造一个新的独立主体，而是自我的"身份"主体，是因人的网络行为需要而产生的虚拟主体，是个体生命实体的网络化表征。虽然数字主体是"伪主体"，它对自我"主我"而言只是技术"客我"，但对于网络而言，它又是自我"主我"的身份代表，代替自我"主我"出场。只有明晰数字主体的身份特性，才能确立网络世界中"我"的存在，自觉增强网络行为责任意识和承担网络行为责任，抗衡平台、算法和资本的网络技术霸权。

数字主体的诞生源于网络活动的需要，无论是网络购物、游戏、交友等都需要进行相应的身份确认，这就要求个体根据不同需要，实现生命实体不同程度的数字化，以便网络平台进行一定的身份识别，从而保证网络活动的规范、合法和可控。不同的网络活动，对身份信息的要求也不相同。可见，不仅网络身份认同是必需的，而且身份认同具有多样性、层次性。身份认同的多样性、层次性反映了网络活动的多样性、层次性。随着网络空间人类行为的日益丰富和多元，身份确认的要求也在不断变化。这就需要我们重视因生存场域扩大对个体形成的相关影响，从而保证网络活动的顺利进行。

美国学者弗里德曼在《图绘：女性主义与文化交往地理学》一书中，提出了"身份地理学"这一独特术语。尽管她提出这一术语的主要目的是用来分析说明女性主义，但又并非仅限于用来分析说明女性主义问题,对于我们今天数字主体的身份认同具有启发性。她把该术语用来标明身份研究中的一块崭新的、快速变化的磁力场。"这片跨学科的新领域所代表的是,一片有着共同关注内容和共同修辞用语的地带,它处于人文学科与社会科学、所谓的本质主义者与建构主义者、身份政治与联合政治之间的交界地带。"① 在弗里德曼看来,身份地理学涉及从浪漫主义话语向后现代话语的转变,亦即从有机整体性话语转向空间化流变话语或身份变迁话语。"这种新的地理学并不将身份当作发展模式的个人目标,相反,它将身份看作一种充斥历史意识的地方、一种关系结构、一种定位、一种立场、一块场域、一个交叉点、一个网络、一个汇集了多重情境知识的交叉路口。"②"这种地理学话语经常强调的并不是井然有序的线性增长运动,而是坚定立场的缺失匮乏,流动性的无尽变化,跨国流散人口的流动迁移,'全球族群景观'的互动融合或网络空间的无限循环。它多变的形象适应了加速变化的景观、信息高速路的技术以及迁移文化的全球化。"③ 弗里德曼在这里强调了身份地理学的多变形象,它适应了社会多样化的需求。同时,她明确地将网络空间视为一个新的"接触地带",它也是身份新的有机展开的地域或边界。"身份地理学"概念的提出,为我们提供了一个全新的地域或边界的地图绘制,让我们去关注个体身份在不同的"内部/外部或中心/边缘之间的对话地带,不同立场之间的交叉,以及动态交往的空间"中的差异性存在,这就将对身份的理解不是置于一种静态空间,而是一种动态的场域。数字化时代出现的网络空间

---

① [美]苏珊·斯坦福·弗里德曼:《图绘:女性主义与文化交往地理学》,陈丽译,译林出版社2014年版,第21页。
② [美]苏珊·斯坦福·弗里德曼:《图绘:女性主义与文化交往地理学》,陈丽译,译林出版社2014年版,第22页。
③ [美]苏珊·斯坦福·弗里德曼:《图绘:女性主义与文化交往地理学》,陈丽译,译林出版社2014年版,第22页。

无疑提供了一种新的空间化流变场域，需要个体进行新的身份认同，并重新理解身份的含义和特征。这意味着，不仅在不同的对话地带、不同立场的交叉点上存在着身份差异，而且在不同的动态交往空间，如网络空间也同样会引起身份差异，需要我们像"地理发现"一样重新认识和重新确认。

弗里德曼认为，"身份是通过参照他人与自身之间的差异而建构出来。例如，基于性别、种族或性征而认同某一群体，此种行为主要依靠的是划分'我们'与'他们'的二元对立系统，在这一系统中，自我与他者之间的差异界定了某人归属的群体"①。不同的身份会具有不同的身份话语，只有在不同的身份话语中，我们才能真正确认个体身份。数字主体是生命实体的网络化身份，它的出现，既反映了个体由于生存场域的变化所采取的主动因变行为，又反映了新的空间化方式提出的人的重新建构的要求。在人类从实体空间进入网络空间时，个体生命实体（身体）的数字化过程，不仅是虚体的形成过程，同时也是虚体的身份确认过程。从这个意义上来说，从实体到虚体的转换一方面是一项技术性要求，只有完成生命实体的数据化，才能为基于数据的网络活动提供可能。如果不能实现这一转换，就无法从实体空间进入赛博空间；另一方面也是人的网络身份的形成和确认过程，网络活动同样是一种主体性活动，需要进行新的主体建构。但这种主体建构，不是通过数字主体完成的。数字主体只具有身份特性，不具有独立的主体行为性和责任性。这就需要回到实存空间中来，关注生命实体由于受到网络群体意识、网络意识形态的冲击和诱导而产生的影响。因此，数字主体的出现客观上要求个体增强自身的批判性反思意识和主体意识，完

---

① ［美］苏珊·斯坦福·弗里德曼：《图绘：女性主义与文化交往地理学》，陈丽译，译林出版社2014年版，第22—23页。

成自我新的身份认同，而不是盲目地将自我放逐在一个陌生化的新世界，被动接受和适应赛博空间给人们预先设置的一切规范和要求。

在网络世界中，由于人与人之间关系的媒介变化，使得人们在生命实体之外需要产生一个虚体才能"由实入虚"，完成从实体世界向虚拟世界的转化，数字主体的出现源于网络活动和网络行为的技术需要，但却并不意味着网络世界人的真实主体地位的确立。我们之所以将数字主体称之为主体，是因为它是生命实体的数据化，同时也是自我主体的符号化。从这个意义上来说，数字主体的真实本质不过是一组数字符号，它只是一个技术性主体，是生命实体的符号化表征，而不是人的主体地位的确证。作为一个虚拟符号，数字主体的作用仅限于确立一个可以追踪的身份存在。网络世界是虚拟世界不是实体世界，因而决定了网络行为责任不可能由数字主体来承担，而必须由数字主体所表征的生命实体来承担。数字主体虽然被称为主体，却并不具有直接的主体性。主体性是人的有目的地活动的地位和特性，它是对人的自主、能动和自由等的反映。主体性意味着主体必须是实存的人，它能够有意识、有目的地从事各种实践活动，包括网络活动，并能够对自己的言行负责。而数字主体却不具备这样的特性。它只是一个虚拟的无形影像，看似存在又不存在。它的存在必须依赖于生命实体，一旦生命实体不存在，它也就失去其存在的意义。即使数字主体作为数据依然留存，但它在失去对生命实体的依存后其存在的意义和价值也便同时失去。这意味着处于网络世界中的个人首先需要具有身份意识，取得身份认同。平台出于管理需要要求确认个体的主体身份，而个体也需要通过身份认同来确立自己在网络世界的身份存在。对于个体而言，当其通过数字媒介输入有关个人的信息数据时，就不只是一串冰冷的数字，而同时是个人对于新的网络世界的承诺和担当。其次还需要增强自我意识，取得自我认同。数字主体只是身份存在，而不是实体性存在，真正的主体是生命实体，而不是身份虚体。但在网络世界中，人们直面的是通过数据中介而形成的建构主体，而不是实在的生命实体，这就需要人们自觉其为主体，从传统线性思维中摆脱出来，立体地看待自身所处境况，确立在虚实二重世界的自我同一性，而不是割裂两者之间的内在统一关系。个体只有在完成了身份认同和自我认同之后，才能真正确立在虚实世界的主体地位。如果说在实体世界主体性的丧失与个体自身对外物的过度追求有关，那么，在虚拟世界主体性的丧失则与技术垄断和霸权有关。这是由网络世界的独特性造成的。平台在虚拟世界中确立了数字主体，个体却在实体世界中从事网络活动。平台建构的是虚拟主体，关注的却是生命实体，处处基于算法投其所好，通过网络推送，引导网络消费；个体身处实体世界，却介入虚拟活动，在虚实世界的往返中模糊了主客边界，容易陷入虚无主体之中。因此，网络主体地位的确立并不以技术的完成而终结，它还需要个体强化主体意识，明晰自我的关系边界，自觉维护自我的主体性。

总之，网络世界的出现一方面为个体开辟了一个新的空间场域，影响并改变了人们的生产方式、生活方式，改变着人们的思维方式、价值观念；另一方面它也对个体提出了新的更高要求，个体在个性化与社会化、自由与规范、现实与虚拟之间需要找到新的平衡点，保持自我的独立存在，才能不被虚拟空间扭曲、不被虚拟世界支配。

行为、意向和责任

张贵红[*]

随着研究人员和从业者寻求为其算法提供更高的透明度，可解释人工智能（Explainability of Artificial Intelligence，XAI）领域最近出现的复苏。其实，可以将观察人类如何相互解释作为人工智能解释的有用起点。关于人们如何定义、生成、选择、评估和呈现解释的哲学、心理学和认知科学领域存在大量有价值的研究，这些研究认为人们在解释过程中采用了某些认知偏见和社会期望。本文的主题是"行为、意向和责任"，其关注点在于人工智能如何通过 XAI 的支撑来说明人工智能可以作为一个道德主体。当前很多信息科技与认知科学或者人工智能的研究方面是有一定缺失的，需要从哲学的角度来分析他们研究中的缺失。为此本文将借鉴社会归因理论（Social Attribution Theory，SAT）的研究成果，分析行为、意向和责任的关系。本文围绕以下问题开展分析：一是行为在道德主体中的重要性，也就是行为跟意向的关系；二是为什么意向能够帮助我们理解行为；三是怎样通过行为的分析来寻找责任；四是怎样通过行为的原因对它的意向进行分析，然后归结到责任里面，这是对行

---

[*] 张贵红，中国科学技术大学人文与社会科学学院副教授。

为和责任意向的一个认知角度的分析；五是怎样能够使人工智能像人一样具有责任；六是怎样分析能够使人工智能像人一样具有责任。

一　SAT 的兴起

在 20 世纪八九十年代的科学家们所做的就是解释行为，即通过解释人的行为来理解机器的行为。行为解释最重要的一点就是怎样把日常行为的解释，即将人们日常用的语言形式化为机器可以理解的语言，这是行为解释的一个关键点。这时候很多认知就是从归因的角度把行为和意向联系在一起，通过意向来解释原因，也是行为的原因。所以归因理论就兴起了，在 2010 年左右开始成为一个比较成型的归因理论，心理学中从意向角度研究行为和归因开始于美国社会心理学家海德（Fritz Heider），他关注的研究领域还包括现象学。作为一个奥地利裔的心理学家，他同胡塞尔一样都研究意向性。只是胡塞尔更多的是从哲学的角度研究意向性，海德是从心理学角度来看意向性，即心理科学的层面，而不是心理哲学。

研究人员在 2000 年以前通过行为和意向的方式分析行为和责任，但是 2000 年以后大家认为这种分析方式缺少情感因素，人们还是不能接受机器人作为道德主体。所以科学家就开始研究情感科技，2010 年以后情感哲学的兴起原因就在于此，即情感是能否帮助机器人更具有主体性。所以下文我分析的重点就是情感的本质是否能够帮助我们解决机器人的道德主体地位。在行为和意向的研究中，为什么行为这么重要。当下西方流行的后果论、义务论，或功利主义，都是从行为出发产生的行为的结果，所以这其中就存在通过行为获得一种信任，正如人与人之间的信任是由一种行为开始的。而人与机器之间的这种道德关系，就是你信任机器，我觉得机器是一个人，也是应该通过行为来建立信任，这就是研究行为和意向的开端。

二　行为和意向

SAT 是关于感知的。虽然行为的原因可以在神经物理学水平甚至更低的水平上进行描述，但 SAT 不关心人类行为的真正原因，而是其他人如何归因或解释他人的行为。马勒（Malle）的许多工作显示，意图和意向性是他的工作的关键。[1] 意图是一个人的一种精神状态，在这种状态下，他们形成了对执行某些特定行动或实现某些特定目标的承诺。

SAT 使用"日常"术语进行人类行为的归因。虽然这些概念可能不会真正引起人类行为，但这些概念是人类用来建模和预测彼此行为的概念。换句话说，SAT 并没有描述我们如何思考；它描述了我们如何思考我们的想法。海德的路径一直被延续，后来很多人沿着他的路径来分析意向和意向性，然后通过解释行为的意向，把行为可观察、不可观察以及行为背后的意向进行了详细的分解，所以通过归因的模型就可以把责任更好地划分。马勒在 2004 年前后做了一个非常详细的研究，他将行为分解得很细致。他通过画图说明对于非意向的行为，即非故意的，只要有一个原因或者理由就可以了，是不需要意向的，因为没有故意的行为。把这种模型很好地融

---

[1] Malle, B. F., *How the Mind Explains Behavior: Folk Explanations, Meaning, and Social Interaction*, MIT Press, 2004.

入了计算机里面,为了寻找责任就把这种模型的原因和道德上的责任结合,即实验室规范行为,一个行为是否需要负责任,只要从这里面去寻找每一个对应的一种责任即可。在其模型中,行动由三部分组成:(1)行动的前提——行动能够成功执行的条件,如行动者的能力或环境的约束;(2)可以采取的行动本身;(3)行动的效果——它们带来的环境或社会变化。采取的行动通常由目标或意图来解释。在社会科学的大部分工作中,目标等同于意图。在我们的讨论中,我们将目标定义为均值有助于达到的目的,而我们将意图定义为为实现最终目标而采用的短期目标。除了实现积极的效用目标之外,这些意图本身没有效用。马勒等人将人们解释的行为分为两个维度:(1)有意与无意;(2)可观察与不可观察。因此创建了四种不同的分类。[1] 他们的研究结果表明,行动者往往比可观察到的事件更能解释不可观察的事件,因为行动者更了解他们自己的信念、欲望、感受等,而不是他们可观察到的行为,如面部表情、手势、姿势等。此外,他们还表明,行动者往往比有意行为更能解释无意行为,同样是因为他们知道自己的意图。

除了意图之外,SAT 研究表明其他因素对行为的归因也很重要,尤其是信念、欲望和特质。马勒做了许多这个领域开创性的工作。马勒提出了一个基于心理学理论的模型,认为人们通过分配解释行为的特定心理状态来归因于他人和自己的行为。[2] 他认为这些代表了人们在将行为归因于自己和他人时所做的假设和区分:(1)人们区分有意和无意的行为。(2)对于无意的行为,人们提供正当

---

[1] Malle, B. F., G. E. Pearce, "Attention to Behavioral Events During Interaction: Two Actor-observer Gaps and Three Attempts to Close Them", *J. Pers. Soc. Psychol*, Vol. 81, No. 2, 2001, pp. 278 – 294.

[2] Malle, B. F., *How the Mind Explains Behavior: Folk Explanations, Meaning, and Social Interaction*, MIT Press, 2004.

的理由，如身体、机械或习惯性的情况。（3）对于故意行为，人们根据行为的具体情况使用三种解释方式：a. 原因解释是与行为的心理状态（通常是欲望和信念，但也包括价值观）相关联的解释，以及他们形成意图的理由。b. 因果关系史（CHR）解释是那些使用"位于代理原因的背景中"的因素的解释，这些因素可能包括无意识的动机、情感、文化、个性和背景。CHR 解释是指导致原因的因果因素等。c. 促成因素（EF）解释那些不解释行动者意图，而是解释有意行动如何实现其结果的解释。

马勒框架的核心是行为的意向性。对于被认为是有意的行为，该行为必须基于某种愿望，并且相信该行为可以进行并且可以实现该愿望。这就形成了意图。如果代理有能力并意识到他们正在执行动作，那么该动作就是有意的。给出原因解释是将意向性归因于行动，并根据主体性假设和基于其采取行动来识别欲望、信念和价值。因此，理由意味着意向性、主观性和合理性。

三 行为和伦理

正如德格拉夫（de Graaf）和马勒所主张的那样，断言人们会期望使用用于解释人类行为的相同概念框架来进行解释并不过分。[①]这个模型特别有前途，因为 AI 中的许多基于知识的模型需要明确建立在此类民间心理学的概念之上。此外，行动、前提、近端和远端意图之间的概念和关系类似于 BDI 和计划等模型中的概念和关系，因此，关于前提、结果和竞争目标之间关系的工作在以下方面

---

① de Graaf, M. M., B. F. Malle, How people explain action (and autonomous intelligent systems should too), in AAAI Fall Symposium on Artificial Intelligence for Human-Robot Interaction, 2017.

很有用。a. 认知过程和评估。承认人们使用协变的一般观点是有效的。用于解释的三种认知过程包括：（1）因果联系，即人们用来识别事件原因的过程；（2）解释选择，这是人们用来选择已识别原因的一小部分作为解释的过程；（3）解释评价，是被解释者用来评价解释质量的过程。许多研究表明，人们有一定的认知偏见，他们将这些偏见应用于解释的生成、选择和评估。b. 行为解释。马勒的模型是迄今为止最成熟的 SAT 模型。马勒的概念框架提供了一个合适的框架来表征行为原因的不同方面。很明显，原因解释对基于目标的推理者很有用。代理优化成本的事实是代理的"个性特征"，在给定特定计划或目标的情况下是不变的。c. 集体智慧。对群体行为归因的研究对于从事集体智慧工作的人很重要，诸如多智能体规划、计算社会选择或论证等领域。尽管与个人行为的归因相比，这方面的工作似乎很少被探索，但欧劳福林（O'Laughlin）和马勒发现，人们将意图和信念分配给共同行动的群体以及聚合群体的研究表明，关于个人行为归因的大量工作可以作为解释集体行为的坚实基础。[①]

　　社会归因理论的应用，能够帮助我们进一步思考 AI 中的伦理问题，包括：a. 规范。规范已被证明在社会归因中占有特殊的地位。尤蒂奇（Uttich）和隆布罗佐（Lombrozo）研究了规范之间的关系及其对归因特定心理状态的影响，尤其是在道德方面。[②] 他们对副作用或诺贝效应提供了一个合理的解释，这是人们根据道德判断来归因特定心理状态的效果。萨姆兰（Samland）和瓦尔德曼（Waldmann）进一步研究了规范背景下的社会归因，着眼于许可而

[①] O'Laughlin, M. J., B. F. Malle, "How People Explain Actions Performed by Groups and Individuals", *J. Pers. Soc. Psychol*, Vol. 82, No. 1, 2002, p. 33.

[②] Uttich, K., T. Lombrozo, "Norms Inform Mental State Ascriptions: A Rational Explanation for the Side-effect Effect", *Cognition*, Vol. 116, No. 1, 2010, pp. 87–100.

非义务。① 他们为参与者提供了会出现两个结果的场景。b. 道德。对于类人智能体来说，道德很重要。首先，与道德的联系对于引起伦理或社会问题的应用很重要。违反规范的一般解释或行为可能给人一种"不道德的机器"的印象，因此，需要明确地将此类规范视为解释和可解释性的一部分。人们大多要求对他们认为异常或异常的事件进行解释，而违反规范行为就是这样一种异常。② c. 责任。责任和责备的概念与因果选择有关，因为被认为对结果更负责任的事件可能比其他原因被判断为更好的解释。事实上，它与必要性密切相关，因为责任旨在衡量原因的"必要性程度"。对事件负全部责任的事件是必要原因。乔克勒（Chockler）和哈尔彭（Halpern）用结构方程模型来定义结果的责任，这是一种更容易在人工智能中采用的正式模型。③

四　道德与情感

接着，对于机器人来说是否像以上研究表明的那样，通过行为分析就能够有这样的责任，同时通过机器能够负责任来说明其有道德能力，进而人工智能就具有了道德地位。然而人们不断地做调查最后发现，即使机器人能够像人一样负责任且具有这种意向，同时也能够详细地具有人的行为，人们还是无法接受机器人有道德记

---

① Samland, J., M. R. Waldmann, "Do Social Norms Influence Causal Inferences?", in: P. Bello, M. Guarini, M. McShane, B. Scassellati (eds.), *Proceedings of the 36th Annual Conference of the Cognitive Science Society*, Cognitive Science Society, 2014, pp. 1359 – 1364.
② Hilton, D. J., "Mental Models and Causal Explanation: Judgements of Probable Cause and Explanatory Relevance", *Think. Reasoning*, Vol. 2, No. 4, 1996, pp. 273 – 308.
③ Chockler, H., J. Y. Halpern, "Responsibility and blame: a structural-model approach", *J. Artif. Intell. Res*, Vol. 22, 2004, pp. 93 – 115.

录。为什么会如此？科学家通过分析最后得出了结论，原因在于当人看到一个机器时，由于机器人同人长得不像，因此从情感上无法接受，虽然机器人同人的行为一样，但是在情感层面缺失很多东西，所以人的行为和机器人的行为最大的差异就变成了一种情感差异。

情感差异的重点就在于责任，但也有的很多时候不需要负责任，比如说一个人把一个瓶子不小心摔坏了，或者小孩做了一些错事我们不会惩罚他，也不会让他负责，最多责备他。所以责备是一个情感方面的东西，这也是责任和责备与情感和责任之间的区分。所以情感伦理学就开始兴盛，研究情感现象和道德之间的关联。在2000年前后从情感计算开始兴起，他们做的其实就是把情感加入人工智能里面，这样如果机器人有情感，那么大家就会更容易接受它。那么，现在一个很重要的问题是，情感是否跟道德有直接的关联性，情感是否能够满足人对道德主体的需要，这里面有很多需要分析关注的点。

虽然情感和道德之间有关联，但是并非像认知科学家所认为的那样联系紧密。对于情感道德的研究是另一个更大的话题，本文不再展开。对于认知科学家来说将情感与道德结合，更符合功利主义立场的道德分析，即将多数人的情感与善恶进行结合。然而，关于道德还有许多其他方面的立场，如美德伦理学、道义论等，显然认知科学家忽视了这些内容，因此其研究结果必然是片面的。

总　结

人工智能首先是个行为和意向的主体，但是行为和意向是不能够使它具有道德地位的，所以更要补充情感，并加上行为、意向分析、负责任以及在外形上同人的相似性，这时候机器人就更容易被人接受。但此时并没有解决问题，只是把问题转移到更深层次，即情感和道德判断之间的问题。原本人的情感和道德判断之间联系，大家尚未搞清楚，而对于机器即使单纯地给它情感来判断关联，也不可能像人一样这么自然，也就是说这里面没有直接的联系，有人认为有，有人认为没有，这是一个观点。如果有直接联系就可以这么做，否则不能这么做。这也是哲学里面争论很多的一点，其他的还有很多问题，比如说即使机器人有人的情感，它的道德主体地位人还是不会接受的，不论机器多像人。人工智能跟人之间的本质的区别并不是单纯的情感行为或者印象，其中还有很多深层次的问题值得深入研究。

三 学术论文

马克思历史唯物主义视域中的
人工智能奇点论*

涂良川**

人工智能奇点论是对机器智能必然超越生物智能,特别是超越人类智能的"乐观"判定。库兹韦尔相信,人工智能将超越人类,成为人类的"进化继承人"和"思想继承者",[①] 机器人代替人类的"奇点"必然来临。人们相信或是否定人工智能奇点论,可以反映出他们截然不同的思维方式、理论态度和价值信念,这会从根本上影响着人们对待人工智能的实践路向以及对人类未来的价值预期。人工智能作为当代人类科技发展的前沿问题,心灵哲学、分析哲学、科学哲学等都从不同角度对其进行了深入且卓有成效的讨论,人工智能奇点论在不同的理论视域中也呈现出不同的结论。那么,人工智能奇点论到底是宣布了人类未来悲观的结局,还是预示着我们必须认真审视人工智能之于智能、意识和自由的意义?或者说,目前基于理智与心智二元对立的智能区分、身体与智能的机械

---

* 本文已发表于《东北师大学报》(哲学社会科学版) 2020 年第 1 期。
** 涂良川,华南师范大学马克思主义学院教授。
① [美]库兹韦尔:《奇点临近》,李庆诚、董振华、田源译,机械工业出版社 2011 年版,第 11 页。

组合，是否真正能够对人工智能奇点论的前提——强人工智能等于人类智能——进行逻辑上的肯定乃至事实上的认定？还是宣称人工智能奇点论体现出来狭隘生命观与心智观逻辑地拒斥人工智能奇点论？

从马克思历史唯物主义的视角来看，人工智能是人在一定社会历史条件下的创造性产物，是人本质力量的对象化、现实化，因此对于人工智能奇点论简单地肯定与否定都不符合这一事实本身。我们应该转换理解与对待人工智能奇点论的理论思维与价值态度，从人类智能与人生存、生活的历史，从现实出发去探析人工智能的发展趋向及其与人类的真正关系，这样才有利于我们建构合理的行为规则与价值态度来开发与利用人工智能，并在人工智能的发展中充分体现人类智能的实践性。即是说，基于马克思历史唯物主义的哲学视角来真实面对人工智能奇点论提出的智能、意识、生命、主体等问题，有利于我们在"加速时代"真正面对人类技术发展的双重效应，既推动技术的发展、充分开掘理智的创造力，又推动人类自我理解的革命性进展、实现理智与心智的全面发展。基于以上考虑，我们首先从技术存在形态来还原人工智能奇点论所描述的人工智能本质及其敞开的哲学问题；其次，我们将对比人工智能内在的形式与人类意识的存在形态，从而厘清人工智能奇点论如何论证人工智能的自主性逻辑；最后，我们将以马克思历史唯物主义的实践观直面人工智能与人类智能的互动，进而剖析人工智能奇点论所存在的理论困境，揭示人工智能的存在论意义。

一　作为自治系统的人工智能

人工智能奇点论宣称，"第一台超智能机器将是人类最后一个发明"①。这一观点预示了技术激进化的社会历史后果,即认为理性计算的逻辑决策是智能的本质,理性计算的决策能力能够实现人类智能的所有功能。因此,人工智能奇点论相信人工智能可以取代人,机器的智能与人的智能在形式上具有同构性、在逻辑上具有同一性、在行动效果上具有一致性、在价值追求上具有选择性。人工智能奇点论坚持,人工智能的算法发展能淡化和形式化系统的局限性,其组织模式的进步能淡化主体性智能之思维与意识的社会历史根基,其模拟能力增强能消解智能生物基础的唯物主义限定。人工智能是和人类智能一样的自治性整体,奇点在逻辑上是必然的,在现实上是可能的。而且,因为人工智能系统是一个不依赖于生物的代谢过程,具有自主性及物理能力的超越生物体,是独立于社会历史经验的自治系统,所以,一旦奇点来临就意味着具有主体性的人造自治主体的真正诞生。因此,人工智能奇点论从技术逻辑的角度预设了人类社会历史未来发展的人、机双主体共存的情形,以及机器支配和统治人类社会的可能。总之,人工智能建构了一种人类社会必然导向奇点来临的智能观念。

图灵基于行为主义,以模仿智能行为的"游戏"取代了对智能的本质主义定义。他认为,只要通过"图灵测试"的系统就可以被认为是具有智力能力的自治系统。② 因为,只要系统通过图灵测试就意味着机器智能与人类智能具有功能上的同一性,机器智能就是人类智能。回顾人工智能发展史,我们就会发现,"图灵使我们认识到,人类在逻辑推理、信息处理和智能行为领域的主导地位已不复存在,人类已不再是信息圈毋庸置疑的主宰,数

---

① [美]库兹韦尔:《奇点临近》,李庆诚、董振华、田源译,机械工业出版社2011年版,第10页。
② [英]玛格丽特·博登:《人工智能哲学》,刘西瑞译,上海译文出版社2001年版,第56—91页。

字设备代替人类执行越来越多的原本需要人的思想来解决的任务，而这使得人类被迫一再地抛弃一个又一个人类自认为独一无二的地位"①。由此，我们可以得出如下判断：其一，通过图灵测试的图灵机能够在逻辑上模拟人类思维的过程、实现人类智能的功能，因为机器的逻辑运算能够得到和人类思维相一致，至少是基本相同的结果。其二，人工智能的功能模拟能够模糊人类智能与人工智能的界限，使区分人工智能与人类智能存在操作上的困难。其三，人工智能"功能模拟的理性"，解构了理性是人类引以为傲的独特本质这种人类中心主义信念。其四，人工智能取代人类智能只是时间问题，而不是逻辑问题和工程问题。其五，人工智能的超物理能力在超越人类物理能力的基础上，必然会产生出超越人类智能的全新存在。

上述由图灵测试所表达的智能观念虽然一直被哲学家们争论不休，但却一直被人工智能技术界奉为圭臬。塞尔（Searle）基于心灵哲学的立场，提出了著名的"中文屋"②反驳，它击中了图灵测试缺乏心灵"意向性"的软肋，并力图解构人工智能逻辑运算模拟人类智能的行为主义范式。在塞尔看来，除非人工智能能够理解逻辑运算结果的意义，否则人工智能就不能算是"思考"，更不能是人类智能。但是，当美国心理学家罗杰斯发明的"狡猾策略"被技术化后，人工智能可以在不理解意义的前提下很好地满足了图灵测试的两条原则。而且，"美国人工智能专家库兹韦尔（Ray Kurzweil）用'奇点'（Singularity）这一概念重新表述了图灵测试，他认为在未来15年内信息可以上传到人类大脑，30年内奇点来临——人工智

---

① ［意］卢西亚诺·弗洛里迪：《第四次革命——人工智能如何重塑人类现实》，王文革译，浙江人民出版社2016年版，第107页。

② ［英］玛格丽特·博登：《人工智能哲学》，刘西瑞译，上海译文出版社2001年版，第92—119页。

能超越人类智能"①。所以，虽然今天由人工智能定义的"智能"尚在争论之中，但是人工智能奇点论却按照图灵的观念乐观地估计：随着制造技术的发展与进步、算法的改进与进化，通用图灵机能逻辑地"感知"具体外部世界、进行决策判断，成为自治的系统。通用图灵机所构想的通用人工智能能够超越功能性的弱人工智能，发展成强人工智能，推动奇点时刻的到来。

由此，人工智能奇点论以技术可行性的方式重述了"世界是数"和"人是机器"的哲学判定。该观点认为，人工智能之所以能够超越人类、主宰人类，根本原因在于人脑不过是一台人类目前技术尚不能及的超级计算机，随着人工智能工程技术的发展，人工智能必然达到并超越人类的智能。显然，人工智能奇点论预设了基于理智自治系统必然出现的逻辑前提。在人工智能奇点论看来，基于计算决策的理智系统可以产生自治的规范性目标，可以内生地提出否定性的超越价值。然而，从控制论的角度看，系统的自治在于系统能够对外界的刺激做出正确的反馈。② 而且，自然进化史告诉我们，具有自我维持的有机生命才能灵活、有效地处理应激性反馈，并形成可以改变的固定模式。有机生命系统才可以自然地产生保存自我的目的性意识，有自由意志的社会生命系统才可能产生超越自我的目的性意识。按照人工智能哲学家玛格丽特·博登的看法，如果我们同意生物体是心智的前提，那么"只有 AI 获得真实的生命体形态，那么人工智能才能获得智能"。即我们必须追问"强人工智能（strong A-life）——赛博生

---

① 王阳：《图灵测试六十五年——一种批判性的哲学概念分析》，《科学技术哲学研究》2016 年第 2 期。
② ［美］N. 维纳：《控制论——或关于动物和机器中控制和通信的科学》，郝季仁译，科学出版社 2009 年版，第 3—21 页。

命或人机合体（life in cyberspace）是否可能?"①，或者说，通用人工智能如果不以生命的自治系统出现，就很难说具有智能的自主性。由此就产生了反驳人工智能奇点论的两个命题："心智不只是智能""新陈代谢是不可计算实现的"。② 所以我们可以说，人工智能奇点论以理智计算设定的数学秩序和机器模拟的功能主义，非反思地描述了机器智能发展的逻辑可能、抽象化了人类智能的社会历史根基、简单化了人工智能与人类智能的关系。正如博登所说，"人工智能忽略社会/情感智能而专注于智能理性，没能触及智慧（wisdom）。显然，真正可能与我们的世界充分交流的通用人工智能，是不应该缺乏这些能力的。人类心智（mind）的丰富性需要更好的心理/计算理论方能真正洞见其工作原理，人类水平的通用人工智能看来希望渺茫"③。就此而言，虽然我们可以搁置人工智能奇点是否成立的理论争论，但是我们却必须对人工智能作为一个人造的自治系统所提出的意识本质、生命本性、存在方式等问题进行哲学追问。

所以，人工智能奇点论是基于理性自治系统的自洽性的逻辑结论，它虽然预见了作为技术的人工智能的可能状态，但却忽视至少是淡化了智能所应有的心智维度，是以理智的算法直观地取代了社会历史性思维和意识。

---

① Margaret A. Boden, *AI: Its Nature and Future*, Oxford: Oxford University Press, 2016, p. 144.
② 李恒威、王昊晟：《心智的生命观及其对人工智能奇点论的批判》，《哲学研究》2019年第6期。
③ Margaret A. Boden, *AI: Its Nature and Future*, Oxford: Oxford University Press, 2016, p. 154.

二 人工智能的算法与人类智能的思维和意识

人工智能奇点论告诉我们，人工智以理智的算法所构建的形式化系统，具有规范输入数据与输出数据的能力，这显现出人工智能具有思维的能力；能够借助机械、电子、信息、仿生等形式实现算法的结果，这显现出人工智能具有"意识"的功能。那么，人工智能的算法就是意识和思维的实现吗？意识与思维被算法模拟之后是否能承载和表达其社会历史内涵？如果我们把思维和意识抽象化成既定的形式，答案是肯定的。但是，如果我们从思维和意识的存在根基与功能逻辑来看，答案却又不是肯定的。因此，还原人类智能思维和意识的社会历史前提，既能够洞见人工智能的算法逻辑，又能把握人工智能算法逻辑所表现出来的人类智能的特质。

算法是人工智能的核心。从早期的形式逻辑算法，到后来的贝叶斯系统、控制论、神经网络，再到当代的深度神经网络、深度学习、因果判断等，都是围绕着算法展开。人工智能奇点论相信，算法的不断革新能够解决算法的通用性，实现专业人工智能向通用人工智能的转换，扩展人工智能的应用范畴；算法的进化能够实现从"暴力搜索"向"类人判断"转变，使人工智能超越对计算系统与存储系统量的依赖，实现系统的自维持。如果我们深入分析就会发现，人工智能算法的通用性与经济性与两个前提直接相关：一是设计算法的理念，人工智能算法的发展史就是一部算法设计理念的变化史；二是数据量的多寡与类别，这既是算法的"经验对象"，更是算法"进化"的基础。如果承认人工智能是一个自治系统，那么算法就必须完成系统的"自我描述、自我调整和自我控制"①。用类比的说法,算法就如同人的意识,成为人工智能自治的原则与规范,这正是基于对算法与意识同一性的看法。人工智能奇点论认为,人工智能算法自治性的能力,使人工智能能够真正超越物的限制而获得类人乃至超人的理性智能。

然而,问题远不是人工智能奇点论认为的那样简单。因为人工智能的算法根本上是以被动的反馈系统,拓展、优化了人类智能处理既成事实的理论与方法,呈现出了人工智能在重复性工作上的优越性、在对象性工作中的稳定性、在形式化操作中的程序性。算法的改进、优化乃至"进化"都是以既成数据为基础的。且不说输入人工智能的数据本身的局限性,就数据本身的获得、获得的数据能否真正体现产生数据的真实环境都存在巨大的困难,更谈不上人工智能能够有意识地主动创造用以反馈的数据。因此,人工智能获取数据的自动性而非主动性,从逻辑上阻断了算法代替人类意识的可能性。算法"进化"数据的既定性,则抽空了算法成为人类意识的存在论前提。

因为,人类智能的机理不是被动的应激反馈,而是主动的反思反馈,人的思维与意识是人物质活动、交往活动的产物,而非人物质活动、交往活动的前在规定。从事现实生活的人创造了一定的物质条件(包括人工智能)和交往条件,从而建构了思维和意识的存在论前提。正如马克思所说:"意识在任何时候都只能是被意识到了的存在,而人们的存在就是他们的实际生活过程。"② 意识表征了人生活的现实过程,既包含对对象世界的客观性把握(这是人工智能数据的直接对象),更包含对主体世界的价值认识与理想设定。

---

① [德]托马斯·瑞德:《机器崛起——遗失的控制论历史》,王晓、郑心潮、王飞跃译,机械工业出版社2018年版,第56页。

② 《马克思恩格斯全集》第3卷,中文一版,人民出版社1960年版,第29页。

人的意识不是对世界的客观还原，而是在思想中对现实的抽象具体。人的意识是以人的概念抽象化了客观世界、具体化了主体世界，最终统一了主体与客体世界。对人而言，"不是意识决定生活，而是生活决定意识"[①]。更为重要的是，思维与意识的发展并不是搜索、组合、推演的结果，而是人生存与生活历史的表征，"那些发展着自己的物质生产和物质交往的人们，在改变自己的这个现实的同时也改变着自己的思维和思维的产物"[②]。人的思维和意识与生产和生活具有同步性，而非是一前一后。

而且，思维和意识并不构成人区别他者的根据，产生思维和意识的生产与生活才是把人与其他存在真正区别开来的标准。人的生产和生活是有意识的生产和生活。人以意识和思维把握住"现成的和需要再生产的生活资料本身的特性"[③]，然后将之具体化为活动方式和生活方式。人类社会的生产和人的生活，在强化思维与意识根植于有机体的同时，更突出了人的活动在思维与意识产生中的决定性作用。恩格斯曾明确主张，意识和思维"都是人脑的产物，而人本身是自然界的产物，是在自己所处的环境中并且和这个环境一起发展起来的"[④]，人所处的环境是人参与创造与建构的环境，"人创造环境，同样环境也创造人"[⑤]。具体而言，环境以影响有机体变量的方式构成了思维和意识的基础性内容——这构成了当代人工智能以数据来还原环境变量的形而上学根据；有机体反过来也影响环境变量的产生，"独立生存的有机体及其环境融合在了一起，形成了

---

① 《马克思恩格斯全集》第3卷，中文一版，人民出版社1960年版，第30页。
② 《马克思恩格斯全集》第3卷，中文一版，人民出版社1960年版，第30页。
③ 《马克思恩格斯全集》第3卷，中文一版，人民出版社1960年版，第24页。
④ 《马克思恩格斯选集》第3卷，人民出版社2012年版，第410页。
⑤ 《马克思恩格斯全集》第3卷，中文一版，人民出版社1960年版，第43页。

一个绝对的系统"①。人的生产与生活模糊了自然与人的界限，既造就了复杂的思维和意识的器官，又造就了思维和意识的复杂结构和主体性特质。在此意义上说，思维和意识作为自然界进化的奇迹并不简单地源于自然的庞杂与广袤，同时更在于人作为意识的存在物以融合自然因果律与主体价值律的方式参与、影响这一奇迹。人的思维和意识是以物为根基的历史与文化的互构。自人类有思维和意识以来，自然就借用人的主体活动表达其"主体"性的特质，人也以自然的方式表达了人首先是自然存在物这一唯物主义规定。

人类思维和意识是社会性的思维和意识。人脑是思维和意识的自然物质基础和社会器官，而且社会生活与社会交往构成了思维和意识的历史和文化根基。这不仅意味着社会交往对思维和意识的产生与发展提出了现实性的要求，更表现了人的思维和意识与人的社会存在和社会生活是辩证统一的。"意识一开始就是社会的产物，而且只要人们还存在着，它就仍然是这种产物。"②思维与意识的形成，使人一方面认识到自己是自然存在物，另一方面更使人清楚自己是社会存在物。所以，就思维与意识的直接结果而言，人以思维和意识的方式使自己独立出来，人的"意识代替了他的本能，或者说他的本能是被意识到了的本能"③。由此看来，人的思维和意识是自然存在与社会存在在人脑中的辩证统一。任何宣称能够超越人类、代替人类存在的人或物都绕不开思维与意识的内化，也不可能回避所谓行动能力所表现出来的思维与意识的能动性问题。

由此看来，人工智能奇点论将人工智能作为人类进化与思维的继承者就意味着，人工智能的算法可以通过实现人类思维和意识的

---

① ［德］托马斯·瑞德：《机器崛起——遗失的控制论历史》，王晓、郑心潮、王飞跃译，机械工业出版社2018年版，第51页。
② 《马克思恩格斯全集》第3卷，中文一版，人民出版社1960年版，第34页。
③ 《马克思恩格斯全集》第3卷，中文一版，人民出版社1960年版，第35页。

方式内化人类社会与现实历史、形上化人类的形下活动、价值化人类的创造性产物。正如有的学者主张的那样，算法本质上是机械思维而非有机思维，所以生物基础的缺失注定人工智能不可能达到奇点。① 有的学者则认为，如果我们破除"传统的人类中心主义立场"，改进算法，人工智能奇点在逻辑上又具有可能性。② 智能生物基础和算法演进的讨论，显然击中了人工智能奇点论的立论根据，然而却很难击穿人工智能奇点论的逻辑护甲。从实现机制上看，算法能否实现思维和意识的社会历史内涵既存在着技术理念的困难，更存在工程实现手段的难题；从理论思维上看，算法的机械性特质与模拟性特征与思维和意识的社会历史区分之间的对立，既难以解决算法与思维和意识的统一性问题，更难以处理算法的理性决策与思维和意识的价值选择之间差异性问题；从社会实践上看，以机器的物理物质交换为基础的自主性运算需要很好地处理表征既成事实的数据，但是算法本身却很难反映人类思维和意识所实现的主体与客体之间否定性统一。因此，与其逻辑地担忧人工智奇点来临时的困境与问题，不如真诚地面对人工智能的"自主性"与人类智能的"实践性"。唯有如此，我们才有可能在所谓人工智能奇点来临时，从容地面对人造之物带来的社会历史变化与存在方式改变。

三 人工智能的"自主性"与人类智能的"实践性"

人工智能奇点论肯认了基于算法的自治系统能够获得自主性。

---

① 李恒威、王昊晟：《心智的生命观及其对人工智能奇点论的批判》，《哲学研究》2019 年第 6 期。
② 侯世达：《我是个怪圈》，修佳明译，中信出版社 2019 年版，第 22—25 页。

我们知道,"自主"意味着自我管理与自我立法。所以,人工智能的自主性意味着人工智能具有自我保存、更迭和进化的理性化需求和行为能力,同时也意味着人工智能软件(算法)与硬件的合体能够产生"自我意识"。按照人工智能奇点论的逻辑,人工智能能够真正成为一个自主的行动体。这里的关键问题不是人工智能是否能够真正产生和人一样的主体性问题,而是人工智能的自主性能否等同人于的实践性,至少等同于人类智能的实践性。

人工智能的自主性是直观肯定的自主性。克里斯坦·李斯特和菲利浦·佩迪特以设计了 BDI(belief-desire-intention)模型并以考查行动相关的方式给出人工智能自主性简化模型的论证。[1] 他们相信,如果能够描述性地表征事态并以明确的驱动去把握事态的动态逻辑,而且能够基于事态而改变环境的话,那么这个系统就是自主的。这一描述性的自主性理论很好地解释了基于复杂神经网络、深度学习等"自主性"的人工智能系统,这意味着人工智能系统可以在数据的支持下独立地进行归纳、推理和决策。简化版的人工智能自主性论证,以技术逻辑的方式拓展了延展认知理论的合理性和有效性。对此有的学者提出一些反对性的论证,比如认为简化版的人工智能自主性只注重了理智的自主性而忽视了心智的自主性。[2] 如果我们深入地思考人工智能自主性就会发现,深度学习、复杂神经网络等表现出来的自主性存在着如下问题:其一,无论人工智能能否具备感知能力,都无法否认其对于事态的描述是以数据的方式进行的。数据化的事态本质上是一个无反思的肯定的事态,通过数据挖掘呈现出来的规律是肯定性的描述规律。其二,人工智能系统的目的是外在输入的,尽管我们可以承认人工智能系统可以在分析数

---

[1] Christian List, Philip Pettit, *Group Agency: the Possibility, Design, and Status of Corporate Agents*, London: Oxford University Press, 2011, pp. 20–26.

[2] 邬桑:《人工智能的自主性与责任》,《哲学分析》2018 年第 4 期。

据的基础上对目的进行修正,但是我们却不能说人工智能系统可以形成内在的目标。人工智能系统无法回答这样的问题:"我们所说的目标,究竟是谁的目标?"① 其三,人工智能实现自主学习既无技术上的困难,也无逻辑上的困难,但是人工智能的自主无价值驱动是否意味着其可以成为被控制的僵尸?

人工智能的自主性体现了设计者的意图,甚至能"主动"地为人提供判断和服务,但却隔离了与对象世界的否定—肯定的交互,它只是还原物理世界的自主性。无可否认的事实是,人工智能世界是由人的数字化行为构成的虚拟世界。② 海量的数据是其自主性的根基、先进的算法是其自主性表现、精准的理性决策是其自主性的优势。但是,人工智能自主"能干"的事实却无法否定其行动逻辑只是凭借单一肯定性因果律的事实。人工智能这样的自主性不过是因果律不断地被认识的二元对立的自主性,是被外在于人工智能的尺度规定与审视的自主性。人工智能自主性所拓展的世界,也不过是被因果律规定好的"物的世界"。

人工智能奇点论相信"计算机的演化能让自我意识自发涌现"③,能跨越"自由意识论"与"推理回应论"鸿沟而具有自主性。但是,机械、电子和逻辑复杂性是否必然产生具有自我意识的自主性却是无法简单回答的问题。因为,具有主体性的人类智能依赖于复杂神经系统的事实,并不能证明复杂性系统必然会产生自我意识并具有自主性。④ 本质上讲,人工智能的系统复杂性恰恰是物

---

① [美] 迈克斯·泰格马克:《生命3.0》,汪婕舒译,浙江教育出版社2018年版,第70页。
② 成素梅:《智能化社会的十大哲学挑战》,《探索与争鸣》2017年第10期。
③ [英] 乔治·扎卡达基斯:《人类的终极命运——从旧石器时代到人工智能的未来》,陈朝译,中信出版集团2017年版,第259页。
④ [英] 乔治·扎卡达基斯:《人类的终极命运——从旧石器时代到人工智能的未来》,陈朝译,中信出版集团2017年版,第258页。

质世界量的无限性，基于大数据来训练人工智能时所产生的工程和逻辑复杂性就是其最好的例证。因此，人工智能系统"涌现"出来的"自我意识"，或者可能是物质世界巨大的量引起的负荷过载的硬件错误，或者可能是算法无法可及海量数据而随机给出的结果，或者可能是前两者兼备所呈现出来的一种所谓自由的状态。然而随机性显然不等于自由意志，而且由上述偶然性所表现出来的"自主性"未必能够成为智能的模式固定下来，产生持续的效果。

如此看来，人工智能奇点主张的自主性本质上是实现人类预设目的时表现出来的自动性。人工智能强大的计算能力、稳定的机械过程、清晰的决策逻辑、高效的行动效应，使人工智能延伸了人的创造本质，以人类对象化成果的方式表现了人类智能的创造性本质与实践性本性。因此，这是人类智能的实践性与创造性的现实证明，而非人工智能自主性的客体体现。人作为实践的存在，既是以智能的方式实践，又是以实践的方式发展和提升着自身的智能。人的目的性实践既需要理智智能对客观世界的规律进行科学的把握，又需要心智的智能对活动目的进行价值的设定。"物相第一次直接是人类实践的世界图景，人们通过能动的工业（科学技术）实践，更深刻地超越感性直观，面对周围世界越来越丰富的本质和规律。"[①] 实践在展开世界复杂的同时锤炼了人类的智能，以便智能能更准确、更全面地把握世界的规律；以心智的方式否定客观的对象世界，实现心智观念的对象化与具体化。实践统一理智与心智，赋予人类智能具有否定—肯定的实践本性。理智与心智统一的实践活动，既以人造的概念和逻辑还原世界的物质特

---

① 张一兵：《回到马克思——经济学语境中的马克思话语》，江苏人民出版社1999年版，第363页。

性，又以人类的智能驱动物质的力量改造客观世界，还以物质的方式具体化基于心智的价值与观念。人类智能的实践本性，使人在自己的头脑中保存着两种相反的思想和有效的应对能力，从而展现出非凡的创造能力。

因此，实践性的人类智慧是融贯物的物性与人（主体）性的智慧，是否定性的统一理性与感性、事实与价值的智慧。按照马克思的观点，"人的思维是否具有客观［gegenständ Liche］的真理性，这不是一个理论的问题，而是一个实践的问题。人应该在实践中证明自己思维的真理性，即自己思维的现实性和力量，自己思维的此岸性"①。这可以看出：其一，马克思的历史唯物主义特别强调理智智能的客观性，即还原世界原象的能力，但是他又明确反对回到18世纪的机械唯物主义素朴实在论的直观反映论与经院哲学之间的无谓争论之中。其二，马克思的历史唯物主义明确地阐明了表征人类智能的思维是一种具有现实力量的主体性力量，而且这种力量是以客观地还原与理智地把握物的规律为前提的。其三，人类思维是必须指向人现实的此岸世界，也就是指向现实生活实践本身的。人类智能既不是直观肯定对象世界的形式还原，又不是将外在目的输入之后严格、高效和清晰的执行目的。人类智能是人在世界革命化的过程中体现出来的合目的性与合规律性统一的主体性能力。这种主体性能力在实践中以"小数据大任务"的方式改变着环境与自身，使"大数据小任务"的人工智能成为可能。

由此看来，人工智能奇点论主张人工智能必然获得主体性，这并非逻辑地证明了机器真正获得价值的自主性，而是现实地证明了人类智能的实践性。人工智能物的特性及其立基并充分展开的物性思维，因其没有社会历史的存在论基础，只是以对比性的方式凸显

---

① 《马克思恩格斯选集》第1卷，人民出版社2012年版，第137—138页。

了人作为实践主体的创造性本质。

四　结　论

从马克思历史唯物主义视角来看，人工智能奇点论不是预示了人类未来的悲观命运，而是提出了从人的特质、人类活动来重新思考智能的本质以及对象化产物的紧迫性。人工智能奇点论提出的问题，需要我们从两个方面进行深入思考：其一，我们应从技术内在逻辑的角度进行哲学反思，肯定与否定人工智能奇点论不在于给出其是否来临的绝对判断，而是应该通过对人工智能创造与发展逻辑前提的哲学反思，来推进人工智能技术的完善及其工程思维的革新，从而推动人工智能技术高速、健康地发展。其二，我们应该从人工智能所必然产生的存在方式革命来反思人的存在方式、实践模式和价值理念，建构理解人工智能的哲学思维。这是马克思主义哲学作为时代精神精华所内蕴的理论要求与实践任务，又是时代问题理论化的逻辑必然。

人工智能奇点论的提出，意味着人工智能正在改变人的存在方式、思维逻辑和价值观念。对人工智能奇点的必然来临的逻辑肯认，预示着当代及未来人类创造力发展的新阶段；对人工智能奇点负面效应的哲学反思，表现出人类面对人工智能时的从容与谨慎。问题不在于人工智能是否真正成为一个物种，而在于人工智能如若和人类智能同一的话，其可能的尊严风险、伦理风险、生存风险、决策风险[①]等负面效应到底是来源于作为人工智能的机器，还是创

---

① 夏永红、李建会：《后奇点时代：人工智能会超越并取代人类吗？》，《教学与研究》2018年第8期。

造人工智能的人类。从人类历史的逻辑来看，人工智能获得强大的能力是必然，但由于其作为人造物而没有生存与生活的存在论根基，很难说人工智能会必然超越人类成为人类的主宰者。可能的状态也许是，人工智能以其超常的行动能力延伸人类的能力、拓展了人类活动的空间、改造了人类的生物结构，但却遗留了被操纵的可能性。因此，人工智能正在以改变社会存在、社会组织和社会生活的方式重塑一种全新的物我关系。

人工智能作为人类的创造发明，如同资本一样，加速了人类社会的发展、推进了人类历史的进程。人工智能的发展带来了生活便利与优越的可能性，但也存在着人的物化与异化的可能。因此，人工智能奇点论的末世论隐喻本质上是新异化时代来临的告白。所以，反思人工智能奇点论并非关乎人类中心主义重建的问题[①]，而是反思人工智能时代[②]人的异化问题。即人工智能是否如同资本一样，是人创造出来而被人顶礼膜拜的非神圣形象的"圣物"。这样看来，与其说人工智能奇点论宣称了机器统治人时代的来临，倒不如说人类创造了一个具有自主逻辑的存在物。如果人拜倒在其脚下，绝不是因为其用死亡与灭绝威胁人类，而是因为那个创造之物自主逻辑编织了一个人心甘情愿进入其中的存在网络。

[①] Blay Whitby, "Sometimes It's Hard to Be a Robot: A Call for Action on the Ethics of Abusing Artificial Agents", *Interacting with Computers*, Vol. 20, No. 3, 2008.

[②] 韩水法：《人工智能时代的人文主义》，《中国社会科学》2019年第6期。

人工智能主义：基本理念及其来自人本主义的挑战[*]

谷生然[**]

人工智能（简称 AI）是由电子计算机的数字技术发展而成的新领域。1946 年，美国宾夕法尼亚大学莫尔小组的多位科学家设计完成了世界上第一台电子计算机。此后，电子计算机从军用向民用发展，并逐渐普及到学校、家庭，并先后经历了四个阶段：电子管计算机（1946—1958 年）、晶体管计算机（1958—1964 年）、集成电路计算机（1964—1970 年）、大规模集成电路计算机（1971 年至今）。数字技术、算法构成了电子计算机的核心部分，随着电子计算机的发展，由数字技术、算法构成的人工智能领域逐渐形成并深入发展。1950 年人工智能的奠基者阿兰·图灵（Alan Turing）发表论文《计算机与智能》，提出智能机器具有人类智能的设想。1956 年在达特茅斯学院召开的一次学术会议上，十人科学家组成的小组首次讨论了"人工智能"的概念，正式创立了人工智能领域。与数

---

[*] 基金项目：四川省哲学社会科学规划项目"高校大学生马克思主义信仰教育体系建设研究"（SC21EZD045）。

[**] 谷生然，西华师范大学四川大学生思想政治教育研究中心教授。

字技术、算法的进步相呼应,人工智能不断获得重大突破。1959 年计算机打败了人类跳棋冠军,1966 年第一台互动聊天机器人 ELIZA 诞生,1997 年机器人战胜世界象棋冠军,2016 年机器人战胜了世界围棋冠军。

近年来,政府以及社会各界对人工智能的兴趣迅速高涨,他们既关注如何制定适应 AI 发展的政策措施,又警惕 AI 发展带来的各种可能挑战。2016 年,加拿大政府制定了 AI 国家发展战略,此后,数十个国家先后制定了本国的 AI 发展战略。[1] 2017 年 7 月,中国发布了国家层面的人工智能规划——《新一代人工智能发展规划》,力争使中国人工智能领域在 2030 年达到世界领先水平。[2] 人工智能及其相关技术孕育了一些新兴生产领域,如无人驾驶汽车、无人机、机器人、人脸识别、语音识别、机器翻译、图像处理等,重塑了经济生活、政治生活、国家安全以及社会生活各方面。然而,人工智能技术的负面效应也引起人们的高度关注。在国内生活中,部分平台服务企业利用算法等智能技术手段,实施垄断定价,并利用大数据杀熟,严重损害平台下商家、顾客等相关各方的利益。在国际事务中,人工智能技术正在改变现代战争的现存形态。2020 年爆发的阿亚战争期间,无人机、人工智能技术大量使用,造成了巨大破坏。

本文试图审视人工智能主义的基本理念及其面临的主要挑战。一般地,人工智能主义也称为强人工智能主义,是指倡导强人工智能的理论、观点、学说,它相信人工智能超越于人的意识。强人工智能,在这种倾向中,意识不再是人类特有的一种能力,而是人与

---

[1] Engelke, P, *AI, Society, and Governance: An Introduction*, Atlantic Council, March 2020, http://www.jstor.org/stable/resrep29327.

[2] 《中国新一代人工智能发展规划全面启动实施》,《人民日报》2017 年 11 月 16 日第 23 版。

人工智能共享的一种能力,而且,在人工智能发展的高级阶段上,人工智能的意识能力高于人的意识能力。

一 人工智能与三种基本理论态度

人工智能的基本意义源于图灵与1956年达特茅斯会议的研究者。图灵提出了"机器智能"一词,而达特茅斯会议倡导的"人工智能"概念产生了广泛的社会影响。"人工智能"一词与"机器智能"(Machine Intelligence)同义,区别是前者影响更广泛,而后者时间更早。英国科学家图灵是20世纪人工智能的开创者之一。图灵以"机器智能"表达机器具有思维能力的思想。1947年图灵在伦敦皇家天文学会发表演讲,主题是机器智能,1948年图灵把该演讲整理成论文——《智能机器》(Intelligent Machine),作为英国国家物理实验室的内部报告。1950年,图灵发表论文《计算机与智能》,提出了"图灵测试",并就"机器能思维吗"等问题做了科学探讨。人工智能(Artificial Intelligence)一词最早出现在1955年9月2日,约翰·麦卡锡(John McCarthy)作为1956年达特茅斯人工智能会议的召集人,撰写了一份项目建议书,向洛克菲勒基金会申请会议资助,计划召开"人工智能夏季研讨会"。人工智能是通过计算机等机器所体现的智能,它与人的智能相区别。正如克劳斯·梅因泽(Klaus Mainzer)指出,人工智能的核心观点形成于1956年达特茅斯会议的研究者们,而后者又受到图灵"机器能够思维吗"这一问题的启发。[①]

[①] Klaus Mainzer, "Knowledge-Based Systems: Remarks on the Philosophy of Technology and Artificial Intelligence", *Journal for General Philosophy of Science*, No.1, 1990, pp. 47-74.

人工智能包括两种意义：强人工智能与弱人工智能。强人工智能（Strong AI）也称为"一般意义的人工智能"（"general AI"），是一种在几乎所有的认知任务中超越人、具有一定自主判断能力的机器智能。这种机器智能达到或完全超越人的意识水平。这种人工智能迄今为止还不存在，但它一直是人工智能发展的方向，也是人工智能一词的本来意义。弱人工智能（Weak AI）也称为"狭义的人工智能"（"narrow AI"），是一种在特定领域超越于人的认知能力、能够执行人所赋予的特定任务的机器智能。弱人工智能是人工智能的现存状态，它服务于人的发展，并在当代社会生活各方面展示了巨大影响力。

两种人工智能的主要区别在于：机器智能能否达到或超越人的智能或意识。强人工智能能够在几乎每一项认知任务中胜过人类的智能或意识，而弱人工智能在特殊领域（如下棋等）胜过人类，但是整体上仍然附属于人。

两种人工智能之间不是截然对立的，两者存在着密切关系。弱人工智能是机器智能的现实，是已经实现的机器智能；而强人工智能则是人工智能追求的目标，是具有现实可能性的人工智能。随着人工智能的不断发展，机器智能在越来越多的方面达到或超越于人的智能或意识。人工智能领域的科学家以数学、算法等工具为基础，积极融合电子学、量子学、生命科学等多学科知识，不断提升计算机等智能机器的信息处理能力。弱人工智能的目标是实现强人工智能，即几乎在所有方面达到或超越人的智能，特别是实现机器智能的自主行动。强智能机器能够自动地与外部环境协调，实现最优化地设定目标、选择路径、完成目标等一系列活动。

基于对人工智能的不同认识，研究者表现出三种基本理论态度。一是人工智能主义，相信强人工智能能够实现。强人工智能主义也是一般意义上的人工智能主义。如人工智能的开创者图灵、马文·明斯基（Marvin Minsky）、雷·库兹韦尔（Ray Kurzwell）等。此外，从事人工智能领域的大多数科学家持这一立场。持这一立场的研究者相信科学技术呈现加速创新的趋势，人工智能能够达到甚至超越人的意识，他们看到了人工智能正在赶超人的意识能力，特别是人工智能超强的数字处理能力，远远超越了意识处理数字的能力。二是"人工智能不可能超越人的意识"的人本主义态度。主要代表是休伯特·德雷弗斯（Hubert Dreyfus，1929—2017）、约翰·塞尔（John Searle）等。这一立场的支持者大多是持人本主义立场的科学哲学家、人文社会科学家等。持这一立场的研究者认为，尽管人工智能获得了巨大的技术进步，甚至在一定程度上对人的意识的地位形成了威胁，但是，人工智能只是人的工具，这些进步并不能改变人工智能从属于人及其意识。三是"人工智能的建设性态度"。这一态度扬弃人工智能主义与人本主义之间的尖锐对立，力求在现实中协调两者的分歧。它既赞同把强人工智能作为追求目标，相信强人工智能正在逐渐实现，但又认识到人工智能要达到人的意识的完善程度，还有非常漫长的道路。持这一态度的学者坚持人类价值观基础上发展人工智能，他们从方法论创新等多种角度探索如何进一步发展人工智能，研究如何协调人工智能相关的各种社会关系。

三种理论态度与人们对强人工智能的不同态度密切相关。强人工智能主义坚信强人工智能的存在，认为弱人工智能的每一进步都体现了强人工智能正在不断实现。人工智能问题中人本主义则反对并批判强人工智能。他们肯定弱人工智能对现代历史带来了深刻影响，但又认为人工智能只能置于技术、工具的地位。而人工智能的现实主义则积极协调人工智能主义与人本主义的尖锐对立，它并不反对把强人工智能作为社会发展目标，但又认识到强人工智能的实现道路还十分漫长，同时又高度重视人类基本价值观在科学技术发展中的重要意义。

强人工智能与人工智能主义既相区别，又密切联系。一方面，两个概念相互区别。严格意义上，强人工智能是一种机器智能能力，而人工智能主义则坚信着这种机器智能存在且在将来优越于人的意识的一种理论、学说、观点。另一方面，两个概念又相互联系。人工智能主义以强人工智能为基础，没有强人工智能，也就没有人工智能主义。而人工智能主义则是强人工智能在哲学上的理论表现，为强人工智能的发展提供方法论指导。人工智能主义在强人工智能实践的基础上，积极开展同其他反对强人工智能的学说、理论、观点（如人本主义）进行斗争，从而不断完善自身理论，更好地坚持、捍卫、推动强人工智能的发展。

应当看到，在宽泛意义上"强人工智能"与"人工智能主义"概念可以互换使用。强人工智能是一种机器智能，但是，迄今为止，这种人工智能还不是现实，而是一种理想状态。"强人工智能"同时又蕴含着"人工智能主义"的要求。"强人工智能"概念从一提出就已与现存哲学中的核心概念"意识"形成了尖锐对立，倡导"强人工智能"的学者同时就是倡导"人工智能主义"的学者。例如，作为强人工智能的倡导者的图灵同时开创了人工智能主义，他的论文《计算机与智能》发表于哲学期刊 *Mind* 上，宣扬了机器思维能够存在。图灵的这一命题迄今仍然是人工智能主义与人本主义之间争论不休的命题。

二 人工智能主义的基本理念

人工智能主义体现了一种新的世界观模式。在人工智能主义者看来，不但机器能够思维，而且，人也不过是高度复杂的机器。由于人脑大量冗余信息、矛盾信息并存，满足于次优化决策，而人工智能储存的信息量巨大，并按照最优化决策，人工智能比人脑的智能发展程度更高。那种认为只有人具有思维、情感、自由意志的主张，只是人类中心主义者自以为是的观念。

（一）机器能够思维

在大多数学者的观念中，只有人具有思维能力，思维、意识是人与动物相区别的根本标志之一。黑格尔认为，"人类自身具有目的，就是因为他自身中具有'神圣'的东西，那便是……称作'理性'的东西"[①]。而在强人工智能主义的观念中，只赋予人类具有思维、意识，体现了人类固有的偏见和狭隘。在图灵看来，世界的运动基础都是基于极其微观的电子运动，电现象构成了万物的共同基础，不是万物有没有思维能力的问题（谁知道机器没有思维能力？谁知道动物没有思维能力？），问题的关键是机器、动物在何种程度上达到超越人的思维能力。机器、动物与人在思维能力是有差异，但是，并不是不能够改变。当大象发生一定的基因突变后，它可以具有与人同等程度的思维；同样地，当人赋予机器一定的人造血肉以后，机器的思维也能够达到与人同等的程度，甚至超越人的思维能力。

在图灵的《计算机与智能》一文中，机器智能被赋予了"强人工智能"的意义。图灵提出"机器会思维吗？"这一问题，认识到"思维"被传统观念视为人所特有的一种活动，而赋予机器具有"思维能力"，是很危险的，这一问题必然会引起人们的争论，而且

---

① ［德］黑格尔：《历史哲学》，王造时译，上海三联书店1956年版，第62页。

这种争论没有太多的意义。① 图灵提出了著名的"图灵测试"。如果有一台计算机，通过足够的存储空间、适当的运算速度、恰当的程序，在"模仿游戏"中具有不次于人的表现，就可以令人满意地获得"机器会思维吗？"的答案。不能因为机器智能出错就否定它，人也经常出错。即使特定历史阶段上人们比所有机器智能更加聪明，但是，机器智能也在提升，更加聪明的机器也会不断出现。

图灵把人区分为"身体能力"与"智力能力"，计算机具有与人相类似的"智力能力"。计算机包括存储、操作、控制三部分，它根据信息科学原理进行操作，无限接近于一位"做计算的人"。"做计算的人"被图灵假定为这样的人：遵循固定的规则，无权改变规则的任何细节；这些规则是由一本书提供的，当他被安排一份新工作时，这本书就会被修改；他有无限量的纸可以计算。计算机中蕴含着一些随机元素，例如，可以命令操作："掷骰子，将结果存入1000"，有人将这一活动体现了计算机的自由意志。计算机的存储能力在理论上可以达到无限容量；电子运动是计算机与人的神经的基础，在人的神经中，也伴随着电现象的发生。

拥有"智力能力"的计算机在未来可能完成"拉普拉斯妖"的作用，它可以根据宇宙的现存状况，准确地预测未来特定时刻的事件。图灵赞赏拉普拉斯的绝对必然性观点。法国数学家拉普拉斯否定偶然性，相信彻底的必然性，他在1814年提出了"拉普拉斯妖"的观点。宇宙的现存状态是过去的"结果"，并作为未来的"原因"，我们可以把宇宙现在的状态视为其过去的果以及未来的因。当"拉普拉斯妖"知道某一刻所有自然运动的力和所有自然构成的物件的位置，假如他也能够对这些数据进行分析，那么他就能

---

① Turing, A. M., "Computing Machinery and Intelligence", *Mind*, Vol. 59, No. 236, 1950, pp. 433–460.

够预测未来所有的数据。图灵认为,在计算机的未来理想状态下,作为整体的宇宙中,初始条件的极小错误都会在以后产生巨大的影响。例如,一个电子在某一时刻位移十亿分之一厘米,可能导致一年以后一个人死于雪崩或逃离雪崩。未来的"离散状态的计算机"不会使这种情况发生。

图灵反对思维能力只属于人的观点,认为这是一种专断任意的观点。图灵认为,相信人优越于其他创造物、只有人具有思维的观点,只是人类自我优越感的体现。人与动物的区别,没有生物与非生物之间的区别大。人的前身是动物古猿,古猿在突变的情况下拥有了意识,也许大象在突变的情况下可以拥有思维、灵魂。既然大象可以突破这种任意的限制,机器又未尝不能突破不具有思维的限制。虽然机器不能够像人那样吞咽,但是,一切皆有可能,不能排除在一定条件下机器也能够具有思维、灵魂。

图灵谈到机器智能发展的未来前景。不断提升机器智能的学习能力,机器通过修改一些不次要的、具有"短暂有效性"的"规则",像小孩子接受教育一样不断地自动从环境中获得"知识";在下棋等抽象的活动中胜过人类;可以给机器购买器官,让它有更加灵敏的感觉器官,然后教会它理解和学习英语。

(二) 人是一种高度复杂的机器

18 世纪法国唯物主义思想家拉·美特里提出"人是机器"的观点,简化对人的本质的认识。在拉·美特里看来,"人体是一架会自己发动自己的机器:一架永动机的活生生的模型"[①]。这一观点没有看到生命运动、社会运动的特殊性,把一切运动都简化为机械

---

① [法]拉·梅特里:《人是机器》,顾寿观译,商务印书馆1996年版,第20页。

运动，遭到学者的普遍批评。

当人工智能主义者再次倡导"人是机器"的观念时，这里的"机器"已经不再是19世纪简陋的钢铁复合体形象，而是高度复杂，而且进步速度超越人的想象。当代人工智能主义的主要代表马文·明斯基认为，我们应当改变"机器"的旧观念，现在的"机器"正在日新月异地发生变化，已经不同于过去的机器观念。计算机在20世纪40年代，只有几千个组件，而人脑包含数十亿细胞，每个细胞本身很复杂，还与其他几千个细胞相连接。现在人们开始制造由十几亿个组件构成的计算机，用于研究人工智能，现在的运算规模是过去无法想象的。①

人工智能主义者把人体理解为无数最简单单位（如细胞）的相互作用的结果。最简单的东西之间相互作用，使整体的性质发生质的飞跃。人工智能在于揭示和模仿这些最简单单位的相互作用机制。明斯基认为，一切复杂的东西都是由简单的东西构成，"在科学领域，人们可以从看似最简单的事物中了解到最复杂的知识"②。这种最简单的单位受制于人的认识能力，是某一时代人们所知的最小的东西。随着科学的革命性进步和人的认识能力的提升，这种最简单的单位可能变化，变得更加微观化，如从原子到电子等。只有把复杂的对象分解成可以被人认识的最简单单位，才能认识并逐渐深化对对象的认识。

人由身体与思维构成，思维主导着身体，身体按照思维发布的要求而行动，同时，身体把感知到的外部世界的各种信息及时传递给思维。人的思维是什么？人工智能主义者认为，思维是大脑的机能，是人脑内各种程序之间的相互作用。其基本机制是人在本能、

---

① ［美］马文·明斯基：《心智社会》，机械工业出版社2016年版，第20页。
② ［美］马文·明斯基：《心智社会》，机械工业出版社2016年版，第7页。

环境的影响下,逐渐确立了长远的目标、主要目标等构成的目标调节机制,并以长远的目标对各种需求倾向进行调节,在此基础上形成了自我、灵魂、性格特征等。

在明斯基看来,人脑的主要功能是思维,思维的实质在于运用符号、信号、图像等手段在大脑中建构各种程序的相互作用机制。明斯基认为,"使用信号、符号、单词和名称真的是一项伟大的发现,它们让我们的思维可以把陌生的事物转换为司空见惯的事物"[①]。思维擅长于我们很少觉察的事,对于运行不佳的简单程序有意识,而对于没有故障的其他部分没有意识。思维服务于我们将要达成的目标,更多关注对象对我有什么用。

人的核心机制在于形成个人的长期目标、长期计划和理想。明斯基认识到,一个人要完成一项事业,不是一个决定或选择就可以实现,而是需要与许多兴趣或志向发生冲突。只有合理调整各种兴趣或志向的冲突,把目标集中到一个更加重要的目标上,才能完成某项事业。人决定以一生的时间去完成的事业,形成了个人的理想,进而决定和塑造着个人的个性、风格、性格特征。在不同的历史阶段也有一些重要的目标,影响着不同人生阶段的行为特征。

自我、灵魂并不神秘,它们都是基于个人的目标、理想而形成和发展起来。自我、灵魂的功能在于防止人变化太快,实现长期目标与短期多种诱惑之间取得平衡,"理想自我是我们锻造出来的锁链,用来防止我们破坏掉自己所做的所有计划"[②]。自我并不是总是单一的,自我是单一自我与多重自我的统一。单一自我是中心化的自我,源于自我的"理想",这是个人变化得最慢的方面。人们基于天生最喜爱的倾向发展出个人理想,决定了单一自我的总特征。

---

① [美]马文·明斯基:《心智社会》,机械工业出版社2016年版,第54页。
② [美]马文·明斯基:《心智社会》,机械工业出版社2016年版,第35页。

然而，个人在不同阶段上受制于实现需求的现实条件，形成了不同性质的具体追求，从而表现为多重自我。多重自我是去中心化的自我，代表个人的不同倾向、不同计划。

一般观念看来，人有情感，而机器没有情感。在人工智能的视野中，情感只是自我控制的重要手段，本质是表达个人的需求。在个人实现目标的过程中，直接控制太危险。意志力告诉自己不要放弃，在一开始有效，最后通常会失败，如同"思维中的发动机燃料耗尽"①。人的情绪、依恋等情感因素是人类自我控制的专门技术。情感是表达需求的信号。婴儿时期情感比较简单，以哭、笑的方式表达他们的需求。随着年龄的增大，人的需要增加，情感也更加复杂。②

人工智能的任务在于认识人脑的机制，并通过无数的电子元件、算法等模仿人脑的机制。人工智能可以模仿人的大脑，不断提升计算机等智能机器在硬件系统、软件系统方面的运行效率。认识大脑的机制，人工智能要解决三类问题：脑细胞的工作方式；不同类型脑细胞之间的相互作用；数十亿脑细胞组织在一起。大脑的生理机制促进了智能机器的硬件系统的进步，而大脑的思维逻辑机制也推动了智能机器的软件系统的进步。

（三）智能机器将比人更具优越性

强人工智能主义者不仅肯定机器具有意识，而且认为智能机器在多方面超越了人的智能。人脑具有运行速度慢、学习进化需要漫长的成长过程、满足于战胜对手、没有得到充分开发、大量冗余信

---

① ［美］马文·明斯基：《心智社会》，机械工业出版社2016年版，第36—37页。
② ［美］马文·明斯基：《心智社会》，机械工业出版社2016年版，第208页。

息、矛盾信息存在等问题。而人工智能则克服了这些问题,从而引领人类发展到一个新阶段。

智能机器具有创造性、具有意志,能够达到比人类的天才更高的程度。只要给人工智能设定试错程序,人工智能就具有创造性。"我们可以为一台计算机设定程序,让它通过试错来解决任何问题,而我们不需要提前知道解决办法。"① 智能机器具有意志,意志即是实现目标的努力,而且,智能机器还具有意志自由。意志自由就是为了达到目标,自觉地抵抗那些试图改变目标的其他程序。人具有意志自由,例如,"每个人童年时就学着去识别、厌恶和抵抗各种形式的攻击性和压迫感"②。智能机器在算法作用下,也实施着抵抗各种妨碍实现目标的压力。智能机器比人类天才更优秀。天才源于坚定的目标、强烈的动机、有效的学习方式。"光学得多是不够的,人们还要管理他们所学的内容。"③ 然而,对于人工智能而言,坚定的目标超越了人类天才,对知识的管理方式达到最优化,所掌握的知识更加广博。受天才个人主观性影响,天才的数量极少,而人工智能则可以无限地复制。

人脑具有多方面的局限性,如思考能力缓慢、进化比较慢、自身不完善。大脑的思考能力很慢,大脑的神经元处理速度很慢,比不上电子计算机,不能适应知识爆炸时代处理信息的需要。雷·库兹韦尔认为,"基础的神经元事件处理比同等的电子电路要慢上数百万倍。这将导致人类在生理上处理新知识的能力远远跟不上人类知识的指数级增长速度"④。人脑需要进化,新生儿的大脑主要包含随机联系的神经元连接,随着儿童的成长,那些有利于认识世界的

---

① [美] 马文·明斯基:《心智社会》,机械工业出版社2016年版,第74页。
② [美] 马文·明斯基:《心智社会》,机械工业出版社2016年版,第393页。
③ [美] 马文·明斯基:《心智社会》,机械工业出版社2016年版,第85页。
④ [美] 雷·库兹韦尔:《奇点临近》,机械工业出版社2020年版,第2页。

连接模式得到发展，知识不断充实。大脑还存在着其他多方面不完善之处。例如，人脑神经中包含着大量混乱（随机的和难以预料的）的部分；大脑中相互矛盾的信息并存；大脑中大多数想法都是衍生的、琐碎的；人类满足于骗过对手，只要优于对手即可，因而大脑决策不是最优化，而是次最优化，体现出智能发展的较低程度。而且，人的身体很脆弱，很容易屈服于大量错误的模式。①

与人脑的局限性相反，人工智能具有思考速度快、学习快、储存的知识量大等优越性。雷·库兹韦尔认为，计算机可以接近光速的速度进行信号的处理和转换，比人脑进行信号传输的速度快300万倍。人工智能学习快，可以高速地共享资源，可以从其他机器中下载知识，并最终可以实现对人类知识的下载。人工智能允许我们超越身体和大脑的限制，我们将获得超越命运的力量；我们将控制死亡；我们将可以活到自己想达到的年龄。②

三 人工智能主义面临的挑战：人本主义的批判

人工智能主义面临的主要挑战来自当代人本主义思想家的批判。当代人本主义思想家的卓越代表海德格尔对科学技术对人的自由的束缚和压迫做了深刻的揭示和批判，这些批判同样适用于人工智能主义。此外，人本主义学者从不同角度对人工智能主义的观念进行了深刻的批判，主要代表是休伯特·德雷弗斯（Hubert Dreyfus，1929—2017）、约翰·塞尔（John Searle）等。

人工智能主义能否给人带来充分的自由？显然，在海德格尔视

---

① ［美］雷·库兹韦尔：《奇点临近》，机械工业出版社2020年版，第89—90页。
② ［美］雷·库兹韦尔：《奇点临近》，机械工业出版社2020年版，第12—13页。

角下，作为科学技术最新成就的人工智能主义不能给人带来自由。在海德格尔看来，科学技术越发展，人越迷失于表象，越贪婪地追逐物质利益，海德格尔认为，科学技术的本质是追逐物质利益，它不断地拷问自然界，扭曲人类历史，泯灭人的个性，主观主义盛行，最终将使人类社会沦为缺乏辨别力的乌合之众盛行的社会。

科学技术研究追求物质利益，以"筹划""方法"去支配着整个存在者（世界），自然界、社会历史成为一种可以供科学研究肆意处理的"摆置"。现代科学以研究为特征，通过人的"筹划""方法"，并与"企业活动"密切联系起来，服务于科学研究者对物质利益的追逐。"筹划（Entwurf）与严格性（Strenge），方法（Verfahren）与企业活动（Betrieb），它们相互需要，构成了现代科学的本质，使现代科学成为研究。"[①] 现代科学研究满足于用数学方式对表象进行说明，计算主义支配了科学技术，但这种研究只达到肤浅的表象，并没有理解更深层次的"存在"。海德格尔认为："作为研究，认识对存在者作出说明，说明存在者如何和在何种程度上能够为表象所支配。当研究或者能够预先计算存在者的未来过程，或者能事后计算过去的存在者时，研究就支配着存在者。可以说，在预先计算中，自然受到了摆置，在历史学的事后计算中，历史受到了摆置。自然和历史成了说明性表象的对象。"[②] 科学技术越是发展，人就越满足于表象，从而越忘记了去追寻人何以存在。

现代技术也是一种"促逼"式的"解蔽"，人类向自然界提出蛮横的要求，要求自然界展现出它的种种资源，以供人类无限地开采、利用。在《技术的追问》中，海德格尔指出，现代技术是一种解蔽。"在现代技术中起支配作用的解蔽乃是一种促逼。此种促逼向自然提

---

① 《海德格尔选集》下，孙周兴编选，生活·读书·新知三联书店1996年版，第895页。
② 《海德格尔选集》下，孙周兴编选，生活·读书·新知三联书店1996年版，第896页。

出蛮横要求，要求自然提供自身能够开采和储藏的能量。"① 促逼是解蔽的主要表现，体现了解蔽的根本性质。

在科学技术的规训下，所有社会成员堕落为失去个能力、反思性，而以一种千篇一律状态设定自己的主体性。这种主观主义实质上完全失去了自由性，个人的主观方面完全被客体性支配。这是现代性给人类社会带来的最大危险。海德格尔认为，"在以技术方式组织起来的人的全球性帝国主义中，人的主观主义达到了它的登峰造极的地步，人由此降落到被组织的千篇一律状态的层面上，并在那里设立自身。这种千篇一律状态成为对地球的完全的（亦即技术的）统治的最可靠的工具。现代的主体性之自由完全消融于与主体性相对应的客体性之中了"。千篇一律的群众极容易被少数别有用心之徒利用，沦为失去辨别力的乌合之众，技术社会沦为专制社会。②

人工智能主义倡导智能机器达到或优越了人的意识水平，表面上似乎是争取智能机器同人一样的平等能力、一样的主体地位，而实质上在一定程度上预示了人沦为人工智能的奴仆的命运。人工智能按照一定的逻辑必然性行动，理性遵循最优化逻辑，而人天生满足于现状，并不总是遵循最优化逻辑。人工智能主义揭示了人并不神秘，也并没有个性，只是一种遵循一定"尚未发现的"数量逻辑关系的必然性的机器。按照人工智能主义统治的人类，正如海德格尔所批判的，将逐渐丧失了个性，在所谓的数量逻辑关系的必然性名义下，人类不但在力量上软弱，而且在精神上麻木，匍匐于科学技术的专制主义统治中。

人工智能与人处于同等地位，还是永远不可能达到与人一样的

---

① 《海德格尔选集》下，孙周兴编选，生活·读书·新知三联书店1996年版，第932页。
② 《海德格尔选集》下，孙周兴编选，生活·读书·新知三联书店1996年版，第894页。

地位？最早展开对人工智能主义批判的学者休伯特·德雷弗斯认为，只有人才能把自己的意识融入工具之中，拓展自己的能力。

休伯特·德雷弗斯认为，人工智能能够做一些事，某种有限的人工智能并不是不切实际的，然而，人工智能不可能实现完全智能的行为。人类的经验可以借助外物为工具，并将意识沉浸于其中，去作用于其他事物，而人工智能不能达到这一点。德雷弗斯批评明斯基混淆人打乒乓与金属机器打乒乓之间的本质区别，强调应当区分使用工具的经验与关于对象的经验。使用工具构成了人自身的一部分，而对象则外在于人，金属机器、人工智能则不能达到使用工具的经验。① 盲人使用拐杖去探路。拐杖构成了人自身的一部分，不同于我们用拐杖所接触的外部物体。波兰尼对盲人用拐杖做了深刻分析："虽然我们依靠工具或探测物，但它们并不是作为外部物体处理的……它们仍然在我们这边……构成我们（即行动者）的一部分。我们将自己的意识倾注于它们中，并将它们同化为我们存在的一部分。"②

在约翰·塞尔看来，以程序、语法、硬件等组成的人工智能系统，在根本性质上不同于人的思维和大脑。计算机的程序、语法仅仅是一种符号，而人的思维不仅具有关于外部事物的语义，而且蕴含着丰富的心理内容。

约翰·塞尔不仅否定人的思维不等同于计算机的程序，而且认为人脑根本不同于计算机。人工智能研究者常常把思维与大脑的关系，比作计算机的程序与硬件之间的关系。塞尔认为，思维是计算机的程序吗？答案是否定的，因为程序纯粹是从形式上或语法上定义的，而且思维具有内在的心理内容，因此程序本身不能构成思

---

① Hubert L. Dreyfus, "Artificial Intelligence", *The Annals of the American Academy of Political and Social Science*, Vol. 412, 1974, pp. 21–33.

② Michael Polanyi, *Personal Knowledge*, London: Routledge and Kegan Paul, 1958, p. 59.

维。1980年的《中文屋》中论证了这一点。在不懂一个中文词语的情况下，一个被测试者通过运行程序，并不能够获得对中文的理解。因为语法与语义不一样，也不足以表达语义。塞尔认为，人脑不是计算机。计算机按照符号操作的语法来运算，这里的语法和符号不是在物理现象中发现的，它们只是物理现象的标记。而大脑是一个特定的生物器官，其特定的神经生物学过程导致特定形式的意向性。在大脑中，本质上存在神经生物学过程，有时它们会引起意识。"即使你可以像对其他任何东西一样对其进行计算解释，但是你无法发现大脑或其他任何东西本质上是一台数字计算机。"[1]

四 结语

人工智能主义是当代科学技术发展到新阶段的哲学理论成果，对于丰富和发展科学主义信仰、科学主义文化做出了贡献。19世纪中后期，伴随着上帝的消亡，"人该怎么办？"成为核心的信仰问题和文化问题。对这一问题的不同回答形成了人本主义信仰与科学主义信仰。人本主义信仰构成现代人本主义文化的基本原则，它将人的自由置于最高地位。而科学主义信仰则构成现代科学主义文化的核心原则，它把科学规律置于最高地位，人从属于科学规律。20世纪上半期，逻辑实证主义构成了科学主义信仰的主要表现形式，20世纪下半期至21世纪，随着人工智能理论以及人工智能技术的迅猛发展，人工智能主义成为科学主义信仰的主要形式。在人工智能主义视角下，科学技术已经发展到人工智能时代，人工智能是现

---

[1] John R. Searle, "Is the Brain a Digital Computer?", *Proceedings and Addresses of the American Philosophical Association*, Vol. 64, No. 3, 1990, pp. 21–37.

代科学的结晶，是科学理性、科学规律在当代的集中体现，人工智能优越于人，并且随着人工智能的发展，人工智能将远胜于人。

无疑，人工智能主义在最大限度地调动人工智能研究者的研究热情上做出了重要贡献。以不断发展的科学技术，并集成在计算机或其他智能设备上，使之达到人的程度，是人工智能主义者不懈的追求。正是这一理念和追求，推动了当代人工智能的迅猛发展。人工智能主义也将在与人本主义的相互批判中坚持并不断发展。

对人工智能持一种现实主义的建设性态度是合理的。一方面，支持人工智能的积极发展。人工智能是现代科学技术发展的最先进成果之一，它既促进了一些新产业的形成，又深刻地渗透入传统产业中，极大地推动着社会生产力的发展。另一方面，在人工智能的发展中，始终坚持和发展人本主义原则。无论人工智能如何发展，都改变不了人工智能是人的工具或伙伴的地位。否定和贬低人工智能领域取得的成就是盲目的，同样地，因为人工智能的发展而夸大人工智能主义的合理性也是错误的。人是一种有限性的存在，正是这种有限性激发了人多方面的内在特质。当人真的有一天沦为人工智能一样的千篇一律的存在物时，那样的人类将不再是真正的人类，因为人的本性在于人是一种自由而有意识的存在物。而且，有血肉的、原生的人类尚且没有实现自由和幸福，怎么能考虑无血肉的、人造的智能机器的主体地位呢？不管智能机器如何发展，在本质上，智能机器只是人的工具和伙伴。

机遇与挑战：数字乡村建设与乡村治理现代化

张登巧[*]

乡村建设与乡村治理是国家治理的重要组成部分，也是当前实施乡村振兴战略的内在要求。改革开放以来，中国的国家治理水平和治理能力得到较快提高，成效较显著，但相对于城市治理而言，乡村治理是国家治理的短板和薄弱环节。乡村治，天下安。没有乡村治理水平和治理能力现代化就没有国家治理水平和治理能力现代化。

随着大数据、云计算、人工智能、电子政务、智慧城市等信息化快速发展，乡村信息化建设已提上议事日程，数字乡村建设已成为国家信息化发展战略和乡村振兴战略的重要内容，但机遇与挑战并存，数字乡村建设也面临许多治理困境。如何利用信息化技术助力乡村治理现代化，是新时代国家治理和乡村振兴战略需要解决的重要课题。

---

[*] 张登巧，吉首大学武陵山区发展研究院教授。

一 数字中国：国家信息化发展新战略

"数字中国"是中国政治、经济、文化、生态、社会等各领域信息化建设的总称，主要有大数据、云计算、人工智能、电子政务、智慧城市、数字乡村、数字经济和"宽带中国""互联网+"等内容。"数字中国"是新时代国家信息化发展的新战略，是满足人民日益增长的美好生活需要的新举措，是驱动引领经济高质量发展的新动力。数字中国建设的目的是为决胜全面建成小康社会、开启全面建设社会主义现代化国家新征程提供强大动力，推动信息化发展更好造福国家和人民。

2012年以来，党中央、国务院相继出台《国家信息化发展战略纲要》《"十三五"国家信息化规划》等重大战略规划，提出了数字中国建设发展的路线图和时间表。新时代数字中国建设的总目标是全面支撑党和国家事业发展，促进经济社会均衡、包容和可持续发展，为国家治理体系和治理能力现代化提供坚实支撑，坚持与实现"两个一百年"奋斗目标同步推进。大力增强信息化发展能力、着力提升经济社会信息化水平、不断优化信息化发展环境，这是数字中国建设的三大战略任务。数字中国建设的六个主攻方向是统筹实施网络强国战略、大数据战略、"互联网+"行动，整合集中资源力量，着力引领创新驱动培育发展新动能；着力促进均衡发展优化发展新格局；着力支撑绿色发展构建发展新模式；着力深化开放合作拓展发展新空间；着力推动共建共享释放发展新红利；着力防范风险夯实发展新基石。

通过实施《国家信息化发展战略纲要》和《"十三五"国家信息化规划》，到2020年底，数字中国建设取得决定性进展和显著成效。第一，信息基础设施建设规模全球领先。中国建成全球规模最大的光纤网络和4G网络，固定宽带家庭普及率由2015年底的52.6%提升到2020年底的96%，移动宽带用户普及率由2015年底的57.4%提升到2020年底的108%，全国行政村、贫困村通光纤和通4G比例均超过98%。5G网络建设速度和规模位居全球第一，已建成5G基站达到71.8万个，5G终端连接数超过2亿。移动互联网用户接入流量由2015年底的41.9亿GB增长到2020年的1656亿GB。第二，信息技术创新能力持续提升。创新驱动发展战略深入实施，世界知识产权组织发布的全球创新指数排名显示，中国从2015年的第29位跃升至2020年的第14位。基础性、通用性技术研发取得重要进展，集成电路制造装备和材料加快发展，基础软件取得一定突破，5G、人工智能、高性能计算、量子计算等领域取得一批重大科技成果。第三，数字经济发展活力不断增强。数字经济持续快速增长，成为推动经济高质量发展的重要力量。中国数字经济总量跃居世界第二，成为引领全球数字经济创新的重要策源地。2020年，中国数字经济核心产业增加值占GDP比重达到7.8%。第四，数字政府服务效能显著提升。数字政府建设成为推进国家治理体系和治理能力现代化的有效手段，"掌上办""指尖办"成为政务服务标配，"一网通办""异地可办""跨省通办"渐成趋势，企业和群众获得感、满意度不断提升。第五，信息技术创新能力持续提升。创新驱动发展战略深入实施，世界知识产权组织发布的全球创新指数排名显示，中国从2015年的第29位跃升至2020年的第14位。第六，信息便民惠民加速普及。中国网民规模由2015年底的6.88亿增长到2020年底的9.89亿，互联网普及率由50.3%提升到70.4%。第七，信息化发展环境不断优化。信息化发展法律政策框架初步形成，《网络安全法》《电子商务法》《网络安全审查办法》等颁布实施，国家安全、社会公共利益和消费者权益得到有效维护。第八，网络空间国际合作深化拓展。中国积极参与联合国、G20、金砖国家、APEC、WTO等多边机制数字领域国际规则制定，倡导发起《二十国集团数字经济发展与合作倡议》《"一带一路"数字经济国际合作倡议》《携手构建网络空间命运共同体行动倡议》《全球数据安全倡议》，为全球数字经济发展和网络空间治理贡献中国方案。

二 乡村振兴战略与数字乡村建设

实施乡村振兴战略，是中共十九大做出的重大决策部署，是决胜全面建成小康社会、全面建设社会主义现代化国家的重大历史任务，是新时代"三农"工作的总抓手。

乡村振兴战略总要求是产业兴旺、生态宜居、乡风文明、治理有效、生活富裕，建立健全城乡融合发展体制机制和政策体系，加快推进农业农村现代化。按照中共十九大提出的决胜全面建成小康社会、分两个阶段实现第二个百年奋斗目标的战略安排，坚持农业农村优先发展，2017年中央农村工作会议明确了实施乡村振兴战略的目标任务：2020年，乡村振兴取得重要进展，制度框架和政策体系基本形成；2035年，乡村振兴取得决定性进展，农业农村现代化基本实现；2050年，乡村全面振兴，农业强、农村美、农民富全面实现。

乡村振兴战略分为七大内容，分别是：第一，重塑城乡关系，走城乡融合发展之路；第二，巩固和完善农村基本经营制度，走共同富裕之路；第三，深化农业供给侧结构性改革，走质量兴农之路；第四，坚持人与自然和谐共生，走乡村绿色发展之路；第五，传承发展提升农耕文明，走乡村文化兴盛之路；第六，创新乡村治理体系，走乡村善治之路；第七，打好精准脱贫攻坚战，走中国特色减贫之路。

乡村振兴战略是中国经济社会发展方式一次大的转变。这一战略转变至少包括两方面：其一是建立健全城乡融合发展的体制机制和政策体系，真正实现从二元城乡社会经济结构走向一元。20世纪50年代，中国为从农业部门积累发展资本，加速工业化进程，形成了城乡二元经济社会结构。这种二元经济社会结构虽然短期内推动了工业化和经济发展，但导致了城乡居民收入差距扩大，城乡社会发展不均衡的问题，而农民的收入低和农村发展滞后反过来制约了整个社会经济的发展。20世纪90年代开始，中央政府对重工轻农、重城市轻农村的二元结构开始纠偏，对农业实行多予、少取、放活的战略，此后又分别实行了以工补农的城乡统筹发展战略和以工促农、以城促乡的城乡一体化发展战略，但城乡居民之间在收入水平、公共服务上的差别并未消除。其二是调整城市化发展战略，从过去重视大城市发展到促进大中小城市协同发展。统筹大中小城市和城乡发展既可以减轻大城市病和大城市生态资源紧张、社会负担重的问题，又可以促进城乡之间和区域之间更加均衡、协调发展。

数字乡村建设是伴随网络化、信息化和数字化在农业农村经济社会发展中的应用，以及农民现代信息技能的提高而内生的农业农村现代化发展和转型发展，既是乡村振兴的战略方向和着力点，也是建设数字中国的重要内容。乡村如何振兴？如何让农业成为有奔头的产业，让农民成为有吸引力的职业，让农村成为安居乐业的美丽家园？这是一个重大的系统工程，其中，充分应用信息技术赋能乡村建设，是未来乡村振兴的希望所在。发挥信息化在推进乡村治理体系和治理能力现代化中的基础支撑作用，繁荣发展乡村网络文化，构建乡村数字治理新体系。发挥信息技术创新的扩散效应、信息和知识的溢出效应、数字技术释放的普惠效应,加快推进农业农村现代化。加快数字乡村建设,逐步弥合城乡"数字鸿沟",建设信息时代新农村,走中国特色社会主义工农、城乡融合之路。

三 数字乡村治理的困境与乡村治理现代化

近年来,中国的数字乡村建设取得了较显著的成绩,农村信息基础设施加快建设,掌握信息技术的人才不断增多,线上线下融合的现代农业加快推进,乡村治理的信息化水平不断提升,农村信息服务体系加快完善。由于历史和现实等原因,包括乡村治理等数字乡村建设严重滞后,农村信息化建设与城市信息化建设差异明显,主要表现在信息化基础设施投入、信息化人才培养等方面。

农村数字基础设施落后,信息化设备普及率低。相对于城市而言,中国乡村特别是中西部农村地区由于经济社会发展水平、交通状况、人口密度等不利因素的影响,数字基础设施投资成本大、投资回收期长、见效慢,因此新基建项目投入严重不足,信息化设备不健全。第47次《中国互联网络发展状况统计报告》显示,截至2020年12月,农村地区互联网普及率为55.9%,与全国互联网普及率达70.4%相比存在较大差距。城乡差距拉大,城市地区已经覆盖5G网络,而有些农村地区由于地理位置等原因连4G网络也无法畅通,还停留在2G网络,网络信号质量差、不稳定。

农村数字人才缺口较大。有数字素养、数字思维、会使用数字化技术来开展工作的人比较少,尤其是在偏远乡村,掌握信息化技术的人才更加奇缺。不仅仅是农民,大多数乡村基层干部由于本身文化层次相对较低,即使有委派的大学生村官或者驻村干部,他们本身也不一定是学的与信息相关的专业,运用数字技术来解决问题的能力总体不高，他们想使用新技术来推进治理变革，但是也只能有心无力。即使有现成的电脑等硬件条件，但是不会操作、不能操作的现象较多，有些设备长期闲置，也没有发挥出应有的作用。数字人才奇缺阻碍着数字乡村的建设，也会进一步拉大城乡差距。

实施乡村振兴战略和数字中国建设必须重视数字乡村建设，进一步发掘信息化在乡村振兴中的巨大潜力，促进农业全面升级、农村全面进步、农民全面发展。尤其是要抢抓国家信息化新战略，促进乡村治理现代化。

树立数字治理理念，依托数字赋能乡村治理。数字乡村建设时代的到来给乡村治理带来了新的机遇与挑战，治理主体由单一向多元协同共治转变。把数字化技术嵌入乡村治理实践，以此来提升乡村治理能力现代化。首先，树牢数字治理理念，做到心中有数、用数据思考、用数据说话，突破原有的直觉、经验主义的束缚，善于用数字技术来开展工作，通过数据的分析、挖掘来找出问题的本质，提升解决各种疑难问题的能力和水平。

大力培养信息技术人才，增强乡村治理能力。坚持以人民为中心的发展思想，数字乡村建设也必须紧紧围绕人民群众的现实需要而展开，用最朴素、最地道的乡音，让村民听得懂、听得进的语言，讲好数字化技术带来的好处，促进村民对电子政务的了解，增强彼此间的信任，不断提升农民数字乡村实践参与水平。

加快农村信息化基础设施，提升数字乡村治理效能。乡村兴则国家兴，在推进乡村振兴过程中，农业设备设施的现代化、信息化、科技化手段不断增加。构建乡村政务信息平台，依托"互联网+"政务服务平台推动电子政务下乡，建立村级"一门式"服务中心，不断完善乡村数字信息平台，通过微信、QQ、抖音等移动终端，简化业务流程，提升乡村公共服务能力。

完善数据法规体系是适应数字治理时代的法治化要求，伴随数字社会的到来，各项信息安全隐患不断增加，数据信息安全不仅仅要采用技术手段进行防范，还需要加强法治保障。完善在数据采集、存储、使用等过程中的采集权、使用权、收益权、知情权、保管权等方面的权利界限，分清各数据主体间的权利与义务，厘清互联网发展监管责任，细化责任清单，增强法律制度的可操作性，做到有法可依、有法必依。加强数据监管力度，防止过度采集公民个人信息，对滥用、窃取、泄露以非法手段收集公民个人隐私数据或者未经公民个人同意而将其信息进行盈利的违法行为进行坚决有力打击。

充分应用大数据、云计算、人工智能、电子政务等完善农村社区治理机制，坚持自治、法治、德治相结合，确保乡村社会充满活力、和谐有序。第一，建立村务信息平台，实行县、乡两级人大代表和村委会成员"三合一"选举，统一登记选民、统一选举，便于有关机关、组织集中人、财、物，统一领导、统筹安排、统一组织发动；第二，探索信息化条件下基层党组织领导下的村民自治的有效实现形式，完善相关政策确保自然村村民自治有效运行，调动群众参与乡村治理的积极性；第三，利用现代信息技术发挥村规民约在社区治理中的作用，村规民约应由全体村民或村民代表讨论制定，符合村民的利益，村委会可建立执约队，监督村规民约有效实施，村规民约在很多村都得以顺利执行到位，能大量减少行政成本；第四，信息技术较发达的农村地区应该积极吸纳社区流动人口中的部分常住人员，带动流动人口的社区参与。在社区决策方面，政府要完善听取流动人口意见的制度，健全流动人口利益代表机制，合理设置社区议事机构中流动人口代表的比例。不断创新流动人口参与社区治理的有效方式，积极探索流动人口参与社区治理的基层民主协商机制。同时，促进流动人口利益与社区利益有机结合，构建社区利益共同体，激发流动人口参与社区治理的内在动力，以此破除社区治理的封闭性。

5G技术赋能高等教育发展：
变革趋势、现实挑战及路径选择[*]

张雷生[**] 袁红爽[***]

序 言

第五代移动无线通信技术（5th-Generation，5G）大带宽、低时延、高容量、高可靠、众连接的特点和优势，将催生人工智能、虚拟现实、大数据等先进技术在社会各个领域的广泛应用。"未来已来，将至已至"，以5G技术为代表的现代信息技术，依靠其技术特征和优势全面而深刻地影响着人类社会文明的发展与变革。客观而言，纵观人类社会发展历史可谓经历了无数次重要技术变革，但相比较于历史上的各个产业革命变革阶段而言，利用信息化技术促

---

[*] 本文系国家社科基金项目"东亚地区世界一流大学法人内部治理结构比较研究（16BZZ082）"，吉林大学劳动关系专项研究课题"新时代高校工会服务学校发展与改革的路径研究（2020LD011）"，吉林大学廉政建设专项研究课题"高校内部腐败治理体系和治理能力现代化研究（2020LZY013）"，吉林大学研究生思想政治教育工作研究课题"双一流建设高校研究生培养质量保障体系比较研究（YSZ202024）"的阶段性成果。

[**] 张雷生，吉林大学高等教育研究所副教授、韩国安养大学特聘教授。

[***] 袁红爽，吉林大学高等教育研究所硕士研究生。

进产业变革的工业 4.0 时代，即智能化时代，5G 技术的影响空前迅猛而广泛。① 教育领域而言，各级政府和教育行政主管部门更是高度重视网络信息技术在教育领域的应用与推广普及，先后出台了一系列相关政策措施和纲领性文件，旨在大力推动教育信息化、现代化进程。其中，2018 年 4 月，教育部印发了《教育信息化 2.0 行动计划》，强调要"充分激发信息技术对教育的影响，推进现代教育技术深度融入教育过程，开展基于学习者为中心的教学环境智能化建设"②。2019 年 2 月，中共中央、国务院印发的《中国教育现代化 2035》进一步指出，要"加快信息化时代教育变革，建设智能化校园，统筹建设一体化、智能化教学管理服务平台，利用现代技术加快推动人才培养模式改革，实现人才培养规模化与个性化的有机结合"③。

经历了几十年的发展，网络信息技术在教育领域尤其在高等教育领域已经具有了广泛基础，并且在教育信息化和信贷化方面取得了卓越成绩，积累了诸多有益经验。近年来，国内学术界围绕 5G 教育研究聚焦于以下几方面：首先，关于 5G 技术环境下教育理论的再思考，探讨传统教育理论在 5G 环境下适用度及其实践中的效果，如基于建构主义、认知主义等理论的丰富与延展；④ 探析以具身认知、多模态等理论为基础教育场景要素的变革；⑤ 其次，围绕

---

① 朱永新：《5G 将改变未来教育形态》，2019 年 7 月 24 日，http：//guancha.gmw.cn/ 2019-07/24/content_33024170.htm，2021 年 6 月 16 日。

② 教育部：《关于印发〈教育信息化 2.0 行动计划〉的通知》，2018 年 10 月 12 日，http：//www.moe.gov.cn/srcsite/A16/s3342/201804/t20180425_334188.html，2021 年 7 月 12 日。

③ 新华社：《中共中央、国务院印发〈中国教育现代化 2035〉》，2019 年 2 月 23 日，http：//www.xinhuanet.com/politics/2019-02/23/c_1124154392.htm，2021 年 8 月 18 日。

④ 李小平、孙清亮、张琳、姜丽萍、毛旭：《5G 的发展历程、特点及其对教育理论的延伸》，《现代教育技术》2019 年第 9 期。

⑤ 袁磊、张艳丽、罗刚：《5G 时代的教育场景要素变革与应对之策》，《远程教育杂志》2019 年第 3 期。

5G 技术精准对接寻求教育路径探索创新，提出将 5G 和 AI 结合推动构建在线学习平台，为学习者提供教育应用场景，① 聚焦 5G + AI 驱动智能教育数字生态系统及其实现路径；② 再次，从教师教学视角，创新针对 5G 远程在线教学形态③和构建教师支持服务模式④；最后，聚焦学科和专业课程的提效增质，提出高校教学的创新策略，⑤ 在 5G 教学环境下需全面部署，坚持内容为主⑥。

学校教育教学实践客观显示，以网络信息技术为代表的教育信息化、现代化尽管产生不少新的教学理念，信息传播、生产和获取的速度得以提升，教学方式和教学内容也更加丰富，高等教育领域正面临来自信息技术发展与普及所带来的深层次变革要求。同时，高校的日常运营和内部治理，教师的教育教学和学生的学习方式等方面也都正经历着前所未有的挑战，急需高校准确把控 5G 技术发展趋势，做出前瞻性的科学判断和积极应对，构建高等教育新型共同体。

---

① 卢文辉：《AI + 5G 视域下智适应学习平台的内涵、功能与实现路径——基于智能化无缝式学习环境理念的构建》，《远程教育杂志》2019 年第 3 期。
② 兰国帅、郭倩、魏家财等：《5G + 智能技术：构筑"智能 +"时代的智能教育新生态系统》，《远程教育杂志》2019 年第 3 期。
③ 赵瑞斌、杨现民、张燕玲等：《"5G + AI"技术场域中的教学形态创新及关键问题分析》，《远程教育杂志》2021 年第 2 期。
④ 杨琴、蒋志辉、何向阳：《"5G + 智慧教育"视域下的教师支持服务模式构建与行动路径研究》，《远程教育杂志》2020 年第 1 期。
⑤ 李钰细：《虚实融合：5G 智能新时代高校生物实验教学的数字化路径探析》，《深圳信息职业技术学院学报》2020 年第 1 期。
⑥ 李永进：《论 5G 时代高校思想政治理论课的创新建设》，《思想理论教育导刊》2020 年第 7 期。

一 共同体理论概述

近年来,教育领域涌现出学校共同体、知识建构共同体、学术共同体等一系列概念,普遍关注教师和学生在特定时空的交互过程中围绕共同学习需求和个人发展而构成的组织形态,强调师生以行为准则来维持共同体的发展和延续。共同体思想肇始于柏拉图于《理想国》中阐述的"城邦共同体",具有不同特质的人经过教育在相应岗位上工作,形成一个由哲学王统治的超稳定的国家。其后,卢梭、黑格尔相继提出"政治共同体""伦理共同体"思想,都认为个体要实现自由,需要通过制定契约等形式组成共同体,在个体与共同体中形成统一的关系。1887年,滕尼斯在其著作《共同体与社会》中提出"共同体"(community)概念,主张"共同体是具有共同归属感、共同文化底蕴和认同感的组织机构"。[①] 共同体具有整体性、多样性、目的性、结构性和历史性等的特征,表现为共同体成员所共同具有的合力、凝聚力、共享力、动力和学习力。

在党和国家大力推进教育信息化和现代化的今天,随着5G技术在教育领域的普及应用,正在将学校、教师、学生这三者转化为信息化、智能化、现代化的"学校运营治理新形态",线上线下教育相结合、实体虚体相结合的"教师教学新形态"和自主探究、深度迁移、泛在移动学习的"学生学习新形态"的高等教育新型学习共同体,将有力推动高校内部治理和教育教学及人才培养模式的深

---

① 严运锦:《学习共同体、实践共同体、学习型组织概念辨析》,《上海教育科研》2019年第8期。

层次改革。

本文主张,5G 背景下的高等教育新型学习共同体是指由教师(包括学校行政管理职员)和学生共同组成,以大学校园及其教育教学空间为交流平台,以师生的身份自我认同及相互认同为前提,以师生共同发展进步提高的内在诉求为原动力,以教育教学过程中的师生平等对话交流互动为准则,以解决教育教学和学习过程中的实际问题为基石,借助教育教学和学习实践活动,形成以"教学相长"为特征的教育教学和学习智慧策略,激活教师和学生内生性的责任感和角色意识以及学习动力,促使学生在海量信息遴选甄别过程中改善自身学习观念、习惯、方式和方法,进而形成知识建构和运用创造等能力体系的非正式社会组织。

二 5G 赋能高等教育发展的优势与现实困境

(一) 5G 赋能高等教育发展的变革趋势

高校凭借人力、智力和学科资源等优势,既是高层次人才培养和重大科技创新的"重镇",更是引领和推动社会不断向前创新发展的"引擎"或动力源泉。随着 5G 技术新阶段的到来,当前如何推进 5G 技术与教育教学的深度融合是急需解决的问题,将高等教育看成"新型共同体",5G 技术赋能高等教育变革的应用潜力"无限"。在国家大力推进教育信息化的今天,5G 技术联袂人工智能(AI)将引领高校运营和治理,教育教学和学习方式发生深刻变革。在改善高校学习环境和学习形态,丰富学习信息资源,推进智慧教学和自主学习的同时,丰富高等教育功能场域,推动高校教育教学和人才培养模式变革。

1. 助推高校加快教育信息化背景下的教育教学模式改革

5G 技术具有的大带宽、低时延、高容量、高可靠、众连接等优势特点为高校提升内部治理水平，改革教育教学方法及人才培养模式提供了有力技术保障。具体而言，5G 技术可以在推动教师更新教学内容和教学方式开展"教学革命"的同时，引领学生学习方式的转变。疫情防控常态化的背景下，线上线下混合式教学是改革大势所趋，正在促使高校教学理念、方式、内容等方面积极主动适应大数据时代的客观要求，提升和保障线上线下混合式教学效果和质量。以混合式教学模式的推广为契机，为高校采集教育教学大数据提供技术可能，最终推动高校教育教学和人才培养。5G 的发展与普及，将改变实体围墙和固定教室等传统意义上刻板僵化的大学形态，进而构建以智能化、信息化和现代化水平为特征的高校新形态，[①] 为提升大学治理水平现代化提供有力支撑，进而推动人才培养模式的变革，提升优质教育资源共享。[②]

5G 赋能高校教育教学管理与改革，主要涉及课堂教学考勤管理、课堂参与、测验考试、评教评学、实习实训、实践和实验教学、仪器设备管理和教学信息安全管理等方面。未来高校教育教学发展将更加重视信息化、智能化，产生更多的数据信息资源，[③] 教育大数据的价值体现在准确掌握学生的个性化学习及高校提供的相应服务方面。5G＋物联网将使高校采集教育教学相关数据变得更加快捷高效，并提升教育领域大数据处理速度，还将提升高校教育教学在教学效能、教学理念、教学创新和教学网络的覆盖面，使教

[①] 付道明：《5G＋人工智能技术的勃兴及其对教育的影响》，《当代教育与文化》2020 年第 1 期。

[②] 项阳：《疫情将如何影响高校信息化?》，2020 年 7 月 2 日，https：//www. cernet. edu. cn/ info/yc/202007/t20200702_1736262. shtml，2021 年 7 月 30 日。

[③] 王晨婷：《5G 时代的教育之变》，2019 年 11 月 23 日，http：//www. bbtnews. com. cn/2019 /1123/ 326463. shtml，2021 年 7 月 31 日。

学方法更加丰富，深层次赋能高校教育教学改革。

5G 技术赋能高校教育教学改革，其切入点将包括教师教学、学生学习、考试考核、课堂管理、教师评学、学生评教、成绩管理及分析反馈方面。大数据将促使学生个性化学习，提升学生学习效率与效能感，还将为教师减负增效，用数据流处理技术来处理教学信息和学生学习状态就是典型例证。5G 联袂 AI 将发挥大数据在高等教育领域的效用，自动识别学习模式和规则，为教师课堂教学效果、学生知识掌握程度、学习过程管理与监控等教学和管理环节提供客观翔实信息及精准的量化分析结果。在此基础上，教师借助获取的课堂教学信息，结合学生学习风格与知识掌握情况，改进自身教育教学方法。进一步强化教师作为教授者、组织者、评估者、管理者的多重身份，更加凸显教书育人功能。同时，教育教学大数据还将为教师和教育行政管理者提供科学分析、决策依据。

2. 加快推进混合式教育教学模式在高校的广泛应用

新冠疫情肆虐蔓延，对高校加快提升信息化和治理水平现代化提出了很高要求。高校借助在线课程平台和网络学习空间，开展在线教学和学习，最大程度降低了疫情对高校正常教育教学带来的影响，较好地实现了教育部要求的"停课不停教、不停学"的要求部署。然而，随着疫情防控常态化的到来，客观上要求高校进一步盘活资源，深挖潜能，充分利用大数据、人工智能、物联网、VR/AR/MR（虚拟现实/增强现实/混合现实）等技术，加快推进学校信息化和治理现代化改革进程。[①]

5G 赋能高等教育最直接的方式就是以 VR/AR 技术带来虚拟现实结合的场景教学和沉浸式体验教学，打通课内外数据壁垒，实现

---

① 王晨婷：《5G 时代的教育之变》，2019 年 11 月 23 日，http://www.bbtnews.com.cn/2019/1123/326463.shtml，2021 年 7 月 31 日。

线上线下混合教学无缝对接，线上线下教育环境更加接近，朝"手段多元，平台丰富，服务优质、效果逼真"的方向发展。5G网络通过物联网和传感技术，实现学生间、学生与教师间及学生与仪器仪表终端间的有效交互，为课堂教学提供智能化环境，辅助教师调整教学结构和课堂运营手段；同时，更新传统的学习环境，强化学生独立思考和批判性思维，丰富和改进学生学习方式，助力学生实现移动学习、泛在学习、自主探究学习和深度学习进而推动学生学习和认知方式变革。

5G技术低时延、高带宽等优势，可以呈现实时增强的教室全息影像，改变平面化远程教育教学不足增强学生的实际感受。[①] 相比于传统模式的远程视频授课，5G支撑下的VR/AR全息远程教育，诸如远程多屏互动智慧教室等性能稳定输出的高清直播，跨越时空限制，大幅提升沉浸式课堂身临其境体验性、交互性的效果，实现远程教学的虚实交互，促进优质课程等教育资源的校区间、校与校之间共享；VR/AR等技术工具能够有效提供学生虚拟学习空间，实现虚拟学习环境中多场景应用的转换、师生虚拟交互的流畅性以及师生互动的实时性，[②] 加快促进全景课堂及开展沉浸式教学，为学生提供更好的学习体验。

5G技术宽传播通道与高传播速率将助力构建稳定的智慧教育环境，为跨越距离与时间隔阂的智慧校园与课堂信息化建设提供了更多的可能性。信息技术与课程教学在高校的深度融合，将在提供数字化与网络化学习的同时，助推高校构建现代化、信息化、智能

---

① 杨琴、蒋志辉、何向阳等：《"5G+智慧教育"视域下的教师支持服务模式构建与行动路径研究》，《远程教育杂志》2020年第1期。
② 杨琴、蒋志辉、何向阳等：《"5G+智慧教育"视域下的教师支持服务模式构建与行动路径研究》，《远程教育杂志》2020年第1期。

化的教育生态。①

3. 构建教育资源共享平台助推建设终身学习型社会

教育部《关于加强网络学习空间建设与应用的指导意见》强调，"要加快推进人人皆学、处处能学、时时可学的学习型社会建设"②。伴随5G全面普及应用，在线学习将打破时空限制，泛在学习将普遍实现，终身学习理念深入人心。高校联袂几大电信运营商所拥有的大数据、人工智能、云计算等前沿技术，将更好赋能高等教育信息化发展，加快建设学习型社会。其中，以学习者为中心的个性化学习将成为学习型社会的显著特征。个性化自主式学习平台将使学习者根据需求来获取相应影像学习数据、影像课堂数据，为学生定制包括知识图谱、自动课程智能推荐等个性化学习需求数据。移动式学习将支撑学生在远程线上课堂学习，实现学生自主和自适应学习的实现③，真正实现未来学习的新形态④。

5G携手人工智能助推发力教育资源共享平台建设，将实现教育教学服务精准高效的供给，解决教育发展不平衡问题。⑤ 5G时代，学习者根据自己实际需求、兴趣爱好及未来职业发展等进行自主学习、浸入式学习、深度学习。可以预见，学校将成为理论上的共同虚拟学习领域，有学习需求的人员均能通过系统开放接口开展

---

① 付道明：《5G+人工智能技术的勃兴及其对教育的影响》，《当代教育与文化》2020年第1期。
② 教育部：《关于加强网络学习空间建设与应用的指导意见》，2019年1月24日，http：//www.moe.gov.cn/srcsite/A16/s3342/201901/t20190124_367996.html，2021年7月31日。
③ 兰国帅、郭倩、魏家财等：《5G+智能技术：构筑"智能+"时代的智能教育新生态系统》，《远程教育杂志》2019年第3期。
④ 王晨婷：《5G时代的教育之变》，2019年11月23日，http：//www.bbtnews.com.cn/2019/1123/326463.shtml，2021年7月31日。
⑤ 杜玉波：《拥抱5G新技术助力高等教育新发展》，2019年11月24日，http：//www.hie.edu.cn/perspective_12580/20191124/t20191124_994318.shtml，2020年7月31日。

个性化学习。①

5G 独特的优势应用到自适应学习方面，将作为学习者实现个性化学习的起点，助力分析学生学习状况。例如，运用 AI 人脸识别技术与大数据分析技术，通过课堂高清摄像机捕捉和分析教学过程中教师与学生的行为举止、肢体语言、动作表情等数据，来解析学生的课程学习兴趣，进而通过分析学生课堂表现、参与状况、课堂行为方式、学习偏好、上课注意力、学科成绩等数据和认知水平，来构建个性化学习情境，② 提供符合学生预期的学习内容，激发学习动机和效能感，满足个性化学习需求。5G 支撑下，可以借助录播教室、在线课堂、远程在线师资培训以及教学能力提升工作坊等设施和资源，广泛应用于教师教学评估、学习及学校评测和科学管理学校教育教学过程环节。另外，借助 5G 技术实现高速汇聚和打破空间距离限制来传输优质教育信息数据，实现优质教育资源有效共享，从而解决优质教育资源供给不足问题，精准赋能高等教育的过程和质量的公平发展。

（二）5G 赋能高等教育发展面临的现实挑战

当传统面对现代，高等教育和外部历史都是不能彼此回避的。我们身处智能革命的浪潮中应以什么视角看待业已降临的高等教育变革？毫无疑问的是，随着 5G 的推广普及应用，不可避免地会给高校带来知识过载导致的碎片化，滋生信息技术之上的技术理性主义影响学校教育教学和学生身心健康等现实问题；同时，也会带来

---

① 卢文辉：《AI+5G 视域下智适应学习平台的内涵、功能与实现路径》，《远程教育杂志》2019 年第 3 期。

② 龙献忠、戴安妮：《人工智能+教育：我国高校人才培养改革的新契机》，《大学教育科学》2019 年第 4 期。

学生学习的个性化诉求与教师的信息化素养相对不足,① 信息技术滥用误用等一系列严峻的现实挑战。

1. 海量信息带来知识过载和碎片化

科技发展使知识垄断时代已成过往,便利获取知识的信息时代已经到来,但诸如学习浅层化、知识碎片化等问题也随之产生,② 尤其是5G背景下的海量信息进一步助长滋生知识泡沫,学生面临如此挑战,影响其批判性创新思维形成。

5G时代最有价值的莫过于面对海量信息时依然能够保持清醒的注意力。③ 避免因为海量信息导致的教育溢出和知识教育过载的关键,在于教育者帮助学习者判断信息真假虚实并区分其轻重缓急,进而将信息碎片整合构成客观认知的能力。④ 面对海量知识信息超载,要提升学习者自身信息识别、甄选与过滤能力。学习者应有机统合各种对立、交叉、重叠、包含、平行的观点,将关系错综复杂乃至互相矛盾的信息与知识碎片有效整合,进而使以学科知识为基础的"金字塔式"知识结构,构建成为以个人兴趣和需要为中心的"蛛网状"知识结构。

面对网络信息技术发展带来的"信息过载"和"知识碎片化"现实挑战,一方面,要求学习者应以"少而精"的深度学习来代替"多而浅"的碎片化学习和表层浅学习;另一方面,教育者应跳出自身对信息超载和碎片化知识的认识局限,引导学习者理性选择和辨别知识属性进而开展沉浸式深度学习,使零碎的知识碎片转化为

---

① 鲍俊逸:《未来的高等教育与高等教育的未来:基于技术理性与主体性的双重视角》,《江苏高教》2021年第2期。
② 李小平、孙清亮、张琳等:《5G的发展历程、特点及其对教育理论的延伸》,《现代教育技术》2019年第9期。
③ 赵兴龙、许林、李雅瑄:《5G之教育应用:内涵探解与场景创新》,《中国电化教育》2019年第4期。
④ 杨琴、蒋志辉、何向阳等:《"5G+智慧教育"视域下的教师支持服务模式构建与行动路径研究》,《远程教育杂志》2020年第1期。

学习者自身知识体系的有机组成部分，科学合理地建构学习者的知识体系。教师应不断提升自身能力水平和更新知识结构，遴选和甄别信息与知识，帮助学生重新建构与上述需要密切相关的个性化知识体系。①

2. 5G 技术滋生推崇"信息技术至上"的技术理性思维

5G 技术时代，学生处于万物互联全程实时智能监控的传感器环境下，处于"透明人"的状态，毫无个人隐私可言。因此，互联网＋教育在改进教师教学效率，助力学生更好地学习，带来移动学习、泛在式学习便利和改变学习方式的同时，也影响乃至威胁学生的身心健康发展。对青年大学生而言，网络信息和资源极易影响其身心健康发展，难免会诱发各种心理疾病和行为问题，导致学生群体的抵触心理和逃离性乃至破坏性行为。②学校和教师需要让学生充分认识到良好学习习惯和网络信息文化综合素养的重要性，创造一个符合学生身心发展特点的学习空间。教师在教育教学过程中积极发挥引导作用，重视加强与学生的交流沟通，构建多维立体的学生身心健康和教育引导支持系统，设计社会实践性、实地探知性等集体作业或活动，使学生走下网络走到现实生活中，培养学生的参与意识和集体归属感及对现实世界的客观感受，使学生摆脱网络空间的虚幻和孤独感，降低学生心理冲突和破坏性、失范性问题行为发生的概率。

客观而言，网络技术在高校教育教学和学生学习方面的作用，只是技术抓手或者媒介，无法替代教师教学过程中的育人功能。高校教育教学与网络通信技术应遵循"教育为主，技术为辅"的原

---

① 龙献忠、戴安妮：《人工智能＋教育：我国高校人才培养改革的新契机》，《大学教育科学》2019 年第 4 期。

② 袁磊、张艳丽、罗刚：《5G 时代的教育场景要素变革与应对之策》，《远程教育杂志》2019 年第 3 期。

则，共同提升师生信息化素养，正确使用网络信息技术，做身心健康的教育者和学习者。教育教学过程中，一定要提防教师在教育教学过程中过于推崇网络信息技术手段至上的工具理性主义，而忽视对教师专业发展及学生身心发展的影响，从而沦为知识传递工具或现代教育信息技术支配下的"木偶"①，应注意切实保护教师和学生的隐私，尊重教师的知识产权和学生人格养成。

3. 5G 技术时代技术滥用误用现象层出不穷

在促进和推动教育发展的同时，5G 无疑也是一把"双刃剑"，教育领域的技术滥用、误用等现象值得高度警惕和提防。譬如，个别学校打着科学管理的旗号，在教学区和生活区设置全覆盖摄像监控、课堂表情监控，这些举措都严重侵害了学习者的隐私和尊严。用现代信息技术粗暴地控制和约束学生的类似行为，不仅完全违背了科技发展的初衷，更反映出教育治理水平和能力的低下，充分暴露出信息技术时代教育管理者的教育信息技术素养的严重缺失。这种借"信息技术推进教育教学改革"之名的技术误用、滥用，绝不是未来教育的发展方向。无论何种技术手段，若只为了服务应试教育而危害学习者的身心健康，即使披上诸如现代教育管理或封闭式、规范化、半军事化管理等华丽无比的外衣，其价值和意义都值得批判。

目前，社会各界和各行各业普遍对 5G 寄予了很高的期望，5G 联袂人工智能，一定程度上能帮助学习者完成信息检索和整理，数据分类及统计分析，创建和修正基础模型，学生的学习内容更加聚焦于解决复杂问题以及未知领域的想象与创造。然而，5G 在高等教育领域全面铺开尚需时日，尤其是 5G 并不能消除教育教学过程中师生交流互动的隔阂感，更无法使一个教师同时给多所学校上课

---

① 王湘穗：《三居其一：未来世界的中国定位》，长江文艺出版社 2017 年版，第 22 页。

且满足课堂互动性的要求。这不仅需要加大投入网络带宽和基站等硬件建设力度，更需要学校领导和教师群体在思维、理念及多项技术软件等方面共同推动教育和学习方式的变化。

三 5G赋能高等教育发展的现实路径选择：构建高等教育新型共同体

5G技术精准赋能高等教育优质高效的发展与改革，需要从学校治理、教师教学、学生学习等维度共同发力，注重师生间双向平等交流沟通互动，强调学生学习发挥主观能动性，加快构建符合5G技术要求的学校、教师和学生"三位一体"交互联动，稳固支撑，共同发展高等教育新型学习共同体，客观上要求高校打造出现代化学习与管理平台来构建完善丰富的教育生态系统，使高校向着更具交互性的智能化"室联网"① 方向发展转变。

（一）加快推进信息化、智能化、现代化为特征的学校共同体

以5G技术、物联网、AI、云计算等为代表的现代信息科技的快速飞跃发展，向高校内部治理、教育教学和人才培养提出了一系列现实挑战。随着高等教育进入普及化阶段，切实提升高等教育治理能力和水平现代化，已经成为高校认真贯彻党中央提出的"四个全面"战略布局的迫切要求。学校共同体必然应是一个民主共同体，具体而言，学校的教学、管理等活动当以民主、平等作为其价

---

① 赵兴龙、许林、李雅瑄：《5G之教育应用：内涵探解与场景创新》，《中国电化教育》2019年第4期。

值追求，在此前提下，来开展民主教学、民主管理、民主自治，构建民主的师生关系、同事关系，营造民主的学习、生活和工作氛围，使学校真正成为广大师生民主参与的共同体，也在民主参与中培养师生员工的民主意识和公共精神。① 5G 支撑下，高校要充分利用教育大数据教育资源获取便利、实时，分享快捷等特点，用教育大数据作为支撑来完善内部治理能力体系，转变教育教学模式和形态，需要遵循公民共同体的特点来构建起积极回应信息技术社会发展需要的学校共同体。②

首先，5G 技术环境下，高校内部治理体系和治理模式将迎来深刻变革，信息化、智能化等指标将成为未来大学内部治理强调的方面。客观而言，学校作为一个共同体，是一个人员数量和范围都有限的共同体，因此，学校传统意义上的软硬件条件，③ 在很大程度上限制甚至阻碍了利益相关者集团各组成成员共同和民主参与学校治理。在 5G 技术支撑下，高校党政领导等管理者、教师和学生可以最大程度上实现全员民主参与治理。建设学校共同体必须最大限度地提高学校成员参与治理范围的广度、参与治理程度的深度④，让学校全部成员都能有更多的机会参与学校大大小小公共事务的决策和行动，真正行使主人的权利。具体而言，通过提供人与人之间、人机间、机机间交互通信，支持校园移动网络和包括教学楼、实验室、图书馆、办公楼、餐厅、运动场馆、宿舍等楼宇场馆等在内的物联网覆盖应用，适应高校教育教学、科学研究、后勤保障、行政服务、学生事务等不同场景多样化需求。

其次，随着 5G 的普及应用，高校最直接的变化无疑是学习环

---

① 冯建军：《公共生活中学校共同体的建构》，《高等教育研究》2021 年第 1 期。
② 冯建军：《公共生活中学校共同体的建构》，《高等教育研究》2021 年第 1 期。
③ 冯建军：《公共生活中学校共同体的建构》，《高等教育研究》2021 年第 1 期。
④ 冯建军：《公共生活中学校共同体的建构》，《高等教育研究》2021 年第 1 期。

境、教室形态的变化。5G联合大数据、人工智能和云计算等技术,将打通学校内部各院系、学校与学校、学校与社会教育机构、学校与家庭的壁垒,构建一套新的教育生态系统和面向未来的教育模式。① 未来大学校园将变成以信息化、智能化、现代化为特征的学习中心和创新基地,传统意义上的大学校园将成为所在社区民众学习咨询中心或资源存储中心,承担整个社区的学习安排和服务工作。

再次,从盘活校内教育资源和增加智能化教育资源利用率角度考虑,高校将变成一种全新的学习空间,教室和学校像一个个交通枢纽,实现接纳、引导、汇聚和疏通,大幅提升学生的学习速度与效率。建筑楼宇、教室的空间、温度、质感、装饰都会根据学生需要和学科专业和学习科目特点进行个性化设定。可以依照建筑信息化管理(BIM)和校园物联网建设的要求,改造现有的楼宇场馆和教室,教室墙壁将被虚拟显示屏取代,旨在营造不同的学科知识体系氛围便于让学生迅速进入到相关情境中去。

在此基础上,可以借助5G技术环境下的物联网,按不同功能分区实施"学科教室制"或"学科功能化楼宇",学生按照个人兴趣安排学习计划,自主选修科目并选择教室或学科功能化的楼宇场馆进行学习,而授课教师则相对固定在自己讲授科目的教室或楼宇场馆。这一点类似于国内一些省市施行的"走班制"。需要注意和警惕的是,这一制度存在诸如师生关系疏离、交流成本增大等风险,甚至5G技术的全面普及可能会加剧这些问题,应强化教师指导学生建构科学合理的知识体系,引导教师主动联系和加强对学生的关怀,强调营造团结共赢共生共同发展的班级文化加以有效预防

---

① 吕珍、赵永勤、张育菡:《课堂学习共同体:概念、价值及建构路径》,《中国成人教育》2020年第5期。

和科学规避。

（二）构建线上线下教育相结合、虚拟现实相结合的高校教学共同体

客观而言，包括5G技术在内的新技术的发展和普及应用，无不需要经过思想认识的接纳过程。目前，不少的高校依然停留在传统教育教学模式的层面，包括网络在线教学、深度学习、泛在学习及移动学习和智慧校园这些概念在大多数高校教师心中依然是一种新鲜事物。"科学技术是一种强有力的工具，怎样用它，究竟是给人带来幸福还是带来灾难，取决于人而不取决于工具。"[①] 但科学技术不会自动改造大学，高等教育的改造与再造需要包含制度创新和意识创新在内的技术理性赋能，而这个过程是"数字化大学的数字化社会环境下"[②] 大学对于科学技术环境从自发到自觉的适应过程。

众所周知，传统意义上的"教学"包含两层内在含义，即教师的"教导"（teaching）和学生的"学习"（learning），这其中蕴含了最为朴素和原始的教学共同体的概念。即由教师（群体）和学生（群体）共同构成的学习型组织机构，并且为了保障其正常运行，还需要建立起一定的组织纪律和管理规范，教师和学生之间的角色关系，具体的教学活动实施场所以及教学实施方式、方法、手段和载体，通过对话交流的形式来具体实施，[③] 并且会对实施效果进行检验和反馈。从中国古代的庠序私塾和古希腊时期的阿卡德米学

[①] 许良英、赵中立、张宣三编译：《爱因斯坦文集（增补本）》第3卷，商务印书馆2009年版，第69页。

[②] 鲍俊逸：《未来的高等教育与高等教育的未来：基于技术理性与主体性的双重视角》，《江苏高教》2021年第2期。

[③] 鲍俊逸：《未来的高等教育与高等教育的未来：基于技术理性与主体性的双重视角》，《江苏高教》2021年第2期。

园，到后来唐宋时期兴起的书院和中世纪大学，一直延续到今天信息化社会的现代大学，教学共同体一直在发展和延续并且不断传承和发扬光大，并且被赋予了更加丰富的时代内涵。

5G 技术背景下，高校教学将会依靠智慧教室，开展更加立体逼真的讲授，譬如讲授核电站工作原理的核裂变过程，借助虚拟现实技术可以走进核电站的任何一个部位去感受核裂变的威力。直播间将成为未来教室新形态，而博物馆、运动馆、社区、山地、草原、沙滩等也将成为教学场景新形态。目前，虚拟现实技术在高校教育的应用的局限性包括虚拟现实视频资源不足、难以留下学习记录、技术有待普及、掌握难度较高等，[①]对教学中的特殊内容，传统的真实性探究实验因实验场所、材料等原因难以开展。然而，随着 5G 通信和虚拟现实技术的发展，自主学习理论和认知负荷理论等为虚拟现实技术在教育上的应用提供了理论基础。[②]基于虚拟现实技术的沉浸式学习模式开始进入高等教育领域。虚拟现实技术能创建出诸如恐龙时代、人类起源等不复存在的情境，极地、深海、宇宙太空等常人难以到达的情境，海啸、地震、火山喷发等难以模拟表述的情境，细胞结构、分子原子、生物器官构造等难以观测的情境。[③]虚拟实验中的实验装置与实验环境能够打破真实实验的局限性，根据教师的教学目的进行灵活的调整以及开放性的搭配。

5G 将构建全新的教学平台支持 4K、8K 超高清视频迅速传输，实现智能化教育。[④]高校应着手加快相关 VR 资源库的建设，思考

[①] 宋萑：《教师专业共同体研究》，北京师范大学出版社 2015 年版，第 43—57 页。
[②] 赵慧臣、张华、文洁：《信息技术教学深度融合中技术使用问题的哲学分析》，《现代教育管理》2014 年第 12 期。
[③] 翟雪松、孙玉琏、陈文莉：《5G 融合的教育应用、挑战与反思》，《开放教育研究》2019 年第 6 期。
[④] 逄红梅、邱爱莲：《人本管理：高校信息化发展的新认识》，《现代教育管理》2017 年第 10 期。

VR 技术及其他信息化手段和工具的结合,以实现虚拟教学和实体课堂教学的真正融合,指导学生开展深度探究性学习,从而提高课堂学习的效率。众所周知,教学并非教师单方面把知识机械地传递给学生,而是学生根据自己所储备的前期知识基础,对教师所提供的外部知识信息资源进行主动筛选和甄别,从而进一步加工和调整自己内在的知识结构,建构新的知识理论模块的过程。因此,从这个意义上来讲,教学本应是师生共同学习成长的过程,因此我们必须尊重学生原有的知识背景和学习的主体参与性,把学生真正"视为学生"①。在 5G 技术支撑的教育信息化背景下,尽管 VR/AR 技术能帮助学生身临其境,但课堂内外教师作用丝毫不能忽视,教师应以谦逊、自愿、开放的心态,给学生鼓励、倾听、用眼神交互、亲手指导,不规避问题,真正引领和启发学生提问,而不仅仅是传授知识。②

  5G 技术丰富了教学资源形式并加快了教学资源的传播。丰富多元的教学资源拓展了教学深度和广度,利于师生信息提取能力和分析能力的培养与提高。5G 技术支撑下的智慧教学系统,除了实现课程音视频录制、直播、教学互动等功能之外,通过教室中的摄像头收集视频并将其上传至 MEC 边缘云,部署在边缘云的人工智能服务器对视频数据进行分析。③ 虚拟助手进行个性化学习,驱动评估为教师和学生提供有关学生如何学习、学生所需支持及学生学习进展的持续反馈,用于增强人工智能驱动的学习分析,成为推动

---

① 李志河、潘霞:《新时代高校教学学术共同体的蕴意与构建》,《现代远程教育研究》2020 年第 6 期。
② 王晨婷:《5G 时代的教育之变》,2019 年 11 月 23 日,http://www.bbtnews.com.cn/2019/1123/326463.shtml,2021 年 7 月 31 日。
③ 兰国帅、郭倩、魏家财等:《5G+智能技术:构筑"智能+"时代的智能教育新生态系统》,《远程教育杂志》2019 年第 3 期。

高校教学改革的重要工具。①

5G时代，教师的身份与角色，将从传统意义上的单向知识输出和课堂教育教学的主导转变为引导启发和共同探究共同参与到学生的知识建构过程中，成为学生学习的引领者、同伴者、见证者和推动者，让学生在交互模式中进行自主协同学习和创造性学习。教师可以摆脱时间和空间的局限，及时预测和发现、解决学生学习过程中遇到的共性和个性问题。教育者需要新建构主义教学法，在课堂上引领学生开展以分享、协作、探究为特征的学习活动，②更注重学生的潜在需求，为学生开辟开放式的学习空间，可以为学生学习提供流畅、便利与全面性的知识获取和遴选过程。这种过程融入了各个方面的知识使课程学习内容更加丰富。③改变了长期以来的教学和学习形态，允许学生按所选科目实现学习空间的自主流动，进行相应学习科目和进度的个性化自主学习。

（三）构建自主探究、深度迁移学习的高校学习共同体

5G时代高校学生的学习形态将发生深刻变化④，不再一味强调搬运和继承知识，而是更加注重知识创新，强调创新胜于传承⑤。

---

① 杨彦军、饶菲菲、阿依努尔：《基于整体设计方法的整合型STEM教育项目设计研究》，《开放教育研究》2019年第1期。

② 方佳明、史志慧、刘璐：《基于5G技术的在线教育平台学习者迁移行为影响机制》，《现代远程教育研究》2019年第6期。

③ 尹达：《"互联网+"时代课堂信息生态场运行质态选择》，《现代教育管理》2016年第2期。

④ 张海生、范颖：《"互联网+教育"时代的学习新形态：主要类型、共性特征与有效实现》，《中国远程教育》2018年第10期。

⑤ 李小平、孙清亮、张琳等：《5G的发展历程、特点及其对教育理论的延伸》，《现代教育技术》2019年第9期。

高等教育最大特征在于学习者借助机器终端识别和记忆相关知识信息①，学习环境更加宽松，强调学生开展自主深度学习、泛在学习、移动学习和个性化学习。学习者将由"学习知识"向"运用知识"和"创造知识"转变，面对丰富海量的网络资源，学习者面临的不再仅是学习知识的内涵，而变为思考知识能够创造什么效用，如何创新与发展知识使其服务人们需要。②学习共同体的构建，一方面在于教师的教学内容选择和组织应适当走在受教育者的"最近发展区"前面，利用现代化的教育信息技术软硬件设施来创造参与式课堂教学环境和场域；另一方面要求学生们开展主动学习和深度学习，在教师的指导和建议下，实现知识体系的自我建构。③最终形成教师的教学和学生的积极参与共同互动的学习场景，师生双方在共同参与、互为主导的参与式学习状态中，有效地实现知识的再生，情感的互动交融，建构起互惠性学习的纽带桥梁。④

情景认知理论认为，学生主动体验和主动构建知识需要特定情境的支持，而沉浸式虚拟现实技术提供了多维立体场景，调动学生视、听、触觉各个感官，其他媒体和教学环境无法相比拟。采用虚拟现实和增强现实技术及人工智能技术可以实现沉浸式、体验式、远程互动等多种教学任务。⑤沉浸式虚拟现实技术将抽象化为形象，帮助学生多视角观察事物、分析事物，让学生全面了解知识点、解

---

① 兰国帅、郭倩、魏家财等：《5G+智能技术：构筑"智能+"时代的智能教育新生态系统》，《远程教育杂志》2019年第3期。
② 兰国帅、郭倩、魏家财等：《5G+智能技术：构筑"智能+"时代的智能教育新生态系统》，《远程教育杂志》2019年第3期。
③ 李志河、潘霞：《新时代高校教学学术共同体的蕴意与构建》，《现代远程教育研究》2020年第6期。
④ 李志河、潘霞：《新时代高校教学学术共同体的蕴意与构建》，《现代远程教育研究》2020年第6期。
⑤ 储常连、莫灿灿：《"互联网+"时代高等教育的创新发展与未来走向》，《重庆高教研究》2017年第4期。

决知识难点。基于这种理论前提，高校以学生为中心改革的出发点就是积极创新教育模式，超越简单传承和机械记忆知识。灵活的资源能够有效促进学习的学习效果，支持辅助性的学习，在保证基本知识掌握的前提下，极大促进学习的效率，提高资源的有效性。

5G时代探究式虚拟实验将成为沉浸式学习的重要组成部分，大学的课堂资源将变得更加虚拟化和智能化。虚拟现实教学的体验设备和课程内容的交互结合，提供生动有趣的学习体验，提高学生学习的主动性，打破传统的授课空间和时间，发挥学生的主观能动性，做到因材施教与自我成长。5G技术支撑下，学生的学习将更具有自主性，便利的学习环境与丰富的技术支持，促使学生从自身特点与学习需求方面选择适合自己的学习方式、资源及路径。5G构建的虚拟学习环境将促进教师与学生、学生与学生形成更多高效、优质学习共同体。[1]

5G技术能够改善学习过程中的信息传达帮助学生获得自身学习的评价结果、调整学习方向、多元大数据的运算、情感计算以及行为分析提供学生全方位的测评结果，完成形成性和发展性学习评价，[2] 使学生角色从单纯的学习者变成知识的学习者、提供者与创造者。

结　语

瞻望5G技术全面推广普及背景下的现代网络信息技术发展，

---

[1] 张海生、范颖：《"互联网+教育"时代的学习新形态：主要类型、共性特征与有效实现》，《中国远程教育》2018年第10期。

[2] 王胜远、王运武：《5G+教育：内涵、关键特征与传播模型》，《重庆高教研究》2020年第2期。

必将从全方位、多维度来赋能高等教育事业的发展与改革，掀起高等教育领域办学思想和办学理念，教育教学模式以及人才培养观念，学习方式以及时空场域等方面的深层次变革。对于提升和完善大学内部治理体系和治理能现代化水平，对于提升高校教师的信息化素养，改进课堂教育教学方式，培养学生自主性、探究性、创造性和批判性学习能力无疑具有不可替代的重要意义。未来的技术变革及其对教育的影响是多方面的，5G技术作为其中的一支重要力量，在推动高等教育教学和人才培养理念上尚未能形成颠覆性的深层次变革。因此，其对教育变革的影响需要与其他先进技术展开深层次的协同才能更好地发挥出最佳效用。

为了有效推进高等教育现代化和信息化进程，急需思考未来高校教育教学和人才培养模式变革趋势，科学预测并有效防范5G给高等教育可能带来的技术风险和严峻挑战。在以5G技术为代表的现代信息技术广泛而深刻地影响社会发展与变革的背景下，迫切需要高校紧紧抓住5G网络信息技术发展的契机，紧密结合高等教育发展与改革的内在实际要求，积极回应社会对于改进高校教育教学方式、人才培养方式和知识结构要求，扬长避短，趋利避害，将一系列严峻挑战转化为助推发展的难得时代机遇。

与此同时，也更加需要高校敏感地捕捉和跟踪乃至引领未来技术变革的趋势走向，主动创新教育教学和人才培养模式改革路径，构建既符合技术发展和受教育者身心健康协调发展内在要求的现代教学模式，又能让教师充分发挥教育者群体立德树人和教书育人的主体责任。让5G更好地服务于教育理念更新和创新人才培养，赋能和助推高等教育持续健康发展，推进教育信息化

2.0 和中国高等教育治理现代化进程,① 从而实现中国高等教育从大众化阶段向普及化阶段的平稳过渡,实现高等教育又好又快地健康持续发展。

---

① 储常连、莫灿灿:《"互联网+"时代高等教育的创新发展与未来走向》,《重庆高教研究》2017年第4期。

数字文明与文学的功能性转向[*]

吴长青[**]

电（数）子文学概念直接来源于互联网技术生成的所谓赛博空间、超文本、超链接等概述性描述。1994年，中国获准加入世界互联网并在同年5月完成全部联网工作。据赵小雷考证，早在1994年，钟志清就向国内介绍了"电脑文学"的"超文本"特征[①]，而较早将其运用到中国网络文学研究中的是黄鸣奋和欧阳友权等人[②]，他们突出"超文本"的复杂性、非线性特征，[③] 强调其"是一个文本从单一文本走向复杂文本、从静态文本走向动态文本的新形态"[④]。后来，"超文本"成为中国网络文学研究的重要概念。[⑤] 随着网络文学论文的大量生产，"超文本"这个概念则成为早期网络

---

[*] 本文系国家社会科学基金重大项目"中国网络文学评价体系建构研究"（批准文号：18ZDA283）阶段性成果。
[**] 吴长青，安徽大学网络文学研究中心特聘研究员。
[①] 钟志清：《新兴的"电脑小说"》，《外国文学动态》1994年第2期。
[②] 早期使用"超文本"概念的研究成果主要有黄鸣奋的《超文本诗学》（厦门大学出版社2002年版）、欧阳友权的《网络文学论纲》（人民文学出版社2003年版）、姜英的《网络文学的价值》（博士学位论文，四川大学，2003年）等。
[③] "非线性"指"非顺序地访问信息的方法"。参见黄鸣奋《超文本诗学》，厦门大学出版社2002年版，第13—14页。
[④] 欧阳友权：《网络文学本体研究》，博士学位论文，四川大学，2004年。
[⑤] 钟志清：《新兴的"电脑小说"》，《外国文学动态》1994年第2期。

文学研究的核心关键词。

但是，随着中国互联网技术的发展，特别是以数字为代表的网络文学（艺）走出了一条独特的路径。既不是西方传统的数码文学，也不是仅仅传统意义上的印刷文字的网络化，而是寄居在网络页面上的原生的文学世界。

一　文学媒介场

20世纪80年代以来自由开放的社会环境解放了被压抑的个人情感，同时也成为情感娱乐的生产力。文化产业在90年代开始向基层大众敞开了怀抱，尤其是媒介主动走向人民大众，又推动了人的个性的张扬，文学功能由80年代的苦难倾诉向探寻个体化价值转向，随着文学功能的升级，其实用性和功利化趋强，媒介的工具化倾向也越来越明显。

首先是媒介变革推动了发表渠道的分化。由于特殊的出版制度，早期的互联网上的文学创作主要集中在对严肃文学（精英文学）的模仿上。尽管很多作者明白发在互联网上的文字比起铅字要逊色得多，但至少满足了发表的欲望，随着互联网的影响力越来越强，文学期刊和出版社编辑会到网络上选稿。其中畅销书出版模式同样适合文学类出版，因此也催生了早期网络上的文学与出版社合作的商业模式不需要时间的磨合，合理地成为纸媒出版的延伸。但是出版社在选题上首先考虑的是发行码洋，本质上仍旧是编辑选稿制。笔者早年是"左岸文化"网站的作者，之后又是《芳草》（网络文学选刊）的随刊作品点评小组创始人，曾关注过这个现象。

据笔者不完全统计，目前国内尚有包括左岸文化、榕树下、起点中文网、天涯社区、小说网等中文原创网站70多家，其中还不包括各级作协文联及各大期刊杂志社的读者互动社区和个人博客创作。在这当中《钟山》杂志社于 2006 年初开设了网上社区，作为遴选稿件的第二载体，2007 年包括《红豆》《黄河文学》《西湖》等文学期刊纷纷与左岸文化网站联手协作，作为遴选稿件的平台。武汉市文联从 2005 年初将《芳草》改版为网络文学选刊，成为内地第一本经新闻出版部门批准的纸质化下网文学。①

传统期刊向网络抛出橄榄枝主要出于自身的拓展需要，网络上的选稿并没能改变期刊围绕作家转的卖方市场的根本格局，即使像《芳草》（网络文学选刊）也没有真正实现能够重振纸媒的可能。但不可否认的是，像笔者这样的一批在网络上写稿的年轻写手通过这个渠道，将网上作品走向纸媒，实现了传统作家的梦想。

2005 年 3 月 7 日，上海盛大网络发展有限公司向旗下全资子公司——上海玄霆娱乐信息科技有限公司增加 1 亿元注册资本。玄霆主要运营起点中文网网站。这是继 2004 年 10 月，盛大网络全资收购起点网以来，第三次向其增加投资，同时也是规模最大的一次。这意味着起点中文网已经完全作为商业网站，而且早在 2003 年就完成了 VIP 付费阅读，形成了完整的商业闭环。批量作品生产已经成为一种现象级的景观，与传统期刊渐行渐远。

其次，网络写手与传统作家身份的分化。在网站未实现付费阅读前，作者发在互联网上稿件只解决了稿件的发表问题，而其他诸如稿酬以及身份焦虑等问题都无法解决。这也是早期网络上的一种写作、发表模式，即严肃文学的网络化。这一类作者以受过良好文学训练的文学爱好者为主。而这类作者大多以中短篇作品为主。榕树下网站聚集着不少这样的作者。主要类型还是以传统武侠、言情

---

① 参见拙文《网络文学佳作产生的机制性转变》，《滁州职业技术学院学报》2007 年第 4 期。

为主。写作者不担心发表在网络上的作品被人对号入座,由于早期版权管理的滞后,网络上也出现大量拼贴的文字。因此,大量网站迅速成为上不了期刊、进不了出版社的文字作品的集散地。

即使像左岸文化这样背靠着知名大刊的稿源地的文学网站,满足的也只能是有可能被推荐上或被选上的可能,随着作者的发表欲望减弱之后,发表的热情也渐渐冷落,这也是早期纯文学网站无法生存下去的根本原因。

起点文学网站的商业突围使得为数不少的网络写手迅速成为写作暴发户,但是这并没有消除他们被歧视和被误读的处境。很多网络写手都不敢告诉家人自己真实从事的写作职业。因为那时候没有人相信网络文学是一种可以赖以生存的职业。

据笔者的文献记载,北京文联研究部于2001年6月在天津举办了"网络批评、媒体批评与主流批评"研讨会。此次会议上把网络批评从媒体批评中剥离出来,正式提出了所谓的"三种批评三分天下"("网络批评""媒体批评"和"主流批评")的命题。[①]此举一方面尊重"网络批评"作为一种客观存在;而另一方面强化了"网络批评"的非主流化色彩,同时也迁移到网络写作者身份的非主流化。网络写手的身份焦虑一直伴随网络文学发展整个进程中。

再次,促进文体的分化。早期的网络文学文体主要有三种类型:期刊作者的严肃文学、模仿港台作者的通俗文学以及网络幻想类文学。期刊作者的严肃文学随着一部分的下网上刊和转行其他文化娱乐产业,加之网站经营难以为继,这类私人网站规模越来越小,渐渐成为文学爱好者自娱自乐的文化空间;模仿港台作者的通

---

① 吴长青:《网络文学佳作产生的机制性转变》,《滁州职业技术学院学报》2007年第4期。

俗文学以论坛为主，盗版居多，随着网络文学类型文学的成型最后会合到幻想类文学那里，同时分化出女频文来。

一般认为，网络幻想类文学的发展过程中，其起源、创作内容主要受到以下三个方面的影响。一是日本幻想类作品，包括轻小说、漫画、动漫、游戏、电影等。二是本土武侠、幻想类作品，包括台湾的小说、动漫、游戏等，香港的小说、漫画、电影等，大陆的科幻小说、童话等。三是西方幻想类作品，包括魔幻和科幻的小说，好莱坞大片、美剧等。

从小说内容来看，在这十年里，以黄易大师为源头的玄幻类作品成为主流，广泛吸收各类娱乐作品的娱乐元素，从日漫到好莱坞电影，都成了网络小说的营养来源，融合本土特色，小说形式高度类型化，创作门槛低龄化，小说内容千变万化。幻想类小说逐渐成为网络小说的绝对主角，读者剧增，白文横行，得小白者得天下成为共识，升级、升级再升级成为主流幻想类小说的黄金法则。虽然非幻想类时不时也会诞生一些经典作品，但从规模上来说已经没法和幻想类作品相抗衡了，同时，幻想类作品的写作类型和写作方式都发生了重大改变，网络幻想文学高度类型化，以升级作为小说黄金法则，小说的长度从几十万字变成几百万字。[①]

最后，男频文和女频文的分化。这是一个值得讨论的现象，中国网络文学在发展过程中分化出两种不同的创作主体和阅读主体。毫无疑问的是，男女频文在类型、风格以及精神气质上形成了各自的独立性，俨然分化成为网络文学界两大阵营。同时诞生出各自的代表作家和代表作。当然，这种分化是相对的，不是绝对的，意味着女频不一定是女性创作者的专利，也不意味着男频就是男性阅读

---

① 李强：《为什么网文界认为黄易是网络小说的鼻祖》，《文艺报》2020年11月30日第3版。

的专利,有时相互交叉。

总之,以上四种分化都是在媒介场域中出现的现象,因此,媒介场域成为这种分化的始作俑者,如果这样理解,是否过度强调了媒介的作用?

二 网络文学的文本迭代

互联网的出现不仅是作为一种技术形态,同时它还被理解为一种劳动工具,正是在这双重意义上,前者是作为一种生产力的解放,势必需要一种匹配的生产关系。作为大工业生产的代表——机器,带来的不仅是生产效率的提高,更主要的是新的生产关系的建立。

一是网络文学生产是一种商品生产行为,遵循商品生产规律。互联网写作作为脱胎于娱乐生产力背景下的消遣文学,其生产模式建立在工业化大生产基础上的,既不同于个体作坊,也不同于行会工场,是一种成熟的机器(电脑码字)生产。

马克思在《哲学的贫困 答蒲鲁东先生的〈贫困的哲学〉》中指出:"工具积聚发展了,分工也随之发展,并且反过来也一样。正因为这样,机械方面的每一次重大发展都使分工加剧,而每一次分工的加剧也同样引起机械方面的新发明。"[1] 这同样适合网络文学和网络文学的生产,互联网产业作为一种文化娱乐工业齐备了马克思的判断。这也为网络文学作为一种新的职业铺平了道路。

---

[1] [德] 马克思、恩格斯:《政治经济学的形而上学》,载《马克思恩格斯文集》第1卷,人民出版社2009年版,第626—627页。

作为文化娱乐工业，主要是内容的消费、交换、生产和流通，体现了马克思劳动价值论意义上商品经济中的具体劳动。因此，它同样也是创造剩余价值的一般商品。后来本雅明在《作为生产者的作家》[①]中直接将其归纳为艺术"生产关系"，艺术家成为"生产者"，艺术品就是"商品"，艺术创作技巧就是"艺术生命力"，网络文学是文学网站作为生产组织单位，与网络作者以合约的方式签订的一种劳动雇佣关系。对于资方的文学网站希望在大工业背景下源源不断生产出文化产品——网络类型小说，以满足市场（读者阅读欲）的需求，从而形成生产、交换、消费、流通的闭环链条。

二是文学类型是社会思潮的缩影。在勒内·韦勒克和奥斯汀·沃伦合著的《文学理论》中专门提到文学类型，"我们认为文学类型应视为一种对文学作品的分类编组，在理论上，这种编组是建立在两个根据之上的：一个是外在形式（如特殊的格律或结构等），一个是内在形式（如态度、情调、目的以及较为粗糙的题材和读者观众范围等）。外表上根据可以是这一个也可以是另外一个（比如内在形式是'田园诗的'和'讽刺的'，外在形式是二音步的和品达体颂歌式的）；但关键性的问题是接着去找寻'另外一个'根据，以便从外在与内在两个方面确定文学类型"[②]。这是对于整体性的文学而言，并没有像卢卡奇和钱穆那样将消遣文学排除在外。但有一点是共通的，就是卢卡奇后期对自己《小说理论》的全面批判和反思，钱穆在纯文学之外将消遣文学也按照金圣叹的"六才子书"找到了经典作品的评判的规律。基本上也是一个历史的过程。

[①] Walter Benjamin, *Versuch über Brecht*, Frankfurt a. M., 1966.
[②] ［美］勒内·韦勒克、［美］奥斯汀·沃伦：《文学理论》，刘象愚、邢培明等译，江苏教育出版社 2005 年版。

亦即马克思思想中的"历史合力"①的结果。马克思把这种合力归结为"使广大群众、使整个整个的民族，并且在每一民族中间又是使整个整个阶级行动起来的动机；而且也不是短暂的爆发和转瞬即逝的火光，而是持久的、引起重大历史变迁的行动"②。这意味着历史同样建立在每一个人的历史基础上又不是孤立的、抽象的历史。文学作为一种意识形态，势必是这样的整体的反映。

近代文体家张世禄认为近代以来文艺研究中有两个弊端，他说："其一，每个重于文艺之体制形式，所谓定言不定言，骈体与散体等言之甚详；而于其内容之变迁如何，其受于时代思潮之影响者如何，其关于文艺本身外之事实如何，则罕有论及。此则不为统体观察之过也。其二，诸述文艺史者，大都仅罗列文学家作品与身世，以贯各代史料而已；至于相互间更嬗交替之关系，与受于时代变化之原因等等，则略而不讲，此则缺乏历史方法之过也。"③ 第一点指出内容变迁受社会思潮的影响不足，对社会缺乏研究；第二点不足则是指出相互更迭与时代的关系。亦即马克思在回答"历史合力"时的追问，"因此，问题也在于，这许多单个的人所预期的是什么。愿望是由激情或思虑来决定的。而直接决定激情或思虑的杠杆是各式各样的。有的可能是外界的事物，有的可能是精神方面的动机，如功名心、'对真理和正义的热忱'、个人的憎恶，或者甚至

---

① 马克思认为，"历史事件似乎总的说来同样是由偶然性支配着的。但是，在表面上是偶然性在起作用的地方，这种偶然性始终是受内部的隐蔽着的规律支配的，而问题只是在于发现这些规律。无论历史的结局如何，人们总是通过每一个人追求他自己的、自觉预期的目的来创造他们的历史，而这许多按不同方向活动的愿望及其对外部世界的各种各样作用的合力，就是历史"。引自〔德〕马克思、恩格斯：《路德维希·费尔巴哈和德国古典哲学的终结》，载《马克思恩格斯文集》第4卷，人民出版社2009年版，第302页。

② 〔德〕马克思、恩格斯：《路德维希·费尔巴哈和德国古典哲学的终结》，载《马克思恩格斯文集》第4卷，人民出版社2009年版，第304页。

③ 张世禄：《中国文艺变迁论自序》，载许嘉璐主编《中国文艺变迁论》，山西人民出版社2014年版，第1页。

是各种纯粹个人的怪想。但是，一方面，我们已经看到，在历史上活动的许多单个愿望在大多数场合下所得到的完全不是预期的结果，往往是恰恰相反的结果，因而它们的动机对全部结果来说同样地只有从属的意义。另一方面，又产生了一个新的问题：在这些动机背后隐藏着的又是什么样的动力？在行动者的头脑中以这些动机的形式出现的历史原因又是什么？"①从马克思这里我们仿佛找到了一种路径如何从个人的历史层面抵达更为宏大的层面，而文艺史恰恰可以提供这样的视角。

三是类型的形式与类型的形成是互塑的。无论是消遣文学还是严肃文学，文学类型本身就是一个带"量"的范畴，根据勒内·韦勒克和奥斯汀·沃伦在他们合著的《文学理论》中考证，19 世纪文学类型出现了较大的转型，那时候讨论文学类型的著作也很少。但是有一个现象特别显著，就是文学作品的读者人数激增，也产生了更多的文学类型；这些类型通过廉价出版物迅速传播，往往也比较短命，或者更为迅速地转变为另外的类型。同时都遇到了分期的困难，文学流行样式也迅速变换，每十年就出现一个新的文学时期，而不是五十年。类型更迭的速度与廉价出版物的传播之间的关系恰好证明了我们今天网络文学内部类型变换的一种动力。

对于 19 世纪和 19 世纪之前的变换速度的差异，直接来自现代性的产物，现代印刷业的推动，提升了单位阅读量的频率，以及大众对于新兴事物的接受，共同塑造了类型的内在形式，反过来影响外在形式。甚至这个原理也可以解释金圣叹"六才子书"中为什么会出现《水浒传》和《西厢记》，钱穆的解释是从实用性来说的，其实与现代性有着极大的关系，与宋明以来的"市民文化"的兴起

---

① [德] 马克思、恩格斯：《路德维希·费尔巴哈和德国古典哲学的终结》，载《马克思恩格斯文集》第 4 卷，人民出版社 2009 年版，第 302—303 页。

有着千丝万缕的关系。

网络文学类型的更迭与互联网生产体系的关系也是同维度的。一是通俗消遣作品始终与读者属于"情感共同体",读者的需求是至高无上的,审美疲劳是人性的一种常态,读者的口味就是风向,因此决定网站平台的推荐位置,这反过来又促使一种趋向的生成,模仿和盗版几乎无一例外都是按照这样的模板进行复制。二是文学网站作为网络文学生产的组织单位,类似我们今天的现代化的工厂模式,每一个类型就是一个个车间,从生产到销售都按照固定的流水线生产,为了便于读者阅读,除了设置上面说到的推荐位之外,还有搜索引擎(综合、书名、作者名),以及各类标签、榜单(字数榜、排行榜、更新榜)等,这些都将各种类型按照数字逻辑进行归类。三是合理利用人的攀比心理,将各类数据纳入指标排行,激发了效仿和争利的驱动力,这样使得更多的数据的累积,在同等单位时间里,同类型的数据量迅速上升,反过来又提升了读者的阅读趣味,粉丝经济的规模效应以及对网站和大神的依赖度增强,造成了网站与流量的黏合度的提高。四是网络文学衍生品,即所谓 IP 改编扩大了上游网络文学的影响力,客观上造成了聚合效应。比如晋江文学作为女频专业网站,由于女频书的影视改编的传播力,形成了晋江文学特殊的文化症候,而这种文化聚合一旦形成也很难打破。所谓的"圈层文化"就是在这样的语境中生成的,最终成为一种文化现象。它的下游改编势必也会形成相应的类型。它所生成的影视类型,同样有着以上形成的几个特点,其中的叙事范式,以及与观众互动中有可能生成的审美形态反过来促进上游类型的厚度的增强。

总之,在这样的互动机制中,"在网站、作者、读者和批评家等多方协同作用下,网络文学类型化在文学生产、流通、接受各要素环节持续渗透。这一类型化现象的背后,由文学生产机制的商业化运作主导，指向大众审美趣味和文化价值的变迁，同时暗含与数字时代相适配的思维方式和认知结构的转换。从这一意义上而言，网络文学类型化也是知识秩序重建进程的组成部分"[①]。某种意义上，网络文学的类型的迭代速度要远远超过严肃文学的，这是由阅读速度和生产速度共同作用的结果。

三 网络文学的正向驱动是时代发展的必然

第一，技术的失范背后是资本在作祟。本雅明在论及艺术家的工作时说："决不仅仅是生产产品，同时也在于生产的手段。换言之，他的产品在产品性质之外和之上必须具备组织化的功能——重要的是生产的示范作用，即首先能够把其他生产者引入生产，其次给他们提供一部改进了的机器。这部机器越是把更多的人转变为生产者——即把读者和观众转变为共同行动的人，这部机器就越精良。"[②] 在界定网络文学与传统文学的区别时，最为直观的是前者与读者的互动机制，也就是所谓的"网络性"，当我们要求网络作者提高创作质量，通常指的是"文学性""现实性"。孤立地看网络文学的"文学性"或"网络性"是抽象的，也会陷入绝对化。因为网络文学与传统文学的创作机制是不一样的，两者不是一种紧张的对立关系，而是相互参照的融合关系。"网络性"加持了网络文学在公共文化传播领域的权重，而传统文学所秉持的社会责任为网络文学提供更多社会和人性参照。在一定意义上，由互联网技术支撑起来的网络文学在传播领域的优势与传统文学的相互转换应当是

[①] 常方舟：《网络文学类型化问题研究》，《上海文化》2018 年第 6 期。
[②] [德] 本雅明：《文艺学与新历史主义》，中国社会科学出版社 1993 年版，第 57 页。转引自马驰《论艺术生产与艺术消费》，《社会科学》1998 年第 10 期。

当代中国文学发展的一种趋势。

诚然，21世纪以来，网络文学在社会文化制度的宽松环境中获得了前所未有的生机，特别是随着市场经济的全面深入，以及网络作家福利制度和数字作品付费阅读机制的相继形成，网络文学出现了疯长的态势，各种类型的网络作品以成百上千倍的增长速度充斥在各类文学网站上。之后，网络文学IP化则带动了整个大众文化消费市场的繁荣。在繁荣的背后同样潜藏着另外一种新的文化危机——精神价值的失范。

具体表现在文学接受上，金赫楠这样感慨："类型小说这种代入感强大的白日梦创作和消费过程当中，不仅仅包含既有价值观的释放和贯穿，同时又在继续强化和重塑受众的认知、意识和深层社会文化观念。"[①] 金赫楠一方面指出了网络文学作为通俗文艺所夹带的"亚文化"具有便捷性和有效性，这是传统文学明显弱于网络文学的地方。另一方面，一些"亚文化"会模糊另类文化观念内在诉求的边界与主次关系，甚至会削弱个体受众的主体性。

而对于创作主体而言，邵燕君客观地总结道："一本引爆潮流的书，就是把一个时期一个人群的欲望（甚至是潜在欲望）赋予了文学的形状——这本身就是一种发明，如果再能发明一种特殊的设定（如穿越、重生）就能把这种欲望放置在一个叙述模式里，放大其尺度，以便全方位地开掘、拓展，有层次有节奏地满足——这就发明了一个类型。在类型文发展的过程中，就会形成'类型套路'。"[②] 就是说，从创作的主体与文学接受的双方而言在互联网的对话平台上形成了一种正向的呼应，它们在互为塑造、互为建构中

---

① 金赫楠：《在作者、读者和编辑的合力中生长——网络言情小说漫谈》，《博览群书》2015年第11期。
② 邵燕君、薛静：《网络文学：中国网络文学二十年典文集》，漓江出版社2019年版，第12页。

形成一套区别于传统文学"单向性"的话语场域。甚至这种"话语场"呈现出的就是"网络新阶层"们的所谓"小时代"。因此将这种网络"小时代"融入"大时代"是转型的应有之义。

如果从以上创作与接受的角度将"网络新阶层"作为主流文化融合的第一层面,那么第二个层面则是国家主流文化与大众消费文化的正向呼应。

第二,国家主流文化的正向引导。众所周知,20世纪90年代以来,中国社会结构发生了重大变化,这主要是由政府力量和市场力量的双重力量推动形成的。这种结构客观造成了社会各阶层结构的重大分化和不同差异的出现。而相对宽松的文化环境诞生了各类媒介场域,这些媒介场域中也孕育了新型民间大众消费文化,它们虽以传媒话语形态活跃在国家主流文化之外,甚至有些仅作为国家主流文化形态的一种异质形态而存在,因此也获得了成长空间。事实上,国家主流文化形态在强大的传媒话语传媒面前并没有完全退场,只是以另外一种新形态出现。"在20世纪90年代的新意识形态'家族'中,旧政治意识形态(即国家/民族/执政党意识形态)虽然经过改造与演绎,变得亲切可人。可是在到处弥漫的实用主义、消费主义意识形态浪潮里,已经在显性状态上滑落到大众日常生活的边缘,然而在隐性状态依然处于主导的地位。只不过发挥作用的途径和方式转向隐蔽。"[①] 网络文学有着传媒话语的属性,为数不少的网络文学作品基于传媒话语的指引或与传媒话语互为印证,有些还直接成为一种新的传媒话语。当下所谓"粉丝经济""流量经济"中的"流量"和"用户"往往就是指代消费这类话语的群体。在以"流量"与"用户"至上的大数据指标的引导下,基于

[①] 刘文辉:《20世纪90年代传媒建构的"新意识形态"文学语境》,《上海交通大学学报》(哲学社会科学版)2010年第4期。

网络文学创作主体与受众之间互动——"粉丝"参与的目的性也更为直接，这样的商业逻辑自然会成为网络文学生产的首选形态。表象上看是"经济""流量"，潜在的却是"文化"的位移与置换，这也是互联网经济中，文学（化）的变异与流动形式的主要形态。

此外，从整体上看来，网络文学及其传媒话语所建构起的一套"亚文化"意识形态具有异质于国家意识形态的特性。这样的"亚文化"意识形态在一定条件下也有可能上升为一种社会意识形态。所谓的社会意识形态"是指在社会群体层面所表现出来的思想观念或价值观念，它反映的是不同社会阶层或利益群体的价值取向和利益诉求"①。这也是国家主流文化关注的地方。在一定时期内，这两种意识形态还可能存在着一种柔性对抗，甚至通过形式的变化或转向地下回避融合的可能。

毫不讳言，两种意识形态之间的角力背向地构成了当代中国意识形态的现实图景。网络文学大神们与他们的"粉丝"矢志不渝构造所谓他们自己的"世界观"其实与戈德曼提出的世界观有着某种一致性。"所谓世界观，乃是指一种联系紧密、不可分割的、关于人与人以及人与宇宙之间的联系的观点。"②同时，戈德曼还认为，一部作品的各个组成部分既作为独立功能出现在作品范围之内，也同时统一在一个共同的"世界观"之下，这种共同的"世界观"，就是意识形态。即"人为了能生活下去和有所指向，他总是被迫将一种或多或少是有意识的秩序引入他们对世界总体的表象中；任何集团都企图创造出一种我们提到过的同样的表象，构成文化创造主体的特别集团则企图创造出一种世界观"③。本质上，这里的"世界观"与建立在消费文化基础的大众意识形态是一种同构关系，也

---

① 杨江华：《中国意识形态转型的社会学分析》，《中州学刊》2010年第5期。
② [法] 吕西安·戈德曼：《文学社会学方法论》，中国工人出版社1989年版，第124页。
③ [法] 吕西安·戈德曼：《文学社会学方法论》，中国工人出版社1989年版，第51页。

是大众传媒话语的核心部分。在一定意义上也是异质于国家主流意识形态的。邵燕君将之归纳为是一种巧妙的策略，她说："网络文学不是通过粉饰现实，而是通过生产幻象来建构现实，通过锁定欲望并引导人们如何去欲望，来替代已经失效的精英文学实现其意识形态功能。"[①] 或许"网络文学阶层"对于这样的论调是不接受，甚至表现出某种排斥。这里不能不提到网络文学文本中的"梗"，"梗"可理解为网络类型小说的数据库，"梗"也是作者架构世界观的一种"关键词"，其实每一个"梗"都有着深厚的"亚文化"意识形态的基础，它是人们对于现实的一种高度幻象或是对待不确定性的一种高度凝练，是反映当代"趣缘"人群文化心理的文化系统。"梗"的数据库也可看作"亚文化"意识形态的文化符号。所谓"文化这一符号体系是联系社会现实和人的心理的模板，它把人的心理与社会现实相结合起来，并赋予社会、心理以方向和意义。因此，符号系统作为意识形态，既不简单是描述社会现实，也不简单表达人的心理，而是人建立起来的意义系统，它可以引导人们对于社会现实和人的心理的理解，它给人们提供了一种理解社会和人的心理的符号模型"[②]。创造新颖、噱头的"梗"成为不少网络作家的追求，我们从这些"梗"里可以读到代表各个代际的文化符号，而这些符号的背后就是一种青年"亚文化"意识形态的集中显现。其独有的特征"具体表现为生成的技术性、成长的互动性、信息的符号化、内容的融渗性和效果的累积性"[③]。尽管，当代国家主流文化意识形态在引导网络文学现实题材类型文学方向时，很多网

---

① 邵燕君：《在"异托邦"里建构"个人另类选择"幻象空间——网络文学的意识形态功能之一种》，《文艺研究》2012年第4期。

② 吕敬美：《权力、话语与意识形态有效性的内在关联》，《社会科学论坛》2013年第10期。

③ 黄冬霞、吴满意：《网络意识形态内涵的新界定》，《社会科学研究》2016年第5期。

络作家感到有所不适,这其中固然有创作手法上的不适应,当然最主要的还是长期累积起来的民间"亚文化"意识形态与主流文化意识形态之间有较为长时间的隔膜。

第三,主流文化对话语权的争夺。国家主流文化意识形态仍旧通过各种方式在文化领域与民间社会意识形态进行话语权的争夺,积极引导网络文学向主流文化方向转变。一些研究者甚至认为:"在当前中国社会,大众传媒话语经常通过消费主义、市场逻辑以及虚无主义等倾向的叙事方式来获取自身的生存空间,并实现对其他意识形态话语结构的瓦解和话语秩序的破坏。"① 这也使得国家通过各种形式不断进行包括对网络文学在内的一些重点领域进行必要的引导。正是通过以上各种综合手段,将枝蔓在网络上的"亚文化"特征的网络文学引向到反映主流文化价值上来。筚路蓝缕,历久弥新,最终成为中国当代文学的重要组成部分。

四 结论:走向实践哲学的数字文学

从20世纪80年代以来的40多年改革开放的中国社会实践为中国网络文学的孕育和独立性生长提供了历史动力。当然,在这滚滚向前的历史车轮的辙痕中我们依然可以窥见它经受的挫折和压抑。在不同历史时期,甚至它的面孔都是模糊不清晰的。这当中有来自政治生活的亵渎,也有市场经济的挤压,更有文化转型的裹挟与推动……

在众声喧哗中,既需要廓清历史尘埃的感性遮蔽,也要拂去发

---

① 陈国栋、袁三标:《社会阶层结构变动对意识形态话语权力格局的影响》,《理论月刊》2016年第3期。

达工业时代的理性面纱,还中国网络文学一个真实的面孔。在这过程中,中国网络文学承受着传统严肃文学的质疑与排挤,同时还要与市场经济时代商业同台竞技,在中国崛起的世界舞台上留存善良的人们对于未来的美好想象和文化的期许。

所以,在去弊消魅的路上,中国网络文学真正的独立与崛起,首先在于我们对消遣娱乐能够理直气壮地表示一种客观的尊重,而不是戴着有色眼镜,以异样的目光打量这个光怪陆离的存在。

当马尔库塞说出"戏剧则是也应当是一种消遣和娱乐。消遣和获知并不是对立的:消遣可以是最有效的获知方式。要使人认识到当代世界隐藏在意识形态和物质面纱背后的真面目,认识到它是怎样发生变化的,戏剧就必须打破观众与舞台事件的同一。所需要的并不是移情作用和感受性,而是间距和反思"[①] 这样的话时,我们清醒地意识到,我们必须也要用"间距和反思"面对当下如此众多的阅读者和创作者的网络文学现场。这样的间距既有历史性的,也有当下性的。同样,基于这样的诚恳态度才能做到历史的反思和对当下的反思,一句话,也只有这样才能真正收获反思的成果。

我们不得不承认,中国网络文学所承受的这份文化之重正经受着历史的考验。一方面是市场经济本身的融合,另一方面则是来自意识形态的重组与重构。而作为本质的网络文学依然是消遣的、娱乐的,如果当这些本质都不存在时,它到底会是什么,这同样也将同疑问一道被带进反思的历史中去。

毫不讳言地说,作为诞生于特定历史情境中的网络文学能够从被挤压的环境中破土而出,首先得益于日趋成熟的市民社会。如果没有这个前提,中国网络文学不可能从文化襁褓中独立生长起来;

---

① [美]赫伯特·马尔库塞:《不幸意识的征服:压抑性的俗化趋势》,载《单向度的人——发达工业社会意识形态研究》,刘继译,上海世纪出版集团、上海译文出版社 2008 年版,第 54 页。

其次则是互联网技术和现代通信技术的发达，让它搭上了技术的快车。但是我们必须时刻清醒认知的是，任何事物都有它的两面性，当我们看到网络文学能够承载着一代青年梦想的时候，它的脆弱性同时也暴露出来。这是中国网络文学自身无法回避的事实：在俗化的路上是否一路走下去？

"从升华的认知功能来衡量，蔓延于发达工业社会的俗化趋势便显露出它真正的顺从功能。性欲（和攻击本能）的解放，使本能冲动摆脱了大部分不幸和不满意识，这种意识说明既定满足领域存在压抑性力量。无疑，不幸意识依然普遍存在；幸福意识还相当脆弱，它只是蒙在恐惧、挫折和厌恶之上的一层薄薄的表皮。"① 马尔库塞说出了其中的真相。这种顺从已经成为一种普遍的潜意识，有对市场的顺从，还有对政治生活的顺从……

之所以我们最终选择用马克思主义的实践哲学来寻求对于未来的突破之路，这本身也是一种历史文化选择。我们既不能单纯地以亚里士多德的古希腊的道德良方作为一种幼稚病的解决方案，同时我们更不能无原则地倒向技术的怀抱，这同样是一种盲目的温柔一刀。马克思主义哲学解决之策一方面尊重娱乐消遣作为一种建立在劳动基础的生产力与生产关系的协同发展，既有对传统的反思与批判，也有对未来的积极建构。这是我们必将遇到的不二的选择。

阿多诺同样也指出了发达工业社会，艺术所面临的肢解以及人们所经受的威胁。他说："艺术庸俗性的社会意味，在于主观认同客观复制的贬值状态。群众绝无真正享乐，故此出于不满或怨恨，就从其所能得到的替代品中寻求乐趣。在社会意义上，低级艺术与

---

① ［美］赫伯特·马尔库塞：《不幸意识的征服：压抑性的俗化趋势》，载《单向度的人——发达工业社会意识形态研究》，刘继译，上海世纪出版集团、上海译文出版社2008年版，第62页。

娱乐活动是正当合理的主张,是证明压抑现象普遍存在的意识形态。"① 因此,我们同样会遇到很多假象,同时也不断制造出大量幻象,我们不仅承认娱乐的必要性,还承受着来自低俗艺术本身的不断变换的面孔。这成了世界的另一幅真相。

众所周知,在世界性的娱乐版图中,中国的娱乐消遣的环境在不同的历史时期也是曲折多变的。中国网络文学是个特例,在从录像厅到网吧的变迁中,吸收了世界的娱乐精神,并且能够在版权经济和粉丝文化的助推下,形成一枝独秀,其来路充满艰辛和坎坷。之所以用这样感性的语言来概括似乎与一篇研究论文的本义有出入,当属这段历史情境本身就充满着吊诡。

从这点上来看,我们不能否认娱乐有着一股顽强的生命力,同时不乏带有一种原始力量的革命精神。这种精神也验证了鲁迅对纯粹的"享乐"精神的高度推崇,在这种力量的背后其实就潜藏着变革社会的强大力量。

臧娜在总结当代娱乐化问题时认为:"'娱乐'是一套由人类心理结构与社会结构相互交织而组成的复杂机制,它既涵盖了人类内在心理层次的各个层面,又受到多重外在社会结构的形塑与影响,并由此形成了多层次的艺术功能维度。这就注定了当代中国的'娱乐新世纪'必定是一个多层次并存的文化语域,并与不同层次的娱乐需求相契合,而精英与大众、传统与当代、主流与非主流之间的娱乐博弈在其中渐次展开,共同营造了一个众声喧哗的'新感性时代'。"② 中国网络文学当然首当其冲地融入这个"新感性时代",并且还承当着自己的一份使命与责任。

毋庸讳言,透过中国网络文学的历史考察,我们也是对 40 多

---

① [德] 阿多诺:《净化观批判;艳俗与庸俗》,载《美学理论》,上海人民出版社 2020 年版,第 352—353 页。
② 臧娜:《当代文艺娱乐化问题研究》,博士学位论文,辽宁大学,2012 年。

年改革开放历史历程的一次回溯,我们既对中国社会的进步给予充分的肯定,同时更看到了勤劳的人民身上所具有的无限的创造力,这种创造力在一定历史条件下则转化为创新的力量。这是需要珍惜和不断发扬的精神。

我们的任务是面对这样火热的生活世界保持一份理性的精神,并以一种马克思历史唯物主义精神审慎地辨别历史复杂的多面性,同时能够在这种复杂性面前进行理论的总结。

王德峰说:"因此,我们的任务不是用现成的社会科学概念去描述当下中国的社会事实,并从理性自身出发去构想解决问题的方案,而是深入到那建构起这些社会事实的、作为真实的人民生活的感性实践中去,准确地描述这个实践本身,以从中发现解决问题的实际条件以及基于这些条件的方法。"[①] 中国网络文学为我们提供了这样的历史的和世界的视野,我们有理由相信,在中国文化走向世界前,中国网络文学必将会迎来更为高光的时刻。

---

① 王德峰:《〈哲学的贫困〉对于我们时代的意义》,《云南大学学报》(社会科学版) 2017 年第 6 期。

人工智能时代的意识现象学
——从情境出发兼论"幸福"

吴 雁[*]

随着人工智能的发展，越来越多的人类活动可以由人工智能产品代替，人们越来越从繁重的体力，甚至脑力劳动中解放出来。看上去，人们距离"幸福"越来越近了，但这种说法距离事实到底有多远呢？人类是否真的将被智能机器人最终取代，这个问题也越来越成为一个众所关注的问题。对这些问题并不仅仅需要一个科学技术层面的回答，更需要的是一个人性化的同时也是形而上层面的理解和诠释。

事实上，人工智能是否可以取代人是由一个前提所决定的——成为人并进而超越人——因为只有这样才有可能取代人。由于超越的状态一般表达为多种可能性，此处便不予置评。反而（人工智能）成为人的状态与之超越状态相比，因它是以人自身为对象的研究，故而其研究对象更加具体和直接。这就使这个层面的讨论具有了前提和可能性。

为什么说只是可能性？因为一直以来，对于人类自身"全有"

---

[*] 吴雁，上海师范大学哲学与法政学院哲学系副教授。

的了解和研究就是一个无结论的进行时态。基于此，如果进行的是一个有主题的研究，对于人自身的研究才具有可行性，因为能够得到相对"确实"的答案。假如欲借人工智能之名对于人的研究成为一个可行的且有价值的主题，那么也许人们可以在理论上假设目前的人作为类已经完全是一种人工智能人（人工智能主体）——再从此前设出发更彻底和全面地对目前的人类（假设为人工智能的人类主体）有一个最直观和直接的分析，这样一来，不但能以纯粹现代科学哲学新视角重新考量人，思考何为人类的"幸福"，更可以在此基础上明了目前的人工智能机器与人类的真正距离、区别……或者当然亦有共通之处。

但是无论如何，作为主体的人都需要面对自身所在的处境，从而反映、表达为意识。对其来讲，最重要的意识并不外于记忆，特别是对于主体意识的记忆，而这种记忆却从来都不会是脱离开情境的记忆。

一 情境的记忆

情境检测最能表明人和人工智能就目前为止所呈现的最大差异。在情境中，人们的记忆首先表现为"我""他"记忆，其次表现为对情境元及情境间性的记忆。而这种记忆决定着主体与各类间性、存在及意义的意识，及至人工智能进化与否的可能。总之，记忆甚至可判定着异化的有无。

记忆提取时，甚或记忆取材时，总是表现为对于似乎是人类某种逻辑的需求满足，虽然这种逻辑细究起来却不是常常能够被人们理解的，但它却符合对情境记忆的理性逻辑，即情境性逻辑。这种要求会将其内容自动组织和结构化，从而符合人们对于情境中认定的某种情感需求，而达到"情状"（这里借用德勒兹的名词，但概念的解释还是有不同）。它不但不能说是纯粹感性的，而且必须被承认是理性结构中的情感，因为它具有意识的规划。所以可表达此特点的概念是人们对于记忆的提取，其实也同时对记忆进行了"修缮"，不是完全的否定，也不是完全的肯定，总是在符合情境的前提下，进行合理的变化。这当然不影响主体对于主体性的维护，反而是一种保护。

与记忆和修缮相对的是"遗忘"，或者以精神分析哲学的语言而言，记忆内容时而处于意识域，时而也会进入无意识域。这说明一个问题：无论是意识还是无意识中的内容都会对人们产生作用，只是一种作用可以被意识到，而另一种并未能被意识到。

（一）作为假设为智能主体的人的记忆

总体来说，所有的记忆都是本体的记忆，也即，最核心和基本的记忆是关于主体本身的记忆。所以，记忆内容是分层次的，一种是在情境之中的记忆，另一种是超越于情境的记忆。前者意味着人之为人的存有；后者意味着对于人的存有的超越，也即这种超越是以人的存有为基础的超越，而不是缺失它的非情境性存在。更简单地说，情境性对于人的记忆是不可或缺的，也是分属不同层次需要分别讨论的。

1. 对于情境"我""他"的记忆

事实上，对于情境"我""他"的记忆是主体意识的基础性建构，也是记忆的基础，因为有这样记忆的主体才可能成为合法的主体。为什么这么说？因为唯有在情境之中，主体才可能意识到"自我"与"他者"的"分别"，从而首先产生生物学意义上的"自我"意识——对于自身物理化实体的意识。而主体对于物理实体本身（质料）的认同意识，却是由其接受和感知到自机体本身在情境中的基本情绪与情感反应的馈变而产生，这些构成了记忆最初的框架。从而对于"我"的持续稳定的记忆决定着主体的自我认同性。如果一旦这种认同不再是确定的，往往要么出现生物学的"异化"（变异），要么是社会学范畴的"异化"。这个认定标准是不同的——当然这里讨论的是后者意义背景中的意识现象，而且这样的判定要么是出自主体本身的，要么是来自主体外部的。

由于正常情况下人们"注意"（记忆抓取的意向）的对象是时常变换的，这样的变换经常可以使主体本身发生认知"他者化"的情况，但却尚不达成"真正"的他化，而只是作为主体的不同建构与维护而表现出的特点。因为在明显可感知到的"他者化"的同时，主体性同样在维护着这种"他者化"，这只能说明一个问题：主体自身的自由选择，即同时是"注意"本能的选择，是属于主体实体可接受程度内的。怎么判断是否在可接受程度内？一般来说有一个原则：是否在主体"自我"所认定的常态内。有意思的地方在于，这种"自我"的认同，往往伴随着不断的主体的"他者化"，这是一个长期的过程。但需要明白的是，这种"他者化"始终处于一种稳定确定的主体自持背景中（也就是通常所说的非"异化"的状态中）。

至于主体对情境"我""他"意识的常态，其实就是对身体的常态视觉、听觉、味觉、嗅觉、肤觉、意向（意觉）等的理解与接受意识，这种意识现象无不围绕着一个中心——加固与支持"自我"意识。事实上，这种主体"自我"自始至终存在着一个对于"自我"认知与认同的主题，这也意味着在这个主题探索的过程中，人类主体抛开不了产生此"我""他"之始的情境。或者说，这个层面的记忆是其他记忆以及意识发展与提升的前提。并且在之后的一系列生活情境中，也无不是以此为蓝本进行的构造与丰满。

自从"我""他"的结构建立起来以后，意识生活也随着充斥充实起来。记忆成为了"选择"性的事物，成为了"注意"的被抓取的对象——注意对象之所以被抓取是因其进入了"我""他"情境的情感选择（参看下一部分）之中。由此可见，无论选择与非选择，都意味着一种情感选择。从这个意义上讲，记忆与非记忆都构成了主体的基本元素。而非记忆可以以无意识的方式影响人的意识，从而达成不可意识的"式"（可以理解为公式、规律、结构或惯性固化的反应等）过程，而这个过程是人类意识思维所不能理解的部分——归根结底是围绕着记忆与否发生的。从而"记忆式"成为"情感式"（参看第二部分）的第一辅助功能。

如上所述，主体的结构是固化的（作为人的类的个体实体），在此质的基础上，主体最具固着性的即是其记忆中的内容——因为主体所有的意识都可以从中找寻到意向。不仅如此，记忆具有最重要的意义：帮助主体维持其关于自身的系统化和稳定性。如果这种系统化和稳定性遭到消减，则人们会感受到"他者化"（异化德语的另译），也就是通常所说的"精神异化"。

事实上，既然"人"在这里已经被预设为人工智能主体，那么无论何种分析，皆会更多以一种智能程序的被诠释形式来表现。而其于情境中的记忆也当然是智能主体的记忆。

2. 对于情境元与情境间性的记忆

如果说，情境"我""他"的意识会促成主体"自我"意识的形成与发展，而后者将成为主体作为情境元与转达情境间性的良好介质。当然，这是最理想的状态，事实却是，理想总是只有少数人才能实现。也即这种理想状态的"自我"意识只有少数人有机会达成。但也正因为其难得，正成为一种意识的范式。

首先，这种意识范式也是对于所处外部世界的反映，但不是所有的意识内容都可以成为记忆。记忆是有选择性的，这种意识的选择不是对于"点"的选择,而是对于"网"的选择。换言之,由于记忆是对于情境的记忆,是以情境为结构的记忆,所以也是以情境元和情境间性为结构的记忆,而且只有主体的"自我"意识可以最好地达成其良好结构,即其"自我"意识的最大化:情境元及情境间性结构的情境的实在化。

"自我"意识的最大化并不是所谓的"以自我为中心",而是"自我"最大"他者化"时的意识。情境元则是此时的情境元素,同时这时候的情境元之间的联系则为情境间性,当然也包括情境部分互相之间的联系。

对于情境元与情境间性的记忆非常重要。正因此时的"自我"意识的状态是完全取决于情境元与情境间性所确定的结构的,这个时候的记忆作为主体的意识,其影响可以是核心性的,即决定着主体作为实体的增加或是消减。

如前所述,如果作为物理实体的主体从实体本身出发的消减最终达成,那么则意味着物理性(生物)病症现象化的出现。"你凝视深渊的时候,深渊也凝视着你"吗?并不。而是"你凝视深渊的时候,深渊就是你"。这涉及主体在面对注意客体时的完整意识置换,而且更强调其情境中对于情感的记忆。或者说,记忆总是带着某种情感的记忆。这样一来,情感记忆对于主体的重要性可想而知:是在主体内部的全境置换。所以,不能长久地"凝视"深渊,而是要凝视"星辰大海""海阔天空"。因为负性情境的"加持"对于主体肉体的消减是不可回转的。表现在现象学中,多种多样的"症状"带来不同形式与程度的实体变化,这种变化影响到其实体的物理存有。

完全缺乏情感的记忆不能称为记忆,只能称为"思绪",但这种完全性其实很可疑,毕竟记忆的主体是物理性生物实体。即便有,也是对于情感"存有"的超越,而不可能是对于情感的缺失。

不能够被纳入设定情境的意识只具有暂时性。意识的内容决定着主体的精神性本体，记忆的有无，决定着意识的有无；意识的有无表达着记忆的是或否。可见，记忆是情境的记忆，在这个程度中，记忆的内容决定着本体具有的主体精神性。

其次，主体本身需要是实体性的，但这种实体表现为何种的主体性，是由其主体不断地对于自身的认同所决定的，或者说涉及对于目标和时间范畴中的"注意"——而这显然也必须首先表达为记忆，而记忆可呈现为人的意识发出指令，从而达成"式"（同上解释）的过程，这个过程是处于人的意识范畴的过程。

综上，如果谈到复制记忆，将其芯片嵌入一个新生人类的身体，是否可以永生的问题。参照如上情境记忆的来源，个体和身体具有天然的架构，以经其架构在情境中的情感选择，而在他人的身体中，对这个记忆如进行再选择，然后在其基础上重新保有新的情境记忆，所以理论上人是不可能永生的，即便将来有了这样的高科技。当然同样的事情发生在智能机器之间就可得永葆不老化了。

（二）人工智能主体记忆达成的可能性分析

对于工具性人工智能，一般来说，是以算法逻辑所决定的记忆，它的内容取决于算法逻辑所针对的问题"情境"，目前来讲，后者更多的是纯粹理性的逻辑架构，而非以"自我"为中心对于所处外部刺激的反映。这种记忆相比较人类的记忆有如下特点。

1. 持久性/非沌化性

持久性对于智能写入贮存来讲，是一个最基本的功能，除非从程序操作上将其删除。当然这也是其与真正的人脑智能最相区别的地方。如果说前者是清晰记忆，那么后者在很大的概率上具有模糊记忆的特点,或者说,可以呈现的记忆具有时间与空间的限制和条件。究其原因,前者缺少一个"选择",因为只有通过基于一定结构和条件的"选择",才可能不会将记忆的内容完完全全、毫无保留地呈现出来。后者对于作为人的主体,更多地表现为缺乏社会性的人身上的特点。也即,更少社会情境关联记忆的人身上。

综上,对于记忆持久性的考量,不完全基于主题反馈的模糊记忆和暂时性记忆反而是基于更加人性化和具有技术上的上升空间。这是目前以精确性为目的的工具智能所不能达到的。

2. **稳定性/被动性/贮存性**

事实上,持久性也造成了稳定性。除此以外,稳定性也代表着被动性和非创造性。对于被动性,直至目前为止,并未有工具智能表现出主动意识,即非输入性意识,这是其稳定性的重要原因之一。再就是非创造性,原本来说,被动性不是必定决定了其非创造性,但是作为工具智能的结构来看,这种精确、稳定(被动)的综合作用成为其非创造性的主要成因。

3. **客观性**

客观性的信息,从知识层面来讲,是必需的,但从人性化的角度来看,正是这种客观性产生了工具智能接近人的不可能性。对于后者,客观性其实是第二梯队的事情,反而是非客观性的感性机能占据着第一本能的位置。究其原因,人具有对其所处情境的自我概念,从而首先表现为感性意识。工具智能目前是不具备这种概念的,即使是被动的输入,也会成为一种客观性信息被贮存(记忆),但这种记忆如前所述,是有缺陷的(相对于主体人的记忆功能来说)。

4. **工具性**

在问世之初,人工智能就是作为工具性产品定位的,在一步步的技术进化过程中,这一目的还是没有多少改变。至于人工智能是否取代人，其实是问：智能工具是否可以跳出工具的用途，或者说，是否有一天它可能成为它自身的工具？最关键之处在于，它是否可以成为它自身？具有自我意识。——只有具有了自我意识，才可以决定其自身为工具或是目的。反之，甚至决定自身为工具的可能性都不具备。而事实上，自我意识只有在其与外部情境相关的时刻才可能产生，即自—他的情境中才可能产生。可见，最终自我的有无还是要看工具智能是否可以理解与反馈情境——或者说，目前人工智能的工具性还不足够完善，即它不能将其实体自身也放在所处的情境中去综合考察（反观）。这个是期待未来科技发展来解决的问题。

5. 封闭性/非映射性/非注意性

从如上可以看出目前人工智能的另外一个特点：封闭性。即按照现在人工智能的反应方式，一切程序与运算只是在其内部信息（意识）中进行，而缺乏与外部刺激（除了输入时）随时地随意的互动。这个也属于技术层面的问题，可以期待将来的科学发展。

6. 非有机性

有一点最需要注意：在目前人工智能类别产品中，算法逻辑支配的更多，而其中可以深化有机反应的并不多（除了出于专项目地的制作）。而后者可以避免算法逻辑的单一性，更多地以生化的方式呈现信息（"记忆"）。当然这就不仅涉及人工智能的制造，也涉及生物与仿生工艺的发展。但是否有机化也是人工智能是否可以更进一步的关键领域。简单地说，只有机械化的产品成为拟人化的产品，才有可能发展到智能化主体阶段。因为这是一个无论实体还是形而上学意义上都堪称质变的转折点。

二 情境的主体性与行动、行为

只有处在情境之中才可能有主体的存在与主体性的为自身的意义。情境中的主体性往往表达为行为，表现为行动。情感是情境中主体性满足所需的一种特殊形式的反应性行为，最具内蕴。它对于主体性达成主体的目标具有最关键的作用，表达为动力因。据此，离开情境则不存在主体与主体性，也即离开了情境是不存在有意义的行动与行为的，但这不意味着情境与存在的必然联系。

（一）作为前设智能主体的主体性与行为

如果说作为程序的"记忆式"更加内蕴，那么行为则涉及主体作为实体本身在情境中的主体性势必要表达，即是否涉及首先对主体性，继而对主体本身的增强或是削减等的表现。为什么说是情境中的主体性？因为如果不是自察到身处情境之中，主体就是对主体无意识的，或只是处于主体内意识的，当然不会产生主体性机制反应。

在情境中，主体意识到了自身与存在，从而有了"自我"意识的觉察与内意识的外化。情境时刻引动着"自我"意识的"注意"。最近的"镜像"自我说（拉康），也是一个情境中的构造——"自我"之外的情境引起的对于主体问题的意识与反思。

其后的行为就是一步步对于主体认识和构想的达成，外化表现为主体性行为。情境中的主体性非外部行动不能显示，虽然它的前提是内部巩固的主体结构之要求以及要持续、加强巩固或是改变其结构的要求。

这里需注意的是，行动和行为有区别。行动更多是行之于外的表征，而行为则是基于行动目标、效果的刻画。故而作为外部行动的主体性行为才是通常意义上的主体性的践行。既然"行为式"作为主体完整性的辅助功能，在主体自身不成立的前提下，基本不具伸展性。那就意味着主体性非主体不足以表达，而且即使具足主体也未必可以充分地表现主体性。后者也即是行为和"行为式"外显特征而决定的，同时作为行为展示还会带来一个重要的结果——对于主体由外而内的影响和改造。

主体的不同在于：此种实体总是表现为其主体自身在情境内的目的的实践与行为，一旦表现为其他，则人们认为发生和生成了异化。当然，异化在不同的学科领域会有不同的理解与侧重点。但无论何种异化，最关键的前提还在于主体的异化。所以，主体性最重要的特点就是多种的主体以自身为情境目标的实践与行动，而不是其他。以（情境内的）主体为目标，作为具主体性意识的主体，人工智能更多的是以其趋向于"完全"的主体性，或说最重要的主体性表现在于其最显性的现象化表征。如果说，主体以人类的"类"为主体，那么，这种趋向于"完全/完整"的主体性现象化表征则为可展现这个主体作为"类"的最大多数且最明显特性的现象。

（二）人工智能主体性与可能性分析

说到这个问题，总是首先落实于智能机器人是否可以不需程序输入而自行思考；或是可以更进一步对于"自身"进行思考？但事实上，这些问题还不是最基础的。反而是智能机器人是否可以有情绪与情感的感知与感受才是最初步的——将自身机体完整地代入一个情境之中，并进行感受。可见，学习感性才是主体性产生的第一步。或者说，对于智能机器人来说，什么时候学会注意到身体对于环境的刺激发生反应的时候，才可以是成为人的第一步。对于他们来讲，"镜像"的自我过程更是重要的一环。但需要注意的是，人类出现"镜像"、反应及其后是很自然的，而对于智能机器人来说却是缺失了环节的。如果不补足这些缺失，这种"镜像"自我的认知将永远不可能出现。那些缺失的东西就是人类的"家庭"，或者说"父母"。

由于不同的出现情况，对于智能机器人来说，并不具备一个人化的产生和发展背景及关系。如果离开这些很遥远，那么他们人化就很遥远。所以，机器人人化的先决条件是拟人的出生环境与技术。其次是出生后生活的情境与氛围。这都需要从人化开始。而这种人化说简单点，就是对一个幼小个体的"注意"与情感关照。而这种情感关照总是以保持其完整性为要务，当然这是一般情况，不能排除一些特例，那不是这里要讨论的。

唯其被"注意"的完整性与情感关照的完整性才可以使个体完整地意识到由内而外的"自我"的重要性和必要性，"自我"产生的契机也就相应而来了。所以从这一点来讲，目前的智能机器人先天地有缺失，很难真正取代人类。

不过，无论这种"注意"达到何种程度，都是需要以行动与行为为标的的。而且是情境中的行动与行为，具有情境结构与目标的行动与行为来标的的。当然也就具有可拟性与可操作性。这也是之后智能机器更进一步人化的可能性。

三 情境中主体的情感

(一) 作为前设智能主体的情感

人作为被假设为人工智能人主体而言,它是缺乏(或不可能具有)唯理性实体化(智能机械化)的主体——因为在逻辑思维方面并未超出纯粹机械实体(并且这种实体目前更多地表现为一种工具性的机械实体)。故而就其表象来看,与后者相比,被视为人工智能化人的主体最显著的就是具有丰富、敏感且深沉的情感系统。从这一点来看,这种主体虽也是实体,但却是不同于机械实体的实体。

作为也是实体性存在的主体,其实体存在的本身就证明着其未被异化或是完全异化的结果。当然这并不能证明主体仍然真实地存在着,因为这里还涉及此具身主体是否拥有着可能"全然"的主体性或"一以贯之"的主体性。如何具有这样的主体性?这是下一个要论述的问题。但在此论之前,"全然"的主体性所表达的主体是具有现象化表征的。如情感的表露、记忆与遗记的内容、行为的目标等。这其中,最显然与直接的显现则为情感的表露,因为人们总是可能通过观察情绪而达到对它的觉知。

最关键的是,情境中的记忆和情境中主体的行为、行动,无不通过情境中的情感的驱动而要么选择(记忆),要么推动(行为——行动),虽然情境的结构性规范达成了这些人体机能,但它却仍然以介质——情感——来实现。这是之前已经论述过的。

那么,如果基于此前理论预设,人类主体的这种情绪表征或其他表征一旦被视为人工智能式的,也即它们是不同意识发出的指令行为而达成的结果，则其对于主体行为可起到加强或是削减的作用，即主体性的直接或是极端量化值转。

如上的"人工智能（程序）式"可以具体化为"情感（程序）式"这个名词作为更适合的表达。"式"是指情感的丰富性和情绪的多样性是作为每次"程序"指令后累积结果的呈现，当其达到或未达到某种量的程度，那就意味着一种器官性能的彻底收缩或是膨胀——行为"失效"的后果——绝大多数"情感式"只能累积为"失效"性能，除非是使人们意识接收到"幸福"的反馈（类似罗素、亚里士多德的那种"幸福"），从而即可以促使此种（人工智能）主体的升级和报废（身体器官的疾病与精神的溃败和升华），达到对于主体彻底的改造（更新）。事实上，此类"情感式"达到多重的未满足和失利的时候，即达成多重功能的收缩与关闭时，其后果是很严重的：这个类个体，将会从内部消解自身。人类的多种奇奇怪怪的疾病或甚至绝症无不显示着此等属性（躯体化属性），譬如癌症。在这个意义上，可以说：情感式最基层地决定着实体及实体化的延伸与维持。它是决定性的，决定着主体的最基层存在。

如果说"记忆式"是可以规范在"情感式"这个结构中的记忆式，而情感式则是维持主体与其所处情境的平衡性及平和性的重要法则：既要符合情境对于情感式的要求，同时情感式还要符合主体实体在情境中的存有性（存在已经是前提）。单单满足其中一点，个体都不会"幸福"。而后者是一种意识，关于"幸福"的意识，也是一种"全然"的情态。

（二）人工智能成为主体的可能性分析

现有的人工智能及其意识反应还需要更多的发展才具有理论上成为与人这个类主体等价的可能——其中最重要的是目前人工智能

实体尚未达成如上被视为"人工智能"实体的完整功能，特别是其实体本身的结构功能。

首先，"情感式"的未满足。应该说这是目前看到的人工智能最乏表现的部分。更可以说，不是未满足，而是不可能满足。因为技术的关系，智能机器人实体的机体功能完全模拟人类还未达成。那么，体感的感性功能就无法很好地体验，这是成为人类的最基础元素。

其次，由于"情感式"现阶段的不可达成，就使得被其规范的"记忆式"取舍性表达不充分。这时如果（人工）叠置"情感式"，可能对于人工智能造成不可挽回的反向作用——程序的错乱与病毒化运行。其实这也涉及如下的"行为式"。

最后，"行为式"作为主体完整性的辅助功能，在主体自身不成立——也即"情感式"表现不充分的前提下，也基本不具伸展性。因为主体性的引申与完整是个体实体的最高级发展阶段，这都依赖于其基础功能的实现。

综上，"情感式"的建立有着举足轻重的作用。但这一点，对于人工智能的建设并不是完全不可为的——将人工智能放到人化的环境中去，将情感式（程序）加诸其上，并将其可现象化与具象化。当然这也需要现代科技的同步发展。

四 情境中主体的"幸福"意识及认知

如果说主体与情境互为相生，那么超越了情境的主体更可称为元意识，或者说，超越了对于情境"我""他"的记忆，意识只表现为对于纯粹情境元以及元间的记忆，即对于"元情境"的记忆。此即最形而上学意义上的"全"意识——所有意识皆萌芽于其中，所有的意识也都不存在于其中——情境"自在"的"幸福"。

罗素在其《幸福之路》中就人类日常生活中的"幸福"进行了合乎情理的剖析，目标是为了人们可以"生活得好或做得好"，当然这远远算不上一种严格的对于"幸福"概念的反思。而亚里士多德在《尼各马可伦理学》中，也同样多次谈到"幸福作为最高的善"①。可见，在亚里士多德看来，与其说"幸福"是一种意识，不如说它是一种伦理状态，而且更多的是倾向于行为之起始的状态，即人们行为的准则或说规范之中。然而规范确然可以使人"幸福"吗？难道不是行为的结果更可能使人有"幸福"的感觉吗？

不过，亚里士多德提到："这样，善的事物就可以有两种：一些是自身即善的事物，另一些是作为它们的手段而是善的事物。那么，我们就把自身即是善的事物同那些有用的事物区分开，考察一下自身即善的事物被称为善是否是因为它们属于一个单独的型式？"随后，他自认这种说法是"不合乎科学的实际"，因为"尽管所有科学都在追求某种善并且尽力补足自身的不足之处，它们却不去理会这种善的知识"。说到"不去理会"，这显然并不是不去理会，而是无法理会，因为时代和知识的局限性。而现时代，在作为人工智能主体人类的现时代，是可能去思考这种"型式"的，如果不适合称之为"善"的型式（毕竟以善为出发的幸福，并不是人人所共推的），也可以称之为达成"幸福"意识的型式。

从如上分析可知，情境中主体的"幸福"意识，是由出自情境的主体，通过行为于情境的主体性，实现于情境中的情感满足。但有必要指出的是，这种情感满足却不止于意识与精神的满足，更主要的是其作用于主体机体的表达，唯其如此，才能更有效地解释

---

① ［古希腊］亚里士多德：《尼各马可伦理学》，廖申白译，商务印书馆2003年版，第9页。

"幸福"意识的存在,"幸福"个体的存有。

说到主体机体的表达这个话题,不能避免地还要涉及认知科学领域的最新研究,特别是对于理性与信仰问题的认知研究,这也是认知神经科学的发展为研究这一问题提供了客观物质的基础,使人们认识到机体性问题对于调整和平衡现代人们身心的重要性。由于大脑是认知与情感表达的中枢,目前基于脑神经影像学的研究主要集中在大脑功能和结构方面,同时作为一种还在继续发展的研究手段,对它的研究还发现对于理性思维与信念活动的自我调节可以在高级认知与情感层面控制人们的情绪与行为。最近,罗伯特·朗格纳(Dr. Robert Langner)等的研究发现了一个在情绪和行为之间实现自我控制的核心系统,即脑神经影像显示两个额叶—顶叶—岛叶网络的重叠仅限于四个大脑区域:后内侧前额叶皮质、双侧前岛叶和右侧颞顶叶交界处。[①] 除此以外,他们还发现,任何一个调节方面似乎都依赖于广泛相似但不同的子网络。即在此重叠之外,这些网络之间还有主要的差异,这是他们通过基于固有功能连接性的领域特定区域聚类以及使用脑地图数据库进行定量正向和反向推理对网络子簇进行功能表征而得到的证实。如果假定这种差异是由理性的思维与(作为信仰的)信念活动不同类的自我控制所引发,那么从此假定出发的研究,无论对它的证实或是证伪,在认识认知与情感对于人们健康以及疾病的控制方面,将会有一个比较大的进步。

事实上,以理性思维与(作为信仰的)信念活动的认知神经基底为切入点,通过对认知神经要素、心理过程、个体认同、社会文化的整体性研究,将"理性"思维与(作为信仰的)"信念"活动

---

① Langner, R., Leiberg, S., Hoffstaedter, F., Eickhoff, S., Towards a human self-regulation system: Common and distrinct neural signatures of emotional and behavioural control; Neuroscience & biobehavioral review 90, 400 - 410, 2018. -cited from: http://hdl.handle.net/2128/18628 and 10.1016/j.neubiorev.2018.04.22.

的心理学有机建构成为一种个体身心平衡与谐和的哲学心理观与方法。从认知神经学的研究出发，人们身心认同以高级认知和极度情感的神经生物原理为基础，与个体意识、社会文化心理因素密切相关，是一种超越了工具性和目标性的人本主义状态，赋予人类以"存在"的最大意义。

人的身心健康表达的是理性认知与情感信念的综合作用，使人们的"幸福"具有了基质。所以这个健康系统体现的是以神经生物要素为核心的，包括个体心理、社会文化心理以及生态心理的系统结构。代表着自我认同的身心健康主体，其与自身和外部的关系，决定着人类生存与发展的方向。

总体来说，满足了人们在情境中的主体性需求——情感需求的达成，那么"幸福"意识也可成就。

五　结语：非情境、情境、超情境、情境主义

事实上，智能机器人的出现代表了一个新的意识阶段的出现，那就是非情境意识的出现。因为它们输出和表达并非处于一种情感的关联与情境的结构之中，更多的是一种抛开这些的"客体化"的知识性操作。这种意识对于人类毋庸置疑首先是有重大补足的，它可以超脱于情境的囿限，看到情境人类所看不到的高度与挖掘不到的深度，将工具化利益最大化实现。但同时，也是由于这一点，它们与真正的人类意识差距甚大。

情境是一个必然的过程。对于人类主体来说，非情境总是不存在的，而存在的只有情境。当人们存在于情境中的"幸福"意识达成之后，总会有出乎意料的超情境意识生成。按照黑格尔的说法，它是否定之否定的"原地的螺旋上升"。而这个时候的超情境意识

与智能机器人的非情境意识看上去似乎相似度很大,然而却是从根上不同的。如果说前者可以是有中无,而后者则是无中有。

综上,智能机器成为人,成为可以取代人类的真正的人,还有很长的路要走。就目前来看,一种不能具有人性的智能机器,不具有与人类相似的人性的机器是不可能取代人的。如果将之情境化地产出,则有两种可能性:(1)产出具有高度拟人化肉身的智能机器人,但这种机器人将越来越囿于各种各样"自我"的意识困扰中,会随着与人类越来越相似的情态出现而越来越丧失其本身具有的工具人的超能力,与此同时可能伴随有具身机体的各种各样的"症候"。(2)产出具有高度"全整"超能力的智能机器,但却始终不具有自主性的"自我"意识,从而始终作为工具人起作用。

可见,智能机器要么是完全变成"人",要么是变成完全的"工具",但不可能以智能机器(工具)的特性而"取代"人,更不可能以"人"的特性而取代人,因为这个时候它不能超越人。

数字时代的人文学科认识论

张 炯[*]

数字化对现代社会的变革效应是巨大的，深入日常生活的方方面面，对于人文学科而言也是如此。人文学科的主干是文学、史学、哲学以及艺术学，更广延还可以包括语言学、考古学等含有人文主义内容或运用人文主义方法进行研究的社会科学。当下的人文科学与社会科学往往统称为人文社会科学或哲学社会科学。人文学科其实是一个边界模糊的概念，但是其研究对象和内容基本是确定的，即人类精神世界及精神文化，分析和解释人的观念、精神、情感和价值等。人文学科的渗透性很强，对于其他偏功能性学科具有基础和价值导向的意义，从而使其他学科必然带有一定的人文性。另外，人文学科也已经不再"纯粹"，它会吸纳其他学科的思维与成果。传统的人文学科建立在印刷文化的基础上，而随着数字技术的发展和覆盖，知识的生产、传播和消费等方式都在变化，与此相应的是人文学科的认识论也已经发生了或隐或显的变化。本文希望通过揭示这类变化，继而展望数字时代的人文学科未来，以期开启更为深入的讨论。

---

[*] 张炯，华中科技大学哲学学院博士后。

一 数字时代的文本阅读

人文学科的基本依据是文本，人文学者的基本功夫乃是对文本的阅读与处理。数字时代的人文学科逐渐不完全依赖于长期以来的纸质文本，文本的数字化方式变得越来越灵活和开放，而且当下几乎所有的学术产品在某种程度上都已经（或将要）数字化。

我们总是可以在印刷文本和数字文本之间做出诸多不同的比较。在《古腾堡的指纹》中，加拿大作家梅丽琳·西蒙兹（Merilyn Simonds）说道："一本已经出版的书籍就是一个我可以掌握的世界。纸质书加深了深度；电子书扩宽了宽度。"① 基斯·休斯顿（Keith Houston）用诗意的语言形容道："翻阅书页，感受微风拂面的感觉。相比之下，被禁锢在平板或电脑屏幕背后的电子书则是一种惰性。"② 大卫·莱恩金（David Reinking）身为教育领域的媒介研究专家，他说，"阅读传统的印刷书籍的体验是静态的、沉默的、内省的和严肃的"，而数字环境中的阅读则"更加感性、灵活和有趣"。③ 人文学者对数字文本的态度是复杂的，这与数字文本已经在大众生活中形成的定位和印象有关。

第一，现代人在寻求一种应对信息过载的阅读策略。文本的大量存在难免令人困惑，而读者需要具备的一个关键技能就是如何避免无效的阅读。因而，许多读者希望能够走捷径，快速找到并专注

---

① Merilyn Simonds, *Gutenberg's Fingerprint: Paper, Pixels and the Lasting Impression of Books*, Toronto: ECW Press, 2017.
② Keith Houston, *The Book*, New York and London: W. W. Norton & Company, 2016, p. xvi.
③ David Reinking, "Multimedia and Engaged Reading in a Digital World", In Ludo Verhoeven and Catherine E. Snow (eds.), *Literacy and Motivation: Reading Engagement in Individuals and Groups*, Mahwah, NJ: Erlbaum, 2001, pp. 202–203.

于那些他们想要密切关注的段落。比如，平面设计师埃伦·勒普顿（Ellen Lupton）在谈论书籍排版时写道："设计师将文字分解成小块，并在大量信息中提供快捷方式和替代路径，从而提供进入和退出大量文字的方法。排版可以帮助读者引导内容的流动。用户可能正在搜索一段特定的数据，或者正在试图快速处理大量内容，以便提取要素来立即使用。虽然很多书把排版的目的定义为提高文字的可读性，但设计最人性化的功能之一实际上是帮助读者避免阅读。"[1]

第二，网络读者普遍不喜欢沉浸式阅读，他们想要移动鼠标或点击屏幕来搜索。因此，网络作者应该创建易于浏览的页面，他们应该使用诸如高亮关键词、空格、副标题、符号和方框等排版工具，将文本分割成更小的单元。任何减慢阅读速度的东西都是一种阻碍。电子文本的读者似乎比纸质文本的读者更没有耐心，这或许是因为读者对电子阅读与印刷阅读有着不同的期望，电子文本的读者"希望处于搜索模式，而不是处理模式"[2]。

第三，数字阅读的物质体验。阅读不仅是大脑工作的过程，也是眼、手乃至整个身体的运动过程。正如麦克劳林（Thomas McLaughlin）在《阅读与身体》一书中所说，阅读是固然是一种意识行为，"但不可否认的是，阅读也是一种身体行为。眼睛扫视书页，手捧书籍，身体姿势使整个肌肉骨骼框架对齐，适应书籍的物质性以及适应这具阅读躯体所身处的物理空间"[3]。根据阅读的是精装书、平装书、电脑屏幕、电子阅读设备、平板还是智能手机，我们

---

[1] Ellen Lupton, *Thinking with Type: A Critical Guide for Designers, Writers, Editors, and Students*, New York: Princeton Architectural Press, 2010, p. 87.

[2] Ellen Lupton, *Thinking with Type: A Critical Guide for Designers, Writers, Editors, and Students*, New York: Princeton Architectural Press, 2010, p. 98.

[3] Thomas McLaughlin, *Reading and the Body: The Physical Practice of Reading*, New York: Palgrave Mcmillan, 2015, p. 1.

的身体与文本的互动方式是不同的。当我们在谈论实体文本时，总是会强调读者与纸质文本接触时的感官体验以及经由这些感官体验所带来的亲密感，除了封面和字体的视觉吸引外，还包括手中文本的重量、装订、纸张气味以及翻页的声响等。纸质文本所代表的"书香"气已经超越了阅读本身，它还包括将文本作为收藏和展示的对象、作为在特定地点阅读的仪式感，甚至是亲友之间的纽带等。

当然，日常阅读与人文学科的学术研究式阅读终归是有差异的。人文学者群体的文本阅读是持续性、跳跃式的，也就是说，他们长时间不间断地阅读，但或许不是按线性顺序从头到尾地阅读。相反，他们在一个文本内或不同文本之间来回跳跃。与当前学术研究和兴趣的相关性是人文学者用来决定什么文本阅读策略的标准。当一个研究者在期刊门户网站搜索文章时，他会查看很多可能有用的文章，浏览摘要、查看关键词、研究参考文献等。在这个浏览过程中，许多文献因为不值得考虑而被淘汰，而有一些则被下载并存储，还有的文献会打印出来供人们立即或稍后仔细阅读。这一"略"读过程在坊间看来是似乎肤浅的，但却是需要工夫的，这一过程本身为研究者提供了一个更为广阔的图景，这实际上构成了对所选文本进行详尽深入阅读的第一步。[①]

我们可以想象一个没有印刷文本的世界，却无法想象一个丢掉文本阅读功夫的人文学者。不管我们喜欢与否，文本的印刷与数字形式现在已经密不可分了。只有耐心地克服这种纠缠，我们才能理解数字技术将会如何改变人文学科的文本阅读方式、如何影响人文学科的认识论。

---

① Terje Hillesund, "Digital Reading Spaces: How Expert Readers Handle Books, the Web and Electronic Paper", *First Monday*, Vol. 15, No. 4, 2010.

二 从"桌面"到"搜索"的数字认识

一般而言，人文学科的研究首先要从梳理对象及对象之间的因果性开始，在把握或繁或简的因果性之后，再从前人或现有研究的不足乃至空地，生发出创造性的探索及成果。人文学科的工作更多是解释性的，其限度一般框定在具体文本上，并寻求与现实的关联。而在如今看来，数字媒介已经深刻影响了知识生产，并构成这样一个事实：数字形式的表达影响着我们如何看待和处理当代和历史的信息。数字化挑战了人文学科学术研究和教学实践的核心，不仅因为新工具和新对象的出现，还因为我们的思维模式与构建数据和知识的方式正在发生变化。

在传统的人文学科研究里，"桌面"是一个重要的入门级隐喻。它不仅指人文学者在实体办公桌的书山前做研究，而且指在电脑桌面打开相应的文档进行文字输入。数字时代的人文研究已然发生变化，"搜索"引擎正在取代"桌面"。在百度、谷歌或在不同的图书馆数据库中进行搜索，其逻辑与"桌面"和层次化的文件结构是不同的。当我们在百科全书中检索关键词、在书架上搜索书籍，往往会发现自己在搜索条目的同一页或在书架的同一层阅读了许多其他内容。虽然说搜索引擎会不可避免地推送与你实际想要的信息相距甚远的结果，然而在下一步，搜索引擎也确定了我们的偏好和搜索历史，并将很快提出建议和安排我们的搜索。搜索引擎的算法构建了一套数字时代的认识新秩序。

当代法国哲学家福柯（Michel Foucault）在其《事物的秩序》一书中雄心勃勃地勾勒了从文艺复兴时期开始的思想史和秩序。福柯对于"秩序"（order）有如下表述："在同一时间，秩序是作为事物的内在法则而给予的东西,是决定它们彼此面对方式的隐藏网格,也是除了通过一瞥、考察和语言创造的网格之外没有其他存在的东西;只有在这网格的空白空间中,秩序才在深处显现出来,仿佛已经在那里,静静地等待着它表达的那一刻。"① 按照福柯的解释,秩序指的是事物和用来安排它们的话语之间的关系。而关于"认识"(episteme)概念,福柯提出如下观点:"在任何特定的文化中,在任何特定的时刻,总是只有一种认识定义了所有知识的可能性条件,无论这种认识是在理论中表达的,还是在实践中默默注入的。"②

回到当下,数字时代确实为我们这个时代的认识设置了条件,数字化应该被视为一个关键的、批判的镜头,为我们提供关于时代和历史的新视角。此外,福柯的定义与科学史学家莱茵伯格(Hans-Jörg Rheinberger)对认识论的定义是一致的,后者认为,"认识论"指的是"反思事物成为认识对象的历史条件及其手段"。③

应当说,福柯和莱茵伯格的观点都有助于我们理解数字时代的认识论。数字化是一种历史现象,它决定了知识如何产生和呈现的条件。认识论与思维方式是密切相关的,数字媒体和数字文化制品不仅描绘了我们的存在,而且还决定了我们如何观察认识对象。

如果我们把互联网看作一个巨大的档案库,那么就会发现搜索引擎的逻辑在许多方面都标志着基于相关性原则的秩序。对于人文研究而言,认识对象的组织不是线性的,而是关联的。在这一意义上,数字化与传统思维模式之间并非格格不入,尽管许多数字表达

---

① Michel Foucault, *The Order of Things*, London/New York: Routledge Classics, 2002, p. xxi.
② Michel Foucault, *The Order of Things*, London/New York: Routledge Classics, 2002, p. 183.
③ Hans-Jörg Rheinberger, *On Historicizing Epistemology. An Essay*, Stanford: Stanford University Press, 2010, p. 2.

对于传统的人文学者而言可能是新颖的乃至异化的，但本质上都不属于知识的复制，而是从已经存在的认识素材里重新创造知识，只不过知识的存在形式发生了数字化的变化，这也让主体认识的广延和发散程度不再受限。认识对象的目的在于解释对象，但数字时代的认识目的与其说是"解释"（hermeneutics），不如说是"启示"（heuretics）。它不是以一种因果性的序列思维来解释对象，而是以一种关系性的发散思维来启示主体。这对于人文学科而言是革命性的，数字化以其自身独有的秩序形式，为人文学科的无限发展注入了更多的可能。

三　数字时代的人文繁荣

欧洲文艺复兴是发生于14世纪到17世纪的思想文化运动，这场运动所弘扬的人文主义精神影响至今。文艺复兴的背后是中世纪向近代转型的时代变革。我们如今生存的时代也正经历着由数字化、智能化所驱动的变革，那么在这一背景下，我们能否寄希望数字时代的人文繁荣来创造一种新文明类型呢？这固然是一条漫长的道路，其中有几个基本要素值得进一步讨论。

第一，人文学科的发展既是一个建构的过程，更是一个分享的过程。不可否认，在每一个学术圈或学术共同体内部及之间都存在着分歧与张力。而在人文学科中，有一种张力受到了相当大的关注，它发生在那些建构数字工具和媒体的学者与那些使用数字工具和媒体研究传统人文学科问题的学者之间。这一张力往往源于我们无法控制的机构背景和专业需求，而人文学科的真正力量与工具的生产无关。质言之，数字时代人文学科的核心不是知识的生产，而是知识的再生产。数字化挑战的是知识的表达和分享方式。

数字技术的前景并不在于它允许我们提出新的问题，因为有了数字工具，或者因为这些工具使新的方法成为可能。数字技术的前景在于它重塑了知识的表达、分享和讨论。我们不再受制于印刷制品的实际需求，不再受制于生产成本和分销摩擦，不再受制于自上而下、难以持续的商业模式。我们不应该再满足于让我们的作品在根深蒂固的道路上痛苦地缓慢地公之于众，作者和读者都因为某些限制知识生产和分享的通道而拖延了时间。现在或许不是限制自身可能性的时候，不是把未来建立在过去基础上的时候，同样也不是自满、犹豫或固守现状的时候，数字时代的人文学科将有机会更均衡地分配未来，有机会以更公平更广泛的形式去分享和传播知识。

第二，人文学者的批判性不能因数字化而削弱。马塞尔·奥戈尔曼（Marcel O'Gorman）在 2006 年出版了引人深思的《E-Crit：数字媒体、批判理论和人文学科》。奥戈尔曼的观点是，数字文化需要一种新的教学方法，它不仅将人文学科与当代数字环境联系起来，而且与文化的历史联系起来。奥戈尔曼认为，今天的人文学科只利用了数字媒体所提供的一小部分潜力，尤其是那些与印刷媒体最相似的部分（如数据库、档案和扫描书籍等）。如果没有意识到这一点，那么人文学者最终将成为数字档案的管理员，而不是成为批判的理论家："如果人文学者不共同努力去放弃文献和学术的传统定义，那么他们的职业命运将是'数字档案管理员'，而他们的成功将由他们所谓的破坏经典的档案项目的规模来衡量。"[①] 在《E-Crit 数字媒体批判理论和人文学科》一书中，奥戈尔曼对大学学术、教学和课程如何转变以适应数字文化进行了大胆的审视，探

---

① Marcel O'Gorman, *E-Crit: Digital Media, Critical Theory and the Humanities*, Toronto: University of Toronto Press, 2006, p. 11.

讨了数字媒体可能有助于恢复高等教育的批判性和智性目的的方法，而这种目的一直受到现代大学中占主导地位的技术官僚结构的限制。他认为，人文学科必须通过创造以人文为基础的跨学科项目来重新定位自己，这些项目能够适应后印刷时代的数字文化变革。

奥戈尔曼建议人文学术实践从"解释式"转向"启示式"："这种'归档热'的结果并没有以什么重要的方式改变人文学科，也没有使人文学科研究更适合计算文化。新媒体几乎没有改变人文学者的实践，除了可能通过更容易访问的数据库加快了解释的执行速度。我应该再次强调一点，和解释相比，我更感兴趣的是启示。更具体地说，这本书提出了以下问题：彼得吕斯·拉米斯（Petrus Ramus）的学术方法曾对印刷设备的塑造产生了巨大的影响，并持续了五个世纪，难道我们不能发明一些学术方法来塑造数字设备吗？"[1] 人文学科的实践不是一个给定的常量，它如今必须面对数字文化的冲击，或许我们也有理由期待一场类似开启印刷时代那样的"古腾堡式"变革。

第三，人文学科的教化功能的实现如何适应数字时代。人文学科毕竟不是一个封闭的系统，我们可能不得不在教学和研究中尝试一些与周边文化相适应的形式。人文学科的最佳沟通与表达和传承理应在一个与年青一代互动的语言和媒体空间中实现，这意味着人文学科的教化功能的实现需要关注媒介习惯和数字体验。在《我们如何思考》一书中，作者凯瑟琳·海尔斯（N. Katherine Hayles）提出了这样一个问题：我们如何将数字素养转化为阅读、理解和处理文学文本的能力？我们如何使这两个专业领域的联系成为可能？在她的观察里："印刷和数字这两条轨道并行，然而其中一条轨道的

---

[1] Marcel O'Gorman, *E-Crit: Digital Media, Critical Theory and the Humanities*, Toronto: University of Toronto Press, 2006, p. 50.

信息并不会跨越到另一条轨道上。"① 其实海尔斯的困惑不仅局限在文学，甚至可以扩大到整个人文学科。解决这一困难需要平衡两方面，一方面在于倡导教学和研究的数字化态度，另一方面在于促进数字素养与传统人文素养的会通与培养。

瑞典学者乔纳斯·英瓦松（Jonas Ingvarsson）在《走向数字认识论》一书的最后为人文学科的教研人员列出了未来一些可能的方向和挑战，比如人文学科的工作方法要从书本束缚的实践和理论范式升级到多模式、跨媒体的模式，探索并建立多种文化表达之间的多模态关系，鼓励多任务的处理能力和联想能力，鼓励文本、图像、声音等信息的创造性组合，鼓励对当代文化的陌生感，建立一种非自动化的教育实践等。② 人文学科如果能在保持自身完整性的同时，设法在其提供的课程中包含学生、研究者和教师兴趣的广度和深度，那么就会发现它的所有教化功能都可以得到增强。在这种背景下，人文学科在数字时代的更新过程可能不仅仅是以一种"亚"形态而存在，它将直接作用于这个新的、更大的、更复杂和多样的文化根基。在如今学科自身的功利性维度被不断放大的时代，传统人文学科也直接处于略显尴尬的境地，人文学科在数字时代如何生存与繁荣将是一个长时段的战略问题。

---

① N. Katherine Hayles, *How We Think: Digital Media and Contemporary Technogenesis*, Chicago, IL: Chicago University Press, 2012, p. 57.

② Jonas Ingvarsson, *Towards a Digital Epistemology*, Palgrave Macmillan, 2020, pp. 129–130.

以唯物史观辨析人工智能的现代性挑战[*]

孙 颖[**] 韩秋红[***]

人工智能在当下为生产提供"智能+"的高阶模式，为生活提供更为便捷的服务方式，使高科技的优势尽显无遗，突出代表着时代的进步与发展。但它又在某种程度上内含着毁灭的隐秘力量，以一种潜移默化的方式渗透于日常生活，不断销蚀着人的现实性本真，对人构成的现代性威胁就像一颗不定时炸弹随时有被引爆的危险。当现代科技"天使"与"魔鬼"的双重身份一体化，并以人工智能的形式呈现时，与现代性共谋、加剧现代性危机的潜在可能被增强，但这并非人工智能本身的问题，而是认识和应用人工智能的方式和程度问题，即问题的关键在于如何运用马克思主义的唯物史观辨识人与人工智能、现代科技与社会发展的关系。

---

[*] 本文已发表在《马克思主义与现实》2020 年第 1 期。
[**] 孙颖，东北师范大学马克思主义学部博士研究生。
[***] 韩秋红，东北师范大学马克思主义学部教授、博士生导师。

一　回归生命现实，破解"新神"形象

马克思唯物史观揭示人类社会历史发展规律的思想前提是"现实的个人"。基于"现实的个人"思想，审视人工智能如何改变人的认识、遮蔽人的现实性，它在为人类生产生活带来发展和便利的同时，又是如何对人的生存发展加剧"非现实""异现实"的潜在风险的。

第一，对人工智能的"意识活动"之思。扫地机器人、无人驾驶汽车等工具性智能科技是促进人的日常生活方便化的新兴手段，而随着能够与人进行互动聊天、情感交流的智能机器人的研发与投放，人工智能的"新时代"随之到来。它意味着机器不再单是工具性的助手，更有可能成为有意识、有自主能力的存在来代替人本身。不可否认，这样一种似乎具有意识能力与情感认知的智能机器会满足、造福一些有特殊需求的群体，但这种应用方式的扩大化可能给人类带来灭种的生命危机则令人惶恐。西方哲学素有将人的本质归为意识、理性的传统，即把人同他物的根本区别归为有无认识能力这一先天条件，如此，对生命体是不是人类的判断便以该生命体是否有主观意识活动为标准。人工智能的"能动性"在这种认识基础上有了类人的形象。而马克思主义认为："全部人类历史的第一个前提无疑是有生命的个人的存在。因此，第一个需要确认的事实就是这些个人的肉体组织以及由此产生的个人对其他自然的关系……一当人开始生产自己的生活资料，即迈出由他们的肉体组织所决定的这一步的时候，人本身就开始把自己和动物区别开来。人们生产自己的生活资料，同时间接地生产着

自己的物质生活本身。"① 人的现实性首先在于"人直接地是自然存在物",必须以满足自然生存条件为前提。受生命必然性和自然环境制约是人的本质得以实现的客观现实,只有基于人的肉体自然生命,才能进而谈及人的发展与解放,否则,极易陷入对人的本质的概念臆断或主观遐思,步入观念的自我异化的窠臼。将人的本质归为意识活动和理性能力的唯心主义哲学将"人的能动的方面抽象地发展了",不从唯物主义的立场对人的本质进行基础性、前提性的认识,而以抽象的理性能力独断人的本质,这种唯心主义倾向为人工智能以拟人的仿真性遮蔽人的现实本真性提供了认识论基础,为人们对能够进行"意识活动"的人工智能抱有同类依赖心理,或认为人工智能能完全取代人,并将之视为关系的对象的经验感知提供一定的思维观念、支撑。当人们将人工智能"善解人意"的"意识能力"当真,把人与人之间真实的情感交流、社会关系赋予智能机器上时,人们对人工智能物的本质缺乏根本性认识,即没有认识到人工智能的智能(以意识活动体现)是人在机器中写入运算法则所赋予的。由是,人工智能作为人造物的"第二性"遮蔽了人的自然第一性,以遮蔽自然规定性否定人的现实性,有造成危及人的生命体存在与繁衍的可能。

第二,对人工智能的"超神"能力之思。人工智能的功能、应用领域等起初是为了满足人的某些需要而进行研究和算法输入的,比如为了解放人的双手双脚、节省花费在家务劳动上的时间,发明出智能家用器具;为了提高人工服务的效率、给客户更好更优质的体验,开发出机器人助手、在线机器人客服等。但随着大数据、云计算对人工智能的附加增值,人工智能产品越发具备无人能敌、无人能挡的"超神"能力,人工智能的标准逐渐成为认识判断的标

---

① 《马克思恩格斯文集》第1卷,人民出版社2009年版,第519页。

准，人工智能成为人的偶像。如果我们从主客关系的角度加以识察，可以明显发现这一现象已经构成一种异化形式，即作为客体的物对主体人的支配与控制。马克思主义批判人服从于物的傀儡式存在方式，强调人的能动的实践活动，要求"现实的个人"积极地自我实现。"他的欲望的对象是作为不依赖于他的对象而存在于他之外的；但是，这些对象是他的需要的对象；是表现和确证他的本质力量所不可缺少的、重要的对象。"① 人是在解决生命所需的实践活动中，与自然产生对象性互动，从而在物质基础上发挥主观能动性，实现认识与改造世界，并以此确证自身的，即"既在自己的存在中也在自己的知识中确证并表现自身"②。因此，"现实的个人"内涵实践主体的意味，主观能动性是必不可少的条件，而且这种主体自觉自为的能动性并非意识哲学的抽象概念，而是现实的对象性的实践活动。人只有在客观条件下充分发挥主观能动性，把握客观规律，认识与改变世界，才能成为真正的"现实的个人"，才能在实践中发展社会、创造历史。而人工智能的"超神"能力对人造成了全面支配的错觉，以剥夺人的主体性否定人的现实性。其对人的现实性的遮蔽，正如机器工业时代机器对劳动者的束缚一样，只不过换成了一种形式更加隐蔽的智能数字化、虚拟化的方式。这一人造物反制人的现象在现实中越来越扩张、普及，从而越发成为现代性批判的集中着力点。

第三，对人工智能的"新神"形象之思。人工智能以基于大数据综合分析得出的算法作为运行根据，意味着在算法被输入机器之后，人工智能的行为活动不会产生算法以外的操作。当下人工智能借大数据云计算的优势以其精准性降伏人，其神通广大的能力大有

---

① 《马克思恩格斯文集》第1卷，人民出版社2009年版，第209页。
② 《马克思恩格斯文集》第1卷，人民出版社2009年版，第211页。

覆盖人的日常生活之势，不仅能够进一步解放人的体力劳动束缚，而且能够满足人的一些基本情感与事实判断、价值选择的需求。其用数据的拼搭组合、虚拟的场景设置、高效的运算输出等方式解决人们的诸多现实需求，为人类营造了一个美好的生活图景。人工智能"全知全能"的"新神"形象已然呈现。如果上帝是一种纯粹的神秘力量，那么人工智能则因社会分工不同，可以被视为"脱域机制"①中无在场的神秘力量。比起宗教上帝的虚幻性，人工智能的虚假性更难辨识，因为其所特有的实体性的现实存在和现象性的作用力，尤其当人工智能发展到越来越能解决情感问题、越来越能超越传统时空界限的时候，其"类上帝"的虚假性更难识别。马克思批判宗教神学对人的精神压迫如鸦片一样使人陶醉于不现实的自我想象的幻境中，宗教带给人虚幻的幸福越让人感到快乐，就越说明人的现实状况的糟糕——"宗教里的苦难既是现实的苦难的表现，又是对这种现实的苦难的抗议"②。当人工智能以数字化、虚拟化的先进技术给人营造出美好氛围时，其神圣性与上帝本质无二，且超越宗教的神秘虚无，给人带来仿真性极高的实在体验。这可能会加速人们在享乐主义中忘却自我存在的本真与意义，致使人陷入自我异化的危机，这一危机将比宗教带来的更加深重。被技术规定遮蔽现实性、沉浸在虚拟幸福中的人，如同被封闭在黑暗的"洞穴"中，无法接收到真理光芒的普照。而实际上，这种外在力量是由人自己对智能机器的假想所形成的，即人们未能明确人工智能所表现出的所有能力和所营造出的所有景象，究其根本都是人以代码

---

① 参见［英］吉登斯《现代性与自我认同：晚期现代中的自我与社会》，夏璐译，中国人民大学出版社2016年版，第2页。"脱域机制"指将社会关系从特定场所的控制中强行解脱出来，并通过宽广的时空距离对其加以重新组合。本文借此概念欲说明人工智能产品的制造与使用的分离，导致非制造人员或非专业人士的使用者偏信人工智能强大能力的先天性，而遮蔽了其人造物的本质，从而陷入幻想的力量对自我的束缚。

② 《马克思恩格斯文集》第1卷，人民出版社2009年版，第4页。

的方式所赋予的。因此，即使人工智能确实以各种方式给人以幸福感，其实质仍是虚幻的，是人对现实的不满在物上的寄托，构成自我束缚、自我封闭的危机。因此，正如马克思指出的，"对天国的批判变成对尘世的批判，对宗教的批判变成对法的批判，对神学的批判变成对政治的批判"①，对人工智能"新神"的批判要进一步转向对人类社会的现实批判，追问社会结构形式对现代科技发展、人类解放事业的作用及影响。

认清人工智能的"新神"形象潜藏的现代性风险，是转向追问这种风险发生的现实原因、展开批判的前提。现代科技是人类在开掘自身理性能力的路向上对以往宗教神学的反叛，通过宣布"上帝死了"使人从神学意识中解放出来，确立起人的主体地位。但当现代科技发展到如当下人工智能所表现出来的高级状态时，却呈现了自我反噬的危机，即本来以解放为目的的启蒙理性在片面追求自我确证中走向自我束缚，成为科技时代、信息时代的"新神"，人开始被人工智能所支配与控制就是最典型的"启蒙倒退成了神话"②的表征。因此，必须辩证科学地把握二者的关系，才能使人工智能真正被合理地正确使用，助益于人类文明进步。

二 平衡两种理性，审视异化现象

如果将人的理性分为追求功利的工具理性和追求意义的价值理性，那么两种理性的平衡是"现实的个人"自我实现的关键环节。而现代性危机正在于工具理性片面压抑价值理性，且这一问题随着

---

① 《马克思恩格斯文集》第1卷，人民出版社2009年版，第4页。
② ［德］霍克海默等：《启蒙辩证法》，渠敬东、曹卫东译，上海人民出版社2006年版，第5页。

人工智能等高科技的使用而呈现愈来愈严重的趋势。作为现代科技的延拓，人工智能正在履行的轨迹并未克服或超脱现代性批判理论家对现代技术越发具备意识形态功能的理论认知与判断，它一方面在认识层面以更加精密和高效的计算能力与对数据的掌控，确证着人的理性对客观世界规律的认识及预判能力，为人类无视伦理道德而狂妄逐利提供更为先进有效、隐蔽虚拟的技术手段；另一方面越发成为束缚人解放发展的新工具。两方面彼此间构成一种主体的内在悖谬——自我肯认的神圣形象与被"第二自然"束缚的存在缺席。"随着内在性的消失，个人自决、文化发展、自由想象等等所具有的快乐也随之消失殆尽。今天，是另一种倾向和目标体现着人的特征：技术专家、精神气质、控制机器的快感、合群的需要等等，这些被看作是模范，其规则代替了个体的判断。建议、规定和咨询代替了道德内容。"[①] 技术异化集中反映出人的自我异化，要求我们对先进科技力量进行辩证审视，追问工具理性覆盖价值理性的根源是什么，以及如何以正确的思维理念克服这种错误倾向。

第一，人工智能对工具理性的助长。人的异化是现代性最突出的问题之一，集中表现为价值的失落、意义的式微、思想的缺席。现代科学技术的发展在很大程度上助长了工具理性占据上风地位压抑价值理性的现状与趋势。依海德格尔之见，现代科技起到了"座驾"的桥梁作用，为人的理性认知能力提供了阿基米德点，使人真切地看到了撬动地球的可能性。如此，培育起理性的妄自尊大，也就培植了理性的自我封闭。"座驾意味着对那种摆置的聚集，这种摆置摆置着人，亦即促逼着人，使人以订造方式把现实当作持存物

---

① Max Horkheimer, *Critique of Instrumental Reason*, Verso, 2013, p. 12.

来解蔽。"① 科学技术成为人认识和改造客观世界的媒介，帮助人们触摸人类自然力无法触及的领域。借助理性的技术之力，人可以改变客观世界成为人想使之成为的样子，可以进一步认识到以往认识不到的规律。这使人更加相信运用理性掌控外界事物的能力，也令人更加迷恋于掌握外在力量，更加依赖于作为手段、工具的技术科学。正如黑格尔所言："在时代困境中，人要么成为客体遭到压迫，要么把自然作为客体加以压迫。"② 这种主客体间的张力通过现代技术的中介越发强劲。随着技术从完全依靠人的操作才能工作，到能够自己根据运算法则进行数据分析处理展开工作，甚至有产生自主行为的可能性，人类相对于人造物的主体地位受到空前威胁。这种威胁已不是主客体间的紧张关系能否达到统一与和解的问题，而变为客体（如果以原初状态是他者规定的第二性来理解的话）对人的完全支配与控制的问题。更应被警觉的是，人类或者因为沉醉于自己的发明而被理性所蒙蔽，或者干脆愚钝地对自身处境毫无察觉，而没有意识到自身现实性的危机和危机的现实，即已经被越发具有自主运动性的智能机器所控制，人已经降为工具的工具。以为自己是受益者的人类实则成了科技"游戏"中的玩具——"现代技术并不是人类的产品，不是人类为实现他们自己的目标而创造出来的手段。反之则更接近真理：人类（至少在其作为'人力资源'的形式中）是技术的产品——或者更确切地说，是技术之本质的产品。"③ 而这一现代技术的当代代表便是人工智能。正如卡斯帕罗夫第一次面对深蓝计算机走出超出他预期的一步棋时，感叹道："这真的惊讶到了我。"即便这一步棋不过是计算机程序中的一个 bug

---

① 转引自冯俊等《后现代主义哲学讲演录》，商务印书馆2003年版，第94页。
② 转引自［德］哈贝马斯《现代性的哲学话语》，曹卫东译，译林出版社2004年版，第33页。
③ 冯俊等：《后现代主义哲学讲演录》，商务印书馆2003年版，第95页。

（漏洞），却造成了棋手巨大的心理波动，并影响到最终的比赛结果。因此，人工智能一旦被错误应用或错误对待，带给人的异化危机不单在于表象的功利主义，更在于心理上不可见却不可回避的巨大压力。但无论如何，问题的根本始终是人本身。

第二，"数字化意识"表征的自我异化。马克思在批判人的自我异化时通过对宗教批判和意识哲学批判展开，循此，如果宗教是以神秘力量通过外在神圣形象表现出人的自我异化，意识哲学是人的自我异化的一个环节，是产生于人头脑中的概念想象达到抽象力对人的现实性的遮蔽，那么人工智能则成为二者的结合体，通过技术的方式在两个方面深化人的自我异化程度。其一，从劳动价值的角度看，人工智能引领人类进入数字化时代，意味着数字成为生产生活的表达式，一切都可以被数字代码标识与衡量。劳动者的财富从实物货币转化为智能终端软件上的一串串数字，劳动价值被具象的数字抽象掉了，抽象劳动与具体劳动更加失去可识别的边界，劳动者被剥削的方式从可见的生存条件压榨，到不可见的数字化占有，这既是一种外部力量对内在本质的宰制体现出的异化，也是主体在服从于虚拟数字的主观认可中的自我异化。其二，从生命体存续的角度看，当下的生物科技能够实现对生命体的基因编码，生命的诞生可以根据数据组合寄予生命体以外的容器，当生命的繁殖可以被机器取代，具有个性差别的"现实的个人"固有的不可预知性与不确定性被数字的准确性与精密性取代，人内在的超越性将被数字规定的完美性所封闭，人的生命不再属于人。其三，从时空体感的角度看，5G技术为数字化提供更高速快捷的传输通道，让数字对实体的取代不受时空界限的束缚，为数字插上了翅膀。5G技术成为人工智能全面改变和占有人的生产生活的推动器，可以实现以往受传统时空限制的实体之间以数字化的方式穿越时空，数据包、数据链不再以虚体的形式无影无形，而能够实现自我的实体化。如此一来，不知究竟是数字成为生命的载体，还是生命成为数字的载体。可见，数字化带来的人的生产生活方式的根本变革将会带来人的观念转变，一种数字化随处可见的社会历史现实将成为形成人的思想意识的客观因素，其对人的意识的数字化宰制能否被人无意识地服从，关键在于现实的人秉持何种理念和态度来对待它。而现代性批判所担忧的危机正在于人们日益接受了技术化、数字化的文化模式，人们的思想内容、评判事物的标准、评议事件的持久性和关注度，等等，正在转向以智能终端为依据。正如卢卡奇所批判的从"物化现象"到"物化意识"的物化逻辑，当代"数字化结构"也正在"深入地、注定地、决定性地浸入人的意识里"，[①] 吸纳和侵蚀人的意识，使人越来越屈从于这种"数字化普遍形式"，遵循着从数字化现象到数字化意识的演变，致使人的真实性的蜕变。这样的异化不仅仅表现为生产活动中劳动者与劳动产品、劳动过程的异化，而且还在普遍性上体现出人的异化和人与人之间的异化。

第三，资本逻辑的中介角色和强力支撑。当下我们仍处于"马克思主义所指明的历史时代"，资本逻辑对科学技术以"价值中立"自我标榜，实则向工具理性倾斜的现象，起着重要的动力枢纽作用。"资本害怕没有利润或利润太少，就像自然界害怕真空一样。一旦有适当的利润，资本就胆大起来。如果有10%的利润，它就保证到处被使用；有20%的利润，它就活跃起来；有50%的利润，它就铤而走险；为了100%的利润，它就敢践踏一切人间法律；有300%的利润，它就敢犯任何罪行，甚至冒绞首的危险。"[②] 正是资本增值的需求，一方面加剧了功利主义的蔓延，使人为了利益不择手段；另一方面消解着价值意义，通过消灭目的为技术手段的实用

[①] ［匈］卢卡奇：《历史与阶级意识》，杜章智等译，商务印书馆1999年版，第161页。
[②] 《马克思恩格斯文集》第5卷，人民出版社2009年版，第871页。

主义扫清障碍。因此，对现代科技的现代性批判，矛头常指向资本主义的弊端。"没有财富就没有技术，但没有技术也就没有财富。一个技术装置需要一笔投资，但因为它能优化性能，所以它也能优化这种更佳的性能带来的剩余价值。为此只需实现剩余价值就行了，也就是说只需销售性能的产品就行了。"① 技术在生产与再生产的环节中扮演重要的利润跳板角色，在资本主义制度下，商品的部分交换价值被抽取作为科研启动和推动资金，科研成果就不能置身事外单纯地作为科学存在，而要兑现资本增值的契约承诺，与技术结合，通过改善产品的功能、提升生产率等方式，为产品重新赋值，在商品流通中增加交换价值，扩展利润空间，提高销售效益。在这一过程中，科学成为一种生产力，且成为资本流通的一个重要环节。加之社会对财富的欲望远大于对科学知识的单纯渴求，科学便不可能独善其身，即"技术与利润的'有机'结合先于技术与科学的结合"②。以往通过剥削劳动达到资本积累目的的方式，逐渐演化为通过无偿占有数据生产者的数据，实现数字化增值的形式。资本殖民的手臂已经从实体空间伸向了虚拟空间，人工智能正是"数字资本主义"在当代的标志和重要剥削工具。"人工智能兴起可能会让大多数人不再拥有经济价值和政治力量。同时，生物技术的进步则可能将经济上的不平等转化为生物上的不平等。那些超级富豪终于要看到值得砸下手中大把财富的目标了。迄今为止，能用钱买到的顶多就是地位的象征，但很快就有可能买到生命本身。等到出现了延长生命、让身体和认知能力再升级的全新疗法，而这一切的代价又极度昂贵，可能就是人类整体分裂出生物种性的时刻。"③ 人工智能、生物科技、数字化的当代社会，更可能带来以技

---

① ［法］利奥塔：《后现代状态》，车槿山译，南京大学出版社2011年版，第156页。
② ［法］利奥塔：《后现代状态》，车槿山译，南京大学出版社2011年版，第156页。
③ ［以］赫拉利：《今日简史》，林俊宏译，中信出版集团2018年版，第70页。

术的归属、资本的额度、数据的占有为标准产生一部分人对另一部分人的霸权统治。而在以交换价值为衡量标尺，以货币资本为价值媒介的资本主义社会中，最终不可避免地会归向有产和无产的两极分化，社会历史将仍然处在"阶级斗争的历史"中。可以说，资本积累为科技的实用主义提供逻辑起点，资本主义制度为逐利提供法权支撑。因此，现代科技带来的异化危机实则是制度的危机，是人对人的关系危机，"非是科学杀人，而是人杀人"[①]。

"机器不会控制人类，而制造机器的人可以。"[②] 人工智能是由人在认识世界和改造世界的发展着的实践活动中发明创造的、用于满足人的物质性需求、确证自我认识能力的人造物，就其发明发展而言，具有中介性作用和附属性特征。人工智能的基本原理在于根据大数据综合分析形成的编程算法进行机械运转，这意味着一旦实际情况超脱编程算法的规定，人工智能将陷入混乱和瘫痪。即便担任评价标准角色的人工智能产品，其标杆指数等数据、规则、算法仍是由人设定的，而非机器的自主生成。无论人工智能未来发展到何等高级的程度，其"源代码"始终是人给予的。因此，人工智能所带来的一系列社会问题，从根本上来讲仍然是人的问题、由人的生产生活建立起的社会关系问题。在资本主义制度下，科技在资本"为卖而买"的总逻辑中成为盈利工具，获益者仍是财富拥有者，被剥削者仍是生产者，马克思所指出的资本主义社会的基本矛盾并未因科技的升级而有根本改变。并且，作为资本的工具，科技的发展更有助长社会两极分化的可能。但需强调的是，问题不在科技本身，而在于作为一种支配权力存在的资本，以及不合理的社会制度形式对社会生产力的束缚。因此，一方面要辩证对待日益发展的科

---

① 冯俊等：《后现代主义哲学讲演录》，商务印书馆2003年版，第89页。
② 吴军：《智能时代：大数据与智能革命重新定义未来》，中信出版社2016年版，第23页。

学技术，另一方面要思考人类解放的社会历史发展，在马克思主义的分析方法中正确认识人工智能、资本主义与人类解放的关系。

三　直面社会历史现实，省思现代性危机

唯物史观致力于为人类解放事业寻找现实出路，在科学把握社会历史发展规律中直面社会历史现实，立足社会生产生活实践，在认识与改造世界中实现人的自我解放。以唯物史观的思维方式批判资本主义现代性危机，是当代破解上述人工智能发展过程中所反映出的诸多问题的科学路径。

其一，辩证认识以人工智能为代表的当代科技。事实上，科学技术的进步既不能自发革新社会生产关系，也绝非造成和加剧异化危机的罪魁祸首，它实际上不过是一种人造的现实力量。这意味着对这一客观现实的应用方式决定了其发展能否真正造福人类。在资本主义社会，技术扮演的不仅是推动生产力发展的进步力量，更代表着获取剩余价值的主要方式，其在对"经济人"假设的制度肯定中成为谋利的工具。人的价值理性渐趋失落使人们"浪荡"于"忘在"的荒芜之中，自我的价值"现实性"被尖端科技提供的世俗化、大众化的"第二自然"所遮蔽，人在工具理性中丧失存在的本真，陷于"非现实""异现实"的境况。必须回到马克思主义关于人的自由全面发展的价值旨趣中，辩证认识技术进步与人的自由解放的关系。

显然，一方面，如果仍被陈腐的以牺牲他者为自我发展的统治阶级所利用，科学技术可以以专业性、精准性的特征成为比其他形式更具欺骗性的意识形态工具，以极权化趋向淹没多元性，导致人"非现实"的异化存在，并阻碍社会历史的发展。但另一方面，科

学技术也可以扮演推翻旧统治和落后的社会组织方式，建立新世界的潜在能力者的角色，成为无产阶级推翻资产阶级统治、消灭压迫剥削，实现阶级解放和人类解放的客观生产力条件。只有能够实现真正平等自由的、代表社会先进发展方向的生产关系的建立，才能使科学技术的积极效用被完全释放。"我们似乎看到了一条真正克服异化的道路——一般数据的共享，让数据成为构筑未来人类共同体的根基，而不是拒绝数据，拒绝数字化。因此，对数字资本主义时代的结论是，我们需要进行的是政治经济学批判，改造不平等的生产关系，而不是进行存在论批判，将数字技术和数据拒之门外。"① 因此，对于人工智能的科学认识在于将其放入人类社会历史发展的总体规律之中，以其能量和效益成全文明进步和人的自由解放事业，以社会历史主体的正确应用成全人工智能的价值意义。

其二，抓住事物本质，认清资本主义制度是现代性危机的罪魁祸首。"在技术的媒介作用中，文化、政治和经济都并入了一种无所不在的制度，这一制度吞没或拒斥所有历史替代性选择。这一制度的生产效率和增长潜力稳定了社会，并把技术进步包容在统治的框架内。技术的合理性已经变成政治的合理性。"② 社会技术化程度的加深固然会造成人类社会同质化、齐一化的行为模式和生存方式，但问题的根本不在于科技本身，而在于科技通过什么方式被应用。在资本逻辑主导的社会历史条件下，科技成为被统治阶层用以加强自身统治和自我确证的工具。资本主义在周期性的经济危机中不断以新的方式完成自我救度，从泰勒制到福特主义，从规模制造到空间生产，从实体经济到金融资本，从产业资本到数字资本……资本的再生产动力、革新意识是毋庸置疑的，也是应该得到褒扬

---

① 蓝江：《从物化到数字化：数字资本主义时代的异化理论》，《社会科学》2018年第11期。
② [美]马尔库塞：《单向度的人》，刘继译，上海译文出版社2008年版，第7页。

的，马克思也曾为其赞美："只有资本才创造出资产阶级社会，并创造出社会成员对自然界和社会联系本身的普遍占有。由此产生了资本的伟大的文明作用；它创造了这样一个社会阶段，与这个社会阶段相比，一切以前的社会阶段都只表现为人类的地方性发展和对自然的崇拜……资本破坏这一切并使之不断革命化，摧毁一切阻碍发展生产力、扩大需要、使生产多样化、利用和交换自然力量和精神力量的限制。"① 资本主义社会是人类社会历史发展的一个里程碑，资本主义生产方式的具体形式在不断适应客观危机中创新创造，推动人类文明不断进步，无论是科学技术，还是思想文化，无论是经济生产，还是政治组织，都实现了跃升。但是，资本主义的内在逻辑悖谬不会因为外在形式的变化而自我消解，资本主义的弊端也在发展中越发鲜明地呈现出来，尤其当资本绑架技术在权力领域被广泛而深度地应用时，更是如此。资产阶级清楚这一点，因此为了继续巩固自身的统治地位、谋取阶级利益，更需要通过先进的科学技术和文化宣传将整个社会整合到自己的权力之网中，形成一种意识形态的"铁笼"，麻痹人的解放意志，牢牢禁锢人争取自由解放的意识。因此，表面上现代科技带来的技术宰制，实则是资本主义工业文明的技术意识形态统治："生产装备趋向于变成极权性的，它不仅决定着社会需要的职业、技能和态度，而且还决定着个人的需要和愿望。因此，它消除了私人与公众之间、个人需要与社会需要之间的对立。对现存制度来说，技术成了社会控制和社会团结的新的、更有效的、更令人愉快的形式。"② 因此，人类真正的自由解放只有根本改变所有制关系、变革制度模式，才能使生产关系适应不断发展的先进生产力，使高科技不致因落后的生产关系和错

---

① 《马克思恩格斯文集》第8卷，人民出版社2009年版，第90—91页。
② [美] 马尔库塞：《单向度的人》，刘继译，上海译文出版社2008年版，第6页。

误的滥用成为威胁人的生存的潜在风险。

其三，人类解放需要通过改变不合理的生产关系来实现。综上可见，科技既不是导致人的异化的源头，也非解放人的主体力量，但它可以成为人类社会发展的动力支持，实现这一点关键在于科技被谁使用、被如何看待、被如何使用，也就是作为生产力的科技应该处于什么样的生产关系中，才能为人类社会发展、人类解放事业做出贡献。因此，人类解放的关键仍是要回到唯物史观所科学把握的社会历史发展规律上来，即根据生产力的发展进步，革新生产关系以进一步适应和解放生产力。

"资本主义生产不是绝对的生产方式，而只是一种历史的、和物质生产条件的某个有限的发展时期相适应的生产方式。"[①] 唯物史观强调资本主义社会形式的历史必然性和暂时性，当资本主义生产关系越发成为阻碍生产力发展、妨碍人的发展的不合理制度形式时，人民的力量和历史的车轮将推动它的淘汰。在智能科技越发改变着社会生产力与生产关系以及人们的思维观念的当下，资本主义仍因循守旧以牺牲被剥削者的利益换取资本家利益的方式进行"零和博弈"，这必然导致加剧两极分化、激化阶级矛盾的后果。一旦科技被用于资源能源争夺、社会平等地位斗争、个人权利要求等各种原因引起的"热战"甚至是军事战争，它带来的糟糕状况将可能以人类灭绝为终极代价。因此，在消除现代性危机、实现人的解放和社会进步的过程中，既要认清资本主义制度对科学技术应用带来社会历史进步的界限，又要清楚认识到人类社会历史进步的主体是广大人民群众，是活生生的实践活动中的"现实的个人"。

社会历史发展与人的发展是辩证统一的，只有推动社会历史的发展进步和社会形态的更迭变迁，人的自由解放才能真正实现。马

---

① 《马克思恩格斯文集》第7卷，人民出版社2009年版，第289页。

克思突出澄明人的本质所具有的社会历史性,"人的本质不是单个人所固有的抽象物,在其现实性上,它是一切社会关系的总和"①,这一社会关系既包括人与自然的自然关系和人与自然的社会关系,也包括人在历史中的自然关系和人同历史共进并行的社会关系。马克思对社会的理解可解读为包含人的实践活动的客观的历史的环境,这既包括为人所认识、受人所改造的属人的自然历史,也囊括决定人的生产实践限度、被人的实践活动不断创造的社会历史。人是一定社会形式下的具体的人,也是具体的创造一定社会形式的现实的人。因此,马克思主义认为,人既是历史的剧作者也是历史的剧中人。"历史不外是各个世代的依次交替。每一代都利用以前各代遗留下来的材料、资金和生产力;由于这个缘故,每一代一方面在完全改变了的环境下继续从事所继承的活动,另一方面又通过完全改变了的活动来变更旧的环境。"②唯物史观将由物质生产条件决定的社会发展形式作为基本衡量尺度,将人在一定社会形式整体所彰显的基本情况总结为发展三阶段,从而一方面说明人是一定社会形式的、一定方式的存在,另一方面也说明"现实的个人"是社会变迁的主体力量。只有现实的个人在一定的社会生产力条件下进行一定的生产实践,才能构成一定的生产关系、交往关系,从而塑就社会的整体面貌。而社会的整体面貌在不同的历史时期呈现相异的特定形式,这种特定形式彼此间总是以差异性体现,用以往哲学家的思维方式总会把它们彼此割裂开来,造成历史的断裂,甚至把历史虚无化。在马克思这里实现了对历史观的完整的超越。马克思把人置于历史之中,还人以历史主体地位,同时把历史放入人类实践活动的社会之中,指明历史条件对人的限定作用,从而对历史的理

---

① 《马克思恩格斯文集》第 1 卷,人民出版社 2009 年版,第 505 页。
② 《马克思恩格斯文集》第 1 卷,人民出版社 2009 年版,第 540 页。

解有了连续性，对人的理解有了历史性，进而实现了理论的现实性。

资本主义的"历史终结论"已经在无数的客观事实面前不攻自破，随着科学技术更加迅猛的发展和革新，在生产力过剩和满溢的现代社会，只有根本撼动和改变资本主义生产关系才能彻底解决社会历史发展的停滞和危机。我们已经看到，这一解放途径绝不可能在资本主义统治内部实现，那些改良的口号和方法不过是掩人耳目的表面文章，只有无产阶级的革命实践才能完成对社会历史的革新、自我的解放以及全人类的解放。因为"如果说无产阶级在反对资产阶级的斗争中一定要联合为阶级，通过革命使自己成为统治阶级，并以统治阶级的资格用暴力消灭旧的生产关系，那么它在消灭这种生产关系的同时，也就消灭了阶级对立的存在条件，消灭了阶级本身的存在条件，从而消灭了它自己这个阶级的统治"[①]。

[①] 《马克思恩格斯文集》第2卷，人民出版社2009年版，第53页。

AI时代人何以自处
——从人工智能到人工情能之思

冰 马[*]

一 忧惧：人从"人脸"开始沦入被数据异化的命运

本雅明（Walter Benjamin）早在八九十年前描述"机械复制时代"症状时便敏锐地道出过人被技术异化的这类场景："目前身份识别的标准源于贝蒂荣识别法。但在早期，对一个人的识别是靠签名笔迹的确认。照相术的发明是身份识别史上的一个转折点。照相术对刑事犯罪研究的意义不亚于印刷术对于文学的意义。照相术第一次使人类有可能准确无误地长期保存一个人的痕迹。正是在这个征服人的隐匿状态的最关键手段产生之后……捕捉一个人的言语和行动的努力至今尚未终结。"[①] 近一个世纪后，这类现象何止"尚未终结"？他所预见的"准确无误地长期保存一个人的痕迹"这一

---

[*] 冰马，本名成立，上海师范大学人文学院博士研究生，云南大学中国文艺研究所特聘研究员。

[①] ［德］瓦尔特·本雅明：《巴黎，19世纪的首都》，刘北成译，商务印书馆2013年版，第113—114页。

可能性到了当下，不正是我们口中诸如"大数据""云计算"这等日益口头禅化的词汇和技术现实吗？

随着5G和人工智能技术的越来越紧逼，人脸以及人本身逐渐被进行数据包化处理，并以此为中介，"人"被当作万物之某一物种。继而被"万物互联化"处理，也就是"人脸"作为自然人身体的隐喻，暗示着"个人"终于被人工智能技术处理成为object（对象/对象化的客体）——当然，这种现象早在4G技术时期之初就已经出现了。支付宝、微信、网上银行等App的身份验证系统数字化，包括指纹、声音等肉身的物理特征被绑定进数字识别系统；另外，城市智能系统、楼宇物业管理系统等构建的视频监控子系统，已日渐发达、密集到几乎无处不在的程度，个体的人时时、处处被数字化。我们的肉身已着实面对一个巨大建制的"数字陛下/互联网大帝"，"我们"作为总体已经陷进了一个无比庞大的被数字化的体制泥沼。

作为人的肉身器官之一的脸部，天然地具备图像化的全部特征，而且脸部器官往往因如其主体之人的指纹、DNA等其他肉体"原子"一样具有唯一性，而被用于替代器官的主体——"某人"，以局部替代总体。也正是该器官的这种图像特征在解剖学史上最初被解剖、分解为各个"骨面"，进而在进入数字化时代后被解剖为可以计数的N多个将此一图像特征数字化的"骨点"，最终由计算程序以及人工智能"合成"为一个个数据包。于是，物联网顺理成章地将人脸这一自然人身体的肉体器官异化为"大数据画像"。

然而，作为具有主体地位的个体生命的关键标识，人脸却又并非仅仅是我们日常所认知的一个图像化系统。列维纳斯（Emmanuel Levinas）使用"面容"（visage）一词予以指代，指出"它是开启语言的语言，开启真理的真诚，也是使得符号系统得以运作的最初明见性"①,而脸的裸露和明见性则可解释为"面容通过其率直和真诚,给予了原初的意义和本真性,没有这种本真性,任何理解都是不可能发生的"②。利奥塔也曾阐释"脸是言语的在场"③。广义地看,人脸内含了人的全部情感知识以及记忆等,不仅具有表达的原初意义和坦露、率直交流的功能。利奥塔的脸(face)和列维纳斯的面容作为哲学概念,几乎具有同一性;而作为个体人身体的一部分,实际上人脸已构成了一套完整的话语符号系统。换言之,面容(脸)既是人之为"人"的能指/表征系统,也隐喻了人之为人的所指/伦理及情感。

"人脸"作为数字化时代个人身份的代表,一旦被数据及数据识别系统拒绝、禁止、屏蔽,他/她便成了当下"被拒绝的人",或者说是"另类之人",其所拥有的肉身又将被退回到独立的生命体,他/她由此转身重新成为"一个""赤身裸体的生命",亦即此刻个体的肉身才能重新拥有作为生命主体的自由,而非以数据对象化的客体而存在,并非仅仅被数据化之物体的一种(个)。这一现象可以解释为,AI时代个体的人唯有在触犯数字禁令/禁忌情形下,其"人脸"才得以重新现身,才能恢复其作为生命的表征系统功能。但是,这种"犯禁"对于个体生命而言便也构成了一种具有社会性的"事件"(event)。

依据巴迪欧等当代思想家的事件哲学,"事件"作为一个概念,它并非我们日常生活秩序中的某个话语和值,其本身就是对我们日

---

① [法]伊曼纽尔·列维纳斯:《总体与无限》,朱刚译,北京大学出版社2016年版,第189页。
② 王嘉军:《面容与替代:列维纳斯的两个核心概念及其文学读解》,载《"AI时代的文学艺术:法国理论视域下的当代文化状况"会议论文集》,同济大学,2019年9月,第118—119页。
③ [法]让-弗朗索瓦·利奥塔:《话语,图形》,谢晶译,上海人民出版社2011年版,第3页。

常既定秩序框架的越界和挑战。"事件不断地发生，事件构成了无数的转折点，让我们不断地从事件中去领悟新的力量"①，这一说法正如尼采以"闪电"来做譬喻："在事件之前的虚伪的静谧被触目惊心的事件打破，事件让世界背负上了它的印记，并彻底地让我们借此而生存的无形的chora或'天地'发生了改变。"② 这一说法犹如我们通常使用的"雁过留痕"这个成语所暗喻的"瞬间"划破存在的天空并为我们留下伤痕。"事件"及其具有的闪电般的时间性特征，将给"人"一次次开启思考的契机，并由此实现一次次"事件转向"（巴迪欧语）。

正是这种在普遍数字化时代的一次次类似"犯禁"的事件，比如指纹识别、门禁刷脸的失败等日常生活表象，让我们"设身处地"地认识到，假如"我"必须恢复自己在大数据以及人工智能时代作为人的主体地位，就必须拒绝、反抗这一时代技术对我们的身体以及身份的异化，反抗、僭越它所构建的庞大、复杂的社会生态和意识形态。然而，这里却也暗含了一种悖反伦理：假如此一时代的技术建制不被颠覆，人的被数据化命运便无法遏制；但同时，它也对这一技术的革命假设构成了反向乌托邦"乡愁"空想——难道我们的日常生活必然重返技术原始时代的另一种静谧、无时间性的非数据化、反智能秩序之中？这二极悖反选项，令人困惑。这是我们用"设身处地"的思维方法面对人工智能技术发展时所暴露出来的那种忧惧心理的症结表征。

如上所述，"大家在讨论人工智能可能产生的影响时，更多的是采取'设身处地'的方法，自觉把自己代入到人工智能之中并将

---

① 蓝江：《面向未来的事件——当代思想家视野下的事件哲学转向》，《文艺理论研究》2020年第2期。
② Friedrich, Nietzche, *Writings from the Late Notebooks*, trans. Kate, Sturge, Cambridge: Cambridge University Press, 2005, p.75.

自己对象化 AI，从而在这一思考之中，把对人工智能的思考还原为对人本身的思考或者不同的自我意识之间的关系性思考"①。也就是说，到目前为止，我们在思考人工智能与人类自身的关系的潜在发展趋势时，基本都是基于对经验和现象的感知、认知与考察。因此导致我们既兴奋于人类自身作为"造物主"的发明创造，却也同时对人—机关系中可能发展、形成的未来伦理困境表现出了一定程度的担忧、犹疑甚至恐惧。

那么，人类作为"造物主"，在面向自己所发明、催生的"类人类"（AI）这一产物及其行将同我们自己共生的前景过程中，到底该如何追究自身存在的合理性、合法性？

二 追问：从人脸识别的"去脸化"到人工智能技术对人的双重否定

前引列维纳斯、利奥塔之语，从语义上理解，在他们那里，面容/脸的无论内涵还是外延都要比人体器官之"脸/面"大，有点类似于中国传统"命相术"的"面相"一词，甚至它们的语义里还包含了相术中的"手相""骨相"等，成为人之为人的"代表"（present），而不仅仅是可被异化为它物（包括被数字化后）的那种图像性生物表征。它们建构了一套个人的话语符号系统。这一系统，按相术之"相"来理解，是个人作为主体的象征体系。

首先，这个象征体系并没排除"脸部"作为主体的肉身器官的生物学和解剖学功能与意义。器官功能始终潜于象征体系的底层，

---

① 张生：《越现代，越原始——从巴塔耶的"动物性"出发对当下文化状况的思考》，载《媒介文化研究》第 2 辑，陈龙主编，李春雷、曾一果执行主编，上海三联书店 2020 年版，第 170 页。

并构成了体系的"骨骼",为符号系统的拓扑学"画像"奠定了基石,正如相术之"相",在命相术的实践操作中,它一定是从对脸部各种器官(耳鼻唇眉眼额颌等),对各种骨骼、手(手指、手掌、罗纹、指关节等)通过观察、抚摸等手段进行详细勘察时,结合如传统中医的"望气"之医学诊断术进行"气相"研究,进而对一个人所谓的"命理"予以分析、判断和预测。就这一点,法国哲学家拉·梅特里早在1747年便指出过:"我们不必要……是一个大面相学家,也可以从容貌和面型看出一个人的精神品质,只要容貌和面型的特色表现得清楚到一定的程度就行;这就像诊断一种一切症象都已经十分明显的病,并不一定要是一个大医生一样。"[①]

因此可以说,人工智能的图像识别技术和人脸识别系统对人的面部数字化处理,实际上构成了伦理学上的"去脸化"(deface)。当前,人工智能技术的一大进步便是,图像处理技术已日臻成熟,它业已深度应用于人脸识别技术及相关数据的统计、运算,人脸这个身体器官首先被进行了人工智能化的异化归置。脸的图像化与数字化实际上排除、摈弃了"面容"中内在的表情达意、交流沟通以及所有与个体人的情感与理智、伦理与心灵相关的内容,只将个体人的"物理本质"录入、刻写了下来。

而利奥塔的脸的论断和列维纳斯的面容概念的哲学语义同构性包含了以下内涵。

(1)面容/脸的肉体裸露状态首先是作为一种语言的存在,和其他语言资源一样具有表达和交流的基本功能,因此它天然地具有个体的人(自我)与个体的人(他者)之间的相互理解功能,即

---

① [法]拉·梅特里:《人是机器》,顾寿观译,王太庆校,商务印书馆2019年版,第24页。

所谓表情达意，并由此承载一个符号系统的日常运作，"它在任何语言之前，就已经开启了自我与他者之间的交往"①。

（2）与此同时，基于交流与理解功能，个体的人之间更进一步的相互交往便是理性磋商，因为无论何等磋商都会基于真诚、信任、坦荡等理性的伦理原则。正是面容/脸承担了理性磋商过程中这一系列伦理话语的呈递功能。因此面容/脸从最初作为肉身器官，进而作为交流和理解的语言符号系统，从此演变、"增殖"为人类理性、情感、伦理、心理等的话语符号系统。

（3）如此，面容/脸被内置了一种对其主体——个体的人——的伦理强制力，时刻规训着人之为人的行为。列维纳斯的"面容"具有一个基本要义："面容对于主体具有一种伦理强制力，这一伦理强制力就是面容作为首要之表达的内容：不可杀人。"② 在他那里，面容比主体的意识或认知的力量更为强大，它不仅能时刻唤醒主体的义务，更能命令自我服从他人（包括"集体"在内的他人）。尼采也曾说，"'人'这种动物最终学会了对自己的所有本能感到羞耻"③。这种人对自身被造物主所内置的"动物性"本能的羞耻感，实际上可以被指认为个体人作为面容主体的意志或认知范畴。

（4）结合乔治·巴塔耶（Georges Bataille）的"动物性—禁忌"理论，我们可以更进一步理解列维纳斯的"面容"的伦理强制力原理。"在巴塔耶看来，在人的诸多特性中，否定性是其核心力量，而由此出发，产生了人的三个基本的特征：第一，是通过劳

---

① 王嘉军：《再论列维纳斯的身体思想及其身体美学和伦理意义》，《文艺争鸣》2019 年第 3 期。

② 王嘉军：《再论列维纳斯的身体思想及其身体美学和伦理意义》，《文艺争鸣》2019 年第 3 期。

③ ［德］尼采：《论道德的谱系/善恶之彼岸》，谢地坤、宋祖良等译，漓江出版社 2007 年版，第 24 页。

动对自然的否定。第二，是对自身的动物性的否定，由此产生各种禁忌。第三，是对死亡的认识。这三个特征相互关联，共同铸就了人自身。"① 巴塔耶洞见了理性人对自我内在"动物性"的否定法则。正是人对禁忌的遵守和遵从而产生了文明和社会阶层，所谓的文雅、文明也恰是人对人之为人的"人格化"欲望的追求，更是对自我内在动物性的恐惧、强制压抑和焦虑。

列维纳斯的"杀人"意象所转喻的也正是巴塔耶在其文学著作诸如《眼睛的故事》、《母亲》、《爱德华妲夫人》、《正午之蓝》（又译为《天空之蓝》）中反复描述的暴力、互相残杀、色情、乱伦等动物性事件。人的动物性爆发不正是非理性对理性伦理的越界/僭越吗？

面容/脸对于主体具有的这种伦理强制力就是所谓文明和理性的力量。而文明与理性在巴塔耶那里意味着，人首先作为动物在"人格化"过程中对自身内在的"动物性"构成强大压迫的且不断强化的抑制力，构成了人性对动物性的否定，动物性—人性之间由此形成了越来越紧张的悖反张力。按照经典马克思主义"否定之否定"的社会螺旋式上升原理，人性与动物性之间总是历史地存在着不断互相否定与再否定的原始支配动力；通过这一辩证机制，巴塔耶指出，当原始人（动物人）随着劳动以及在劳动中工具的不断发明和广泛使用，逐渐演进为越来越文明、越来越理性、主客体分明的"当代人"，世界也就顺理成章地进化到"世俗世界"；巴塔耶所命名的人的这一世界既具有历时态特征，也是共时态的，同时存于个体人和人类之中。巴塔耶的理论，即"当代人"所生活于其中的这个世界"首先通过对人的动物性的否定，建立了一系列基于性欲，排泄与死亡禁忌之上的道德，促成了人性的形成，同时，为了

---

① 张生：《通向巴塔耶》，南京大学出版社2020年版，第152—153页。

尽可能地延长生命，它工于算计，奉行生产原则，以为保证生命未来的生存和繁殖，并因之否定了欲望实现的即时性并设法将其延迟。这就是世俗世界的法则"①。巴塔耶的"禁忌"，可以对称性理解为列维纳斯的面容的伦理强制力。禁忌，或者说面容伦理，随着社会的不断发展变化，它们也在不断发展、更新，如同社会制度和法律条文的细则一样，越来越微观、明确、细腻，也因此对人原初的、本能的动物性的约束、抑制、压迫相应地令"人"越来越不可承受，为了缓解、宣泄甚至颠覆自我存在的紧张状态，人的动物性必然四处寻找突破口和出路，以林林总总的反抗、越界/僭越行为方式来表达。

数字化的"去脸化"实际上是对禁忌或文明、理性等"人格"的异化，是将人处理为物并进而对物的数据化，它尽管利用了人的肉身器官的生理学、解剖学等动物性基础结构，但本质上只是将人及其肉身当作物体对待，它不仅摈弃了人的"人性"与文明性，甚至同时也摈弃了人的非理性、动物性。可以说，人脸识别技术是对"人之为人"的彻头彻尾的降维。

如果说，巴塔耶的"动物性—禁忌"的张力是人的动物性"主体"与人的自我"客体"之间的战斗，以此类推，那么，人脸识别技术的"去脸化"效应表面上是技术与作为主体的人之间的一种矛盾张力，然而，因为这一技术产物是"人"为之，所以技术与它的"造物主"（人）之间张力的底层依然是由"人"在自我主体与自我他者之间的战斗态势所奠基。

由此，人工智能技术构成了一种对人更为全面、强大的压制和否定力量，可以说是在继禁忌对动物性的否定之后，对人的人

---

① 张生：《越现代，越原始——从巴塔耶的"动物性"出发对当下文化状况的思考》，载《媒介文化研究》第2辑，陈龙主编，李春雷、曾一果执行主编，上海三联书店2020年版，第167页。

性与动物性的双重否定。我们甚至可以认为，这种人工智能技术所生产的双重否定，既对人之为人的异化，更对人所内在的生命主体实现了彻底变异——"人"已开始从技术和数字覆盖的世界之中缺损，很可能最终消失殆尽。这正是我们思考所谓"人—机"关系发展前景时身怀忧虑和恐惧的思维症结所在：人到底该如何自处？

也正是基于对人工智能技术与人的生存境遇和前景之间的矛盾性认知，我们应该对这一技术的本质进行剖析或透视，进而构想未来人与技术相处的理性原则，并将这一切视为一个需要不断持续追问的命题。适时、适度地调整、更新我们的思维方法、思想基础，以适应人—机间不断发展变化的伦理关系，以应对技术未来发展的各种潜在可能性，认识、思考、辨析可能之中的不可能性。

三　坦然：从人工智能到人工情能的可能性之思

（一）人工智能超越人之智能的可能性（现实性）

除了我们能想象到的人工智能在生产和生产关系上将对人类社会或者人类改造自然过程的巨大贡献、产生巨大影响之外，"机器人"也可能通过深度类脑学习达到人的"人格化"文明程度，比如已经实现在围棋竞赛中战胜人、智能新闻写作等案例，就已经表明人工智能基于大数据的某一方面类脑的逻辑—数学计算思维极速成长的能力；再比如具有了体感智能的"女性"机器人的业已商业化，甚至有人对人工智能"恋人/情人"在解决异地恋方面的想象；等等。

人工智能在生物学意义上的"命"乃至社会学/文化意义上

的"命",都是人类在人工智能技术的过去、现在以及将来为其赋能的生产性后果,而这些内容无不基于人对自身作为"当代人"的广泛的计算智能、感知智能以及认知领域的"设身处地"式研究。

人工智能除了因人工设计、编程、数据库化、输入等技术的进步而获得成长外,还将通过程序中的随机函数模型促成其自身形成一种类脑学习或深度学习的能力,让"它们"自己获得进一步的快速成长,如同人类的自我成长一样。这一点,美国未来学家库兹韦尔(Ray Kurzweil)在摩尔定律基础上提出了"加速回报"这一扩展定律,并进而指出:技术变革并非人们的"直觉的线性观"(Intuitive Linear View)式发展方式,而是指数级的,是爆炸式的;并且这种增长是"双重"的指数增长——其指数增长率本身也将呈指数增长;这种指数级增长不仅仅发生在摩尔定律所适用的半导体技术和生产领域——几十年来的半导体研发实践已经证明,半导体芯片上集成的晶体管和电阻数量每18个月便翻一番,而且也在从电子技术到生物医学的各种技术领域发生、呈现。[①] 库兹韦尔把摩尔定律扩展并应用到了对所有与技术相关的神经网络计算领域及技术预测之中。甚至,近期有学者提出了一个更为进一步的概念——"后摩尔定律时代",用以归纳当前时代的电子技术的快速增长业已回到了一个新技术原点:必须在数据中心的整体计算和服务系统架构上优化软件,甚至重新发明半导体新材料和全新制成工艺,从这两个基础领域的研究着手,实现科学技术全新突破。

因此,人工智能全面替代人之智能,从理论上看是完全可以实

---

① [美]雷·库兹韦尔:《人工智能的未来:揭示人类思维的奥秘》,路慧编、盛杨燕译,浙江人民出版社2016年版,第243—245页。

现"技术爆炸"式突破直至其技术奇点①到来的。

（二）人工智能中人工情感超越人之情感的可能性

不过，人不仅仅只具有智商和智能，它还具有更为高级的内容，那就是情感和情商。依然是从对人的自我认知出发，智能技术领域早已开始想象、设计为人工智能赋能人之情感的产品。有人提出"人工情感"（Artificial Emotion）②、"情感机器人"（Emotion Robotic）③ 这样的术语，以及"人工心理"理论，并着手研究利用信息科技手段，从广义的心理学层面研究人的情感、情绪、需求和动机、认知、意志、性格、创造等在人工机器上的实现问题，并分别对心理建模、人工大脑、人脸识别与合成、表情识别、个人机器人

---

① "奇点"最初在物理学中指的是在时间、空间某个点上出现类似黑洞或者宇宙大爆炸这类情况，并反过来导致数学的既有规则不再适用，致使人类也无法按"既有"理解自然和世界。美国数学家、计算机专家和小说家弗诺·文奇（Vernor Steffen Vinge）于1983年提出了"技术奇点"的概念，并将其定义为人工智能超过人类智力极限的时间点，在那一时刻以后，世界的发展将会超出人类的理解范畴，这一界定实际上暗含了奇点之作为事件发展的转折点的含义。

从库兹韦尔开始，这一术语逐渐被引入到经济学、社会学、伦理学等理论中，创生出规范奇点、经典理论奇点、经济奇点、社会形态奇点等概念（参阅国章成《人工智能可能带来的五个奇点》，《理论视野》2018年第6期）。当代哲学家比如巴迪欧、齐泽克（Slavoj Žižek）二位在各自的事件哲学著作中，又将"奇点"概念以各自不同的命名引入到生命哲学、思想史考察之中。比如齐泽克曾说，"在毫无准备的情况下，一件骇人而出乎意料的事情突然发生，从而打破了惯常的生活节奏；这些突发的状况既无征兆，也不见得有可以观察的起因，它们的出现似乎不以任何稳固的事物为基础"，"从定义上说，事件都带有某种'奇迹'似的东西；它可以是日常生活中的意外，也可以是一些更宏大、甚至带着神性的事情"（[斯洛文尼亚]齐泽克：《事件》，王师译，上海文艺出版社2016年版，第2页）。他使用的是"奇迹"这个术语，同时在该书中他还使用了"转折""节点"等术语，均含有"事件"所抵至"极限时间点"从而到达/形成了尼采所言的"转折点"。只是，生命哲学中的"事件"并非如技术哲学或者社会事件、历史事件、政治事件等那般具有宏大叙事功能和效果，但其中所包含的事件转向过程的"戏剧性"效应应该是题中之义，具有普遍性。

② 参阅王志良《人工情感》，机械工业出版社2009年版；解伦、王志良《机器智能：人工情感》，机械工业出版社2017年版。

③ 参阅仇德辉《情感机器人——人工情感的逻辑框图与深度算法》，台海出版社2018年版；[美]马文·明斯基《情感机器》，王文革、程玉婷、李小刚译，浙江人民出版社2015年版；吴敏、刘振焘、陈略峰《情感计算与情感机器人系统》，科学出版社2018年版。

技术做了较为全面的思考。①

其实，早在 1745 年和 1747 年，法国启蒙思想家、哲学家拉·梅特里（Julien Offroy De La Mettrie，1709—1751）先后著述《心灵的自然史》和《人是机器》二书，以此开启了人的情感与心灵发生机制的思考和研究之门。通过对 18 世纪早中期在医学、生理学以及解剖学方面的大量科学材料的分析、论证，他得出了大脑是人的精神或心灵的所在地的结论，并认为，人的心灵对人的机体组织特别是对人的大脑有着强大的依赖关系，这实际上是拉·梅特里对笛卡尔"动物是机器"思想的否定性继承。

在笛卡尔看来，动物是简单的、缺乏感觉能力的自动机；而拉·梅特里首先承认人类的"动物性"本质，他说："……每一个肢体，都按照它的不同的需要，在它本身里面包括着一些活泼程度不同的机括……一切生命的、动物的、自然的和机械的运动，都是这些机括的作用所造成的。"② 这一论断表明了拉·梅特里正如后世的巴塔耶一样，承认人的行为首先是其动物性本能的自动反应，无须经过人的思考和算计，亦难受人的意志控制，亦即巴塔耶所称为行为的"即时性"（而行为的"生产性"原则则是人在"人格化"过程中不断形成的）。拉·梅特里甚至还指出了人的动物性本能的发生/发作的通路和原理——当外界对象一旦刺激人的感觉器官中的神经，神经腔中一种精细的物质"无精"便立即通过运动传入人脑，输送到人的感觉中枢，感觉"心灵"因此在感觉中枢接受各种感觉。

虽然拉·梅特里和笛卡尔同样都使用"机器"作为描述人或动

---

① 参阅王志良《人工心理》，机械工业出版社 2006 年版；王志良、解伦《我国人工心理与人工情感研究现状与进展》，《中国科学基金》2013 年第 1 期（总第 27 期）。
② ［法］拉·梅特里：《人是机器》，顾寿观译，王太庆校，商务印书馆 2019 年版，第 58 页。

物的一种喻体，但拉·梅特里更进一步地认识到了"机器"运转除了其本能性的功能，它一旦运转又必然拥有其运转所赋予的惯性，因此，人除了动物性的本能反应之外，还包括有众多的习惯化的自动反应，它们一部分源自外在刺激的激发，另一部分则源自人的内在欲望驱动；同时，主体通常不能完全直接凭依意志管理、控制这些反应，亦即这些反应其实是缺乏"逻辑"的，是非理性的，是不可简单地被"计算"的，除非反应通路和原理被加以修改，也就是需要修改大脑神经中枢系统以及感觉的"运动系统"。因此，在拉·梅特里看来，人本质上是一部动物性的行为机器；与此同时，又具有理性的"惯性"，也就是具有部分逻辑性，人因此是理性与非理性的统一体。

拉·梅特里指出，感觉能力是记忆、反省、想象、情感、判断、意志等"心灵"的其他各种活动的基础，脑部一旦出现了毛病，脑子和感官之间的通道被堵塞，心灵的一切活动就会停止。从这一描述中，我们可以了解到，"心灵"，在拉·梅特里那里，既是先验论的，又是实在论的，具有物与心的二重属性，即包括了生理反应和心理反应。

那么，人工智能到底如何实现人之情感，或者说实现人之心灵的能力？

从以下几个方面的分析可知，"人工情感"或"情感机器人"的真正实现实际上还存在着巨大的障碍、漫长的探索时期。

首先，本文一开篇就指出过，我们包括技术研发层面至今在思考"人工智能"与人的关系时的思维范式，基本都是基于经验和现象，以"设身处地"的方法开启人—机关系的辨析路径。不过"今天我们用传统生物学意义上的大脑来思考未来人—机共生的社会历史场景时，其局限性是不言自明的"①。思维方法的局限将最终导致思维和实践转化结果的局限。

其次，从人工智能与"人工情感"研发史上的实践路径来看，要全面实现"人工情感"也面临着巨大的障碍。

人工智能技术已经跨越了算术运算、数学运算、逻辑推理、专家系统和模式识别五大发展阶段，并在符号计算、模式识别、机器翻译、机器学习、问题求解、逻辑推理与问题证明、自然语言处理、分布式人工智能、计算机视觉、智能信息检索技术和专家技术等内容的研发、制造方面取得了可谓之辉煌的战绩。但在人工情感研发方面依然是围绕在人的情感的生理反应、情感的中枢神经过程、情感的认知评价三方面，对情感的机理、情感信号的获取、情感信号的分析建模与识别、情感理解和情感表达五个内容领域进行情感计算的技术研究，进而实现对情感的识别、度量、理解、表达、生成、处理、控制和交互通信等人工情感计算目标的逻辑框图及其深度算法的设计、开发。②

即使我们完全不考虑当下及可预见未来时期内的计算机发展中将持续不断涌现新的技术瓶颈问题，并假定人工智能技术基于库兹韦尔"加速回报定律"在"人工情感"或"情感机器人"研发领域的设计和技术领域是普适的，而仅仅基于当前人类对自我情感认知尚处于"黑洞"时期这一"设身处地"的状况，我们对于"人工情感"的技术爆炸（explosion）也无法乐观起来。"科学技术对于人脑自身的研究举步维艰，虽然人们在生命科学（如生物技术、遗传工程等）上不断取得进展，并在物理层次和生理层次上对于人

---

① 黄福寿：《从"人是机器"到"机器是人"》，《团结》2017年第6期。
② 参见魏斌、陈寒、张妍、黄素蓉《人工情感原理及其运用》，华中科技大学出版社2017年版，第1—34页；石琳、郭宇承、谷学静、李志刚《智能虚拟环境中的人工情感研究》，武汉大学出版社2015年版，第14—32页。

脑内部结构的认识也不断深入，但是对于人脑各组成部分的功能特性及其逻辑关系的认识却始终是模糊的。"① 我们可以认为，"人工情感"的研发假如依然沿着参照人类的情感领域编程、输入、模拟、学习这一人工智能路径进行下去，将是一个遥遥无期的过程，甚至可能因为人对自我情绪以及情感研究的无法成功科学化而失败。换言之，在人的自我主体的情感数据部分缺失的条件下，"情感机器人"或者"人工情感"作为人发明创造出的对象化客体又如何可能全面实现呢？

再次，人工智能的逻辑框图实际上也是一个根本性的技术漏洞，它对于人工智能中的"人工情感"计算全面实现并超越"人之情感"构成严峻的挑战和障碍——人之情感的方方面面一定是都可以数字化、数学化的吗？是完全可以纳入逻辑框图的吗？

基于逻辑—数学框图，人工智能在设计、计算、模拟、学习人的全面生理反应功能和智力方面，相当一部分已经实现，甚至超越于人，因此，在更广泛的应用领域及所存在的更大可能性方面实际上已经完全不存在不可预见性。但这一阶段在美国哲学家约翰·塞尔（John Searle）看来依然处于所谓"弱人工智能"阶段。而人工智能在心理反应、情感运算、心灵赋予与实现等方面的开发（强人工智能），尚处于极端低水平阶段。比如由微软研发、2017年中国青年出版社出版的"智能诗人"小冰诗集《阳光失去了玻璃窗》的文字文本，均通过摄影图片识别（读图）进行"配诗"创作，根据本文作者研究，它们有个明显的特征：基于20世纪二三十年代现代汉语诗歌的语料库，其句型句式与语法结构尚止于此；而2017年至今"封面"App研发的"小封诗人"，其语料库扩展至了

---

① 仇德辉：《情感机器人——人工情感的逻辑框图与深度算法》，台海出版社2018年版，第2页。

朦胧诗和 80 年代早期的新时期诗歌。然而，无论人类还是人工智能的诗歌写作，本质上都必须解决一个关键——诗人使用词汇（符码/代码）时所调用的语义必须与现实世界保持紧密链接，而且通过语义系统（而非符号系统）表现写作者与现实世界之间关系的"重构"和"再平衡"。在本文看来，当下这种所谓的"AI 诗人"其实还只是程序员们的提线木偶，其"写作"水平甚至还未脱离中小学生习作基于对已识、读的现当代汉语诗歌各种范型的模仿式伪写作，是一种相对单纯的语言符号与语义之间的逻辑—数学关系的运算。

基于人工智能的底层技术结构——"逻辑—数学主义"而进行的"人工情感"乃至"人工情能"的研究与开发，实际上在巴迪欧那里早已指出过其困难所在。他在《存在与事件》一书的导论中曾经指出，"由于逻辑—数学话语已经完善地确立其所有意义的结果，那么逻辑—数学话语必然是形式，这种主题还认为，在任何情况下，都没有理由去研究外在于逻辑—数学话语连贯性之外的陈述所考察的东西"①，这便道出了一个现状：人类技术正深处于一种逻辑—数学主义神话体制的囚笼之中。

人工智能、人工情感研发步骤的起始离不开逻辑框图的设计以及数学建模，而巴迪欧很明确地揭示出这种研发理论和技术起点的内在思想，即一种纯粹的数学思想。他随之质疑道："如果我们认为存在着一个逻辑—数学话语的参数，那么我们不可避免地会选择去认为这个参数要么是通过抽象'经验主义'获得对象，要么是一种超—感性的大写'柏拉图主义'。这是同一个困境。"② 巴迪欧在这里所质疑的是，当"数学性的书写"③ 一旦转向一种"存在的本

---

① ［法］阿兰·巴迪欧：《存在与事件》，蓝江译，南京大学出版社 2018 年版，第 7 页。
② ［法］阿兰·巴迪欧：《存在与事件》，蓝江译，南京大学出版社 2018 年版，第 7 页。
③ ［法］阿兰·巴迪欧：《存在与事件》，蓝江译，南京大学出版社 2018 年版，第 7 页。

体",这一本体就一定拥有两种方法论的困境形式——要么是经验主义的并通过对经验的抽象获得本体的参数对象,也就是前述言及的"设身处地"和"用传统生物学意义上的大脑来思考未来"的思维范式;要么是以超—感性的方式获取本体的参数对象,这大约可理解为随机函数模型下彻底的"自我递归"。①

直至当前,所谓的人工智能、人工情感的研发技术本质上就是"数学性的书写",因此,如果仅仅把巴迪欧的话语对应到对于人工智能、人工情感、人工情能之间相关问题的辨析上,我们将发现,一旦它(它们)其中的某一种(类)形式被研发成功,这一形式也的确就已经成为新的"存在主体"。基于"传统生物学意义上的大脑"智能所"采取'设身处地'的方法"所获取的人类自我的生理学以及部分心理学上的功能数据,已经赋能于弱人工智能或尚处于初始阶段的强人工智能,便是这一书写范式的成功明证。

但是,巴迪欧紧接着指出了逻辑—数学话语体系存在着巨大的bug/困境:"对我而言……就是要内在于数学思想之中去触及它的**障碍**(obstacle),在其中,恰好是不可能性构成了后者的范围。"②巴迪欧的这一"障碍"说,可以进行如下直观描述和理解:既然人的情感还存在巨大的科学"黑洞",科学主义的逻辑—数学话语体系这一关于存在的科学的"纯粹数学"③,何以可能通过其理论展

---

① 作为数学方法的递归,其基本思想就是"以此类推"。具体来讲,就是把规模大的问题转化为规模小的相似的子问题,或者反复地把原问题转换为相似的新问题,且新问题与原问题有着相同的形式,用以解决规模大的那一系列问题。这种递归过程就是一个函数通过直接调用自己或通过一系列的过程语句间接地调用自己的过程;在函数实现时,因为解决大问题和解决小问题往往使用的是同一方法,所以就产生了函数调用它自身的情况。另外这个解决问题的函数必须有明显的结束条件,这样就不会产生无限递归的情况。这个过程并非经由人干预,而是由系统自主完成。
② [法]阿兰·巴迪欧:《存在与事件》,蓝江译,南京大学出版社2018年版,第7页。
③ [法]阿兰·巴迪欧:《存在与事件》,蓝江译,南京大学出版社2018年版,第8页。

开人这一"真实界的东西"①的情感、心灵的内在裂缝和困境?"人之情感"这一存在的主体又将何以成为人工智能技术的可能呢?

更何况,动机、需求、情绪、记忆、意志、想象、情操、创造诸如此类的比"情感"更为广泛的范畴,以及人的"动物性"这一"非理性的"本质,它们是真的都完全具有逻辑性的吗?或者说是可以完全"逻辑化"的吗?假如最终通过人类对自我的研究发现,它们部分地呈现强大的非逻辑性,那么,它如何在逻辑—数学框图话语参数中"自我递归"?如果这不可能,人工智能(AI)计算又需要基于什么框架去运算?人类如何发明另一种全新的运算框架?

(三) 挑战:"人工情能"之思

"人工情能"这一词汇以及作为一个概念或术语,是谁首先提出的?② 这一问题不在本文考察之列,不过,至少截至 2019 年 10 月 6 日笔者在百度、google 等搜索引擎上尚未检索到任何文献使用过该词语。但"情感"与"情能"之间不能画等号。

笔者认为,"情能"一词,在对人工智能的未来发展过程中,在关于 AI 对人的模拟/学习能力的进步和对人的进犯趋势、人类与人工智能(机器人,AI)之间的关系前景的观察、分析活动中,将会显得至关重要。这是一个可以生成为用于显现、言说人工智能与人(人—机关系)之间在本体和本质上的差异的、具有"总体性"

---

① [法]阿兰·巴迪欧:《存在与事件》,蓝江译,南京大学出版社 2018 年版,第 8 页。
② 张生《越现代,越原始——从巴塔耶的"动物性"出发对当下文化状况的思考》一文中先后六次使用了"人工情能"一词。参阅《媒介文化研究》第 2 辑,陈龙主编,李春雷、曾一果执行主编,上海三联书店 2020 年版,第 165—171 页。

概念特征的新生词汇。

1. 对"人工情能"一词的英语试译

假如望文生义式地比对一下"人工情能"和"人工智能"这对汉语词组，我们可以想见，"情能"的发明者应该是比附着"智商"和"情商"这一组词汇，以对称性比附的方式从"人工智能"生发出"人工情能"的命名灵感的。笔者在此也不揣冒昧地比附着对"人工情能"做一个英译尝试。

智商：intelligence quotient，缩写为 IQ；

情商：emotional quotient，缩写为 EQ；

那么，对应着的，

人工智能：Artificial intelligence，缩写为 AI；

人工情能：Artificial emotional capacity，缩写为 AEC。

这里在翻译处理时之所以使用 capacity 一词，因为它表示一种能力（ability），同时在计算机 C ++ 语言里又是表示一个向量容器的代码，是一个能存储任意类型动态数据组并实现增加或压缩数据甚至具有同步数据迭代器的功能语符。如此，"人工情能"一词并非仅仅指向人工智能专家们所特指的"人工情感（计算）"或者机器人的"情感（计算）"，它还兼容人之情绪、动机、态度、情操、创造等之类概念、术语所兼具的一切"心理"类所指／向量，具有了那种如同计算机参数语言函数的存储容器功能般的一定总体性。

2. 界定"人工情能"的内涵

"所谓的'人工情能'，可以说就是巴塔耶所言的人的原始的动物性，这才是人的本质。因为人只有具有动物性才能称为人，也才能成为人。在人工智能不管发展到何种程度，'人工情能'的脱位都会永远存在，因而人工智能始终只能成为人工智能，因为一旦人工智能拥有了人工情能，它将不再是人工的，而直接就是人。"① 这一术语界定首先便将"人工情能"与"动物性"画了个等号，本文认为这是一个具有本质性的概念认定。

按此思路，并参考相关"人工心理"理论，下文将接着对"人工情能"这一新生词汇做一次界定性描述尝试，简要归纳出"人工情能"的四方面内涵：

第一，十分明确的是，它包含了人的动物性本能。因为人工情能首先基于对"人之情能"的模拟，而动物性是人的本质，"人之情能"对此不可或缺。

第二，它必然包含人工情感在内。

第三，自从心理学成为一门学科以来，其研究对象并不仅仅限于情感，还含括着对人的动机、需求、情绪、记忆、意志、想象、性格、创造等内容，按拉·梅特里的"心灵"说，我们可以将之称为"心灵容器"的那一部分。

第四，人在人类文明发展过程中又是从属于社会的社会性动物，因而，"人之情能"和未来的"人工情能"，应该还包括伦理学范畴的情操之类范畴下的那些部分。

3. "人工情能"的不可能性之维

基于以上内涵，我们不得不发出如下追问：人工智能如何经由人工情感机器人进一步发展至"人工情能机器人"，进而全面实现"人之情能"？

"人工情能"内涵要远远大于"人工情感"，因此，要真正全面实现"人工情能"，并进而实现以一个算法指导、推动另一个算法的深度学习、实现一种算法不断迭代的递归式自我改进（Recursively Self-improving），并最终实现人工情能"加速回报"式的"智

---

① 张生：《越现代，越原始——从巴塔耶的"动物性"出发对当下文化状况的思考》，载《媒介文化研究》第2辑，陈龙主编，李春雷、曾一果执行主编，上海三联书店2020年版，第170—171页。

能爆炸"（intelligence explosion），除了必须进一步深入对人类情感的成因、功能特性及其逻辑关系深度研究、挖掘并进而打破认知"黑洞"、达到人类自我认知的彻底敞亮之外，还需要仰赖人类对自身的动机、需求、情绪、想象、性格乃至人的创造等一系列心理学范畴下比情感更为广泛、更为深刻影响人之为人的范畴的深度研究与开发，而人类在这些领域的自我认知尚处于比情感领域的认知更深、更大的黑洞之中，黑洞何时才能敞亮？

人工智能在对人类的本质——动物性，包括巴塔耶所言之具有生成性的、神性（le divin）、奇迹（le miraculeux）和圣性（le sacrê）的所谓"至尊性"（La Souverrainetê）之"异质存在的绝对形式"（la forme impérative de l'existence hêtêrogene）[①]——的模拟学习，最终是否无法根本企及、彻底完成？这一问题的否定性答案正是如下论断的底层逻辑起点："而人工智能的本质就是一种理性的算计能力，更重要的是，即使人工智能像人们所想象的那样有一天可以像人那样思想也不可怕。因为它缺乏'人工情能'，也即缺乏那种不经计算或者不予算计就肆意挥霍和运用自己能量的可能。"[②]这里所言之人的动物性和情能是无法在逻辑—数学框图中予以计算、实现的，或者说是非理性对理性的绝对性挑战。这种不可能性，恰如巴迪欧的"障碍"说，构成了对人类当下科学思维神话范式的严峻挑战。

[①] Georges, Bataille, "The Psychological Structure of Fascism", trans. Carl, R. Lovitt, *New German Critique*, No. 16 (Winter, 1979), Telos Press, Ltd., pp. 64–87.

[②] 张生：《越现代，越原始——从巴塔耶的"动物性"出发对当下文化状况的思考》，载《媒介文化研究》第2辑，陈龙主编，李春雷、曾一果执行主编，上海三联书店2020年版，第170页。

四　结语：保持审慎乐观

利奥塔曾以"末世思维"建立"性别差"这一概念，并以此反思人类思维的原发机制，认为尽管性别差本身不具思维能力，"但不断使思维"，"思维与躯体想象学不可分。但是有性别的躯体可与思维分离并驱动思维。人们将试图在这种性差中看到一种原发性爆炸，一种可与太阳爆炸之灾相比的思维挑战"。[①] 利奥塔因此对未来末世的机器人处境提出了一系列质疑。即便人类基于"设身处地"方法及"类比思维"方式最终将"人之智能""人之情感"乃至"人之情能"完全赋能给了人工智能机器人，但是，45亿年之后太阳爆炸终将导致人类消亡，而基于人的"类比思维"法则所建立起来的终极的、无性差的机器人的思维，在后太阳（La post-solaire）时期，是否还能将"人类的类比思维"进行到底呢？人都消失了，人类的视场、听场、感知场和表达场亦将随之消亡，那么，人工智能的躯体在无性别差之下，还怎么继续拿"人类"性差之躯作为参数进行类比、进一步"成长"？人类参数在它的躯体里"重写"、继续递归，依然是可能的吗？因此，在《无躯体能否思维》一文的最后，基于末世想象，利奥塔倡导人类当下便"应该准备后太阳思维（La pensée post-solaire）。否则，引导太空大逃亡的仍然是熵"[②]。他所质疑的是人类发明创造的无性差人工智能的终极可能性、终极意义与价值。人类终将面临毁灭命运，逃无可逃，而机器

[①] ［法］让-弗朗索瓦·利奥塔：《非人——时间漫谈》，罗国强译，商务印书馆2000年版，第24页。

[②] ［法］让-弗朗索瓦·利奥塔：《非人——时间漫谈》，罗国强译，商务印书馆2000年版，第24页。

人之无性差则又与巴塔耶的人的动物性本质是相悖的,因而,我们是否可以认为:人工智能之"人"永无可能成为人?

利奥塔所谓的人类世界在终极情境下唯一的存在动力、一种基于驱动人思维的"原发性"力量源泉——性别差,实际上是从动物性本能趋向文明"人"的一个源泉;按巴塔耶的越界思想,这一源力量同时也具有将文明人从世俗世界反向驱回动物世界的永恒冲动,正如尼采在《查拉特斯图拉如是说》里所言之人类"永恒回归"思想。而本雅明则在大段引用比尼采更早十年便提出"永恒回归"思想的布朗基《星体永恒论》中关于"进步最终不过是历史本身的幻境"的悲观言论之后,说道:"这个世纪不可能用新的社会秩序来响应新的技术可能性……这个世界是被它自己的幻境主宰着——用波德莱尔的说法,这就是'现代性'。"① 从语义看,本雅明似乎是一个历史虚无论者,所谓历史的进步不过是人类的幻境,然而,他的言说却是面向"技术—社会"这一对关系标的的:世界是它自己的主宰,而这个世界属于宇宙中的地球,总之,科学技术的发展只不过是地球人类期望或想象中的社会发展的动力,但就根本而言,人类社会才是科学技术的主宰,人类社会秩序的变革终究还是由人类所主宰的。那么,本雅明所言19世纪的"技术—社会"这一对标关系,如果转换为当下所常言的"人—机"关系,是否依然具有其深邃的哲学洞察力?假如站在总体人类史和人类未来史的发展前景这一角度看待和想象人工智能技术的话,我们是否可以作如是观:人类为自己所创造的"人—机"关系的发展过程是乐观的,人类无惧于反被机器人奴役的可能;但人类历史乃至地球史和太阳系史终究是悲观的,抑或是悲剧性的,假如我们在创造"新世界"的过程中无法彻底突破自身的思维范式的局限、寻找的新的思

---

① [德]瓦尔特·本雅明:《巴黎,19世纪的首都》,商务印书馆2013年版,第59页。

维方法突破口的话，人类所创造的技术"新世界"便必然将随同人类所赖以生存的星球和宇宙的毁灭而消亡？

人类在"人格化"过程中逐步成长为人类社会和自然社会的主宰，眼下，通过发明又俨然演变为一个另类造物主。此前，主体之人始终在与他者客体以及自我客体的持续搏击中"成长"；当代以及未来之人行将面对另一他者——人类所创造的人工智能（AI）这一与人类的成长路径反向之物种——"机器类人类"（或可称之为数字类人类），人—机关系将是相生相克的吗？人类在这宇宙中还会是孤独的存在吗？时至今日，人工智能技术的前进与发展已不可能以某个人、夸张地说甚至不以人类的意志为转移了，个体之人面对此技术革命的当下景观与未来前景，持忧惧、质疑、困惑之态是必然的。毕竟这是人类自主生产且日新月异的一种新生事物，立足当下蠡测未来，人—机关系却又充满了不确定性。但无论如何，人类未来长路漫漫，对待它的发展与前进，我们应该抱持审慎的乐观态度，因为人与这一"类人"和谐共处共生才是人类对于未来的终极想象和共同理想。

从现象学到后现象学：技术人工物道德的哲学反思

曹克亮[*]

一 现象学与科学世界及其道德

（一）传统现象学描述科学技术世界的方式

现象学（phenomenology），作为20世纪西方最流行的一种哲学思潮，以意识界的经验类"本质"为核心研究议题。现象学不是某种理论或学说，而是一种通过"直接的认识"描述现象的研究方法。

现象学研究肇始于布伦塔诺（F. Brentano），布伦塔诺认为："内在感知是我们认识存在本质的源泉，正如它是我们认识真理本质和善恶本质的源泉一样。关于内在感知中无法理解的事物的存在，我们所能说的只能通过类比我们作为思维主体所能说的来理

---

[*] 曹克亮，上海大学马克思主义学院博士研究生，浙江省中国特色社会主义理论体系研究中心中国计量大学基地研究员。

解。"① 布伦塔诺从经验的经验视角看待心理及其认知问题，将心理学及其认知看成是经验的科学，并且主张"经验是一种关于经验的经验"。经验与人的内部世界相联系，人通过内部知觉来获得关于外部世界的经验和知识。

埃德蒙·胡塞尔（Edmund Hussell）被称为"现象学的创始人"。胡塞尔从布伦塔诺的意识意向性学说出发，建立了从个人特殊经验向经验的本质结构还原的"描述现象学"。他提出了一套描述现象学方法，即通过直接、细微的内省分析，以澄清含混的经验，从而获得各种不同的具体经验间的不变部分，即"现象还原"或"现象本质"。胡塞尔的这一现象学科学知识论方法又被称作本质还原法（Essential reduction method）。"世界——先验的，每个物体都有自己的抽象的延伸，所有这些延伸都是世界的一个完全无限延伸的形状。作为世界，作为所有身体的普遍形态，它因此有一个包含所有形式的整体形式，这种形式在分析的方式上是理想化的，并且可以通过构造来掌握。"② 胡塞尔从人类意识角度分析描述科学世界和知识世界，他说"自然科学家的注意力集中在对物理学的概念和任务的决定性的、清晰的认识上，这在伽利略的基本方面是上述全部实现的……形式最初决定了现代哲学，并理解科学方法，即获取它们并将其逻辑化并视为理所当然，因此对所有人来说都是一个不明确的前提"③。胡塞尔的本质回归与本质还原实现了现象学的研究发展成为以现象本质替代现象，以现象描述替代个人经验的转

---

① F. Brentano, "The Theory of Categories", *Springer Netherlands*, 1981, p. 1.
② Husserl E., "The Crisis of European Sciences and Transcendental Phenomenology: An Introduction to Phenomenological Philosophy", *Journal of the British Society for Phenomenology*, Vol. 44, No. 1, 2013, pp. 6–9.
③ Husserl E., "The crisis of European sciences and transcendental phenomenology: an introduction to phenomenological philosophy", *Journal of the British Society for Phenomenology*, Vol. 44, No. 1, 2013, pp. 6–9.

向。然而，我们也看到胡塞尔的"描述现象学"也存在将客观与主观事物实在性的问题都存而不论的"悬置问题"，这种"悬置"似乎在对自然科学中的经验论的"自然主义"以及当时德国"精神科学"中的历史相对主义的鞭策。胡塞尔希望依此奠定具有普遍确定性的科学认识基础。但是，胡塞尔现象学的"悬置原则"是刻意避开了客观与主观事物实在性的现象学，这种现象学必然侧重于意识本身，尤其是意向性活动或意向关系的研究。但是不管意向关系（intention relationship）还是意向对象（intention Object）都无法绕开物质实在性和物质实体。这为后来的"后现象学"（Post-phenomenology）研究范式的转换提供了可能。

梅洛-庞蒂（Maurice Merleau-Ponty）以知觉世界代替胡塞尔的"生活世界"概念，开启了知觉现象学的研究之路，并从感知视角来描述科学知识世界。庞蒂以"身体—主体"概念、以"身体"现象学追寻科学知识的方式确立了意识前世界的知觉世界的优先存在权。"在梅洛-庞蒂，意向性与身体知觉联系在一起，是一种知觉意向性：即知觉总是对某物的知觉，它要求我们应当从身体与被知觉世界的原始关系，而不是从意识的结构性出发来理解意义和意向性活动。"[①] 从知觉世界出发，改造笛卡尔的"我思"，让意识回归身体和身体的某种处境之中，知识世界抑或意义世界也都必须回归到这一知觉世界之中，因为身体对事物投入本身的"身体思维"是意识开启的先决条件，也是奠定意识与意义的前提和基础。庞蒂以一种彻底的知觉经验主义消解了西方世界传统认识论、知识论、意义论，让知觉经验取代了意识反思，从而构建了全新的科学世界、知识世界的认识论基础。

---

① 季晓峰：《论梅洛-庞蒂的身体现象学对身心二元论的突破》，《东南学术》2010年第2期。

马丁·海德格尔（Martin Heidegger）从存在主义视角分析世界。海德格尔从质疑"合理"的常识及其必然性入手展开了对科学真理及其本质问题的批判。作为科学知识抑或作为真理，必须首先具备真实性的基本特征，而真实性又是通过一致性和正确性来揭示。何为真理的真实性？"如果陈述的意思和内容与陈述所涉及的事项一致，则陈述是真实的。"[1] 显然，这是陈述的真实，这种陈述符合一致性的条件，"真实和真理意味着一致，这是双重意义上的一致：一方面，一个事物与预先假定的事物相一致，另一方面，陈述中的意思与该事物相一致"[2]。传统的真理定义揭示了真理"协议性"（agreement）的双重性质：真理与理智。还可以理解为：真理是事物与知识的对应关系。这种知识往往被称为科学知识。但它也可以被理解为：真理是科学知识与事物的对应关系。诚然，上述定义通常仅在"真理是智力对事物的方程式"中陈述。然而，如此构想的真理，即命题真理，只有在物质真理的基础上，在智力的基础上才可能。这两个关于真理本质的概念都在不断地符合，因此认为真理是正确的。关于技术的本质，海德格尔指出技术的本质绝不是任何技术，但不管如何，人类的存在都在受到技术制约。人类尝试控制技术以换取正确的人技关系，但反过来，技术也在威胁和控制人类。"技术是一种展示方式。技术出现在一个领域，在这个领域里，揭露和不公开发生了，真理也发生了。"[3] 这也说明技术是展示世界的方式，但由于受到技术的限制，技术在揭示真理时，也遮蔽了真理。并且指出现代技术的规则是挑战，这种挑战不是"生成"意义上"产生"，而是让人类的不合理的需求自然化、技术

---

[1] Heidegger M., *On the Essence of Truth*, Blackwell Publishing, 1988, p. 2
[2] Heidegger M., *On the Essence of Truth*, Blackwell Publishing, 1988, p. 2
[3] Heidegger M., *The Question Concerning Technology, and Other Essays*, New York: Harper & Row, 1977, p. 3.

化。现代性技术的挑战规则是设定性的，并且是伴随着对隐匿在自然界中的能量解锁而展开的。海德格尔称这种解锁的过程为"解锁、转换、存储、分发和切换"[①]。显然，海德格尔对技术遮蔽真理和技术解锁自然能量的过分形式颇有微词。

（二）后现象学描述科学技术世界与道德的方式

唐·伊德（Don Ihde）它打破了对科学和技术的一维对立，将科学和技术视为与现实相关的二阶和异化方式。通过对人与技术之间关系的结构分析，并通过调查技术在人类经验和存在中的实际作用，展示了科学技术哲学绝不是"扶手椅哲学"，后现象学技术哲学开始将技术分析作为生活世界及其科学世界和科学知识的组成部分，而不是对它的威胁。这一路径被称为"后现象学"的研究路径。唐·伊德的研究应用和扩展了现象学概念，如意向性、体现性、解释学来分析科学成像的实践。唐·伊德后现象学研究专注在科学研究中对感知的调解以及仪器和图像技术的作用，这是一种将"创造真理"的具体实践作为其研究对象的研究范式。"Ihde 的主要兴趣不是公平对待参与者，而是理解为什么在特定情况下以特定方式给出现象，将事物给出的方式与帮助人类感知和解释它们的技术联系起来。"[②] 对于技术问题的追问，首先需要超越人类中心主义和主观主义的掣肘。将研究视角扩展到物质性和物质能动性的领域，"物质性不是人类解读的空白投影屏幕，而是在我们的技术文化中扮演着积极的角色。科学和技术不仅应该被理解为社会过程的

---

① Heidegger M., *The Question Concerning Technology, and Other Essays*, New York: Harper & Row, 1977, p.4.

② Verbeek P.P., *The Matter of Technology: A Review of Don Ihde and Evan Selinger* (eds.), Chasing Technoscience: Matrix for Materiality, Anticancer Research, 2005, p.124.

结果，还应该被理解为社会过程的'投入'"①。唐·伊德关于技术的解释学的工作表明人类的意向性可以"延伸"到人工制品上，人工制品具有影响人类决策和行动的"意向性"。因此，为了理解我们后现代技术文化中的伦理和道德，我们需要超越严格的现代主义主客体分离的一贯概念，如果坚持把人类主体的自主性作为道德能动性的先决条件，人类将永远无法理解自身的行为方式的真正道德本质，也难以理解我们的行为方式是由我们周围的技术深刻地共同塑造的这一内在特性。所以，唐·伊德的后现象学视角将传统现象学的"物本身"带回到人类认识和道德探讨的本身，并在技术调节道德这一命题下建构科学技术世界呈现给我们的一切道德认知。

米歇尔·福柯（Michel Foucault）发现了另外一条通往道德中介的技术伦理之路。福柯并没有把道德主体看作既定的人，人的道德主体地位是自我构建的主体性。道德实现是通过"使自己服从"特定的道德规范来实现的，这种特定的道德规范，在福柯那里被理解为权力关系，道德实现是权力关系的产物，而技术调节是权力关系的一个重要来源。通过主体的权力关系和技术调节，人与物实现了道德上的自由关系。在福柯那里，道德性服从道德规则，显然，这种"服从性"是道德对道德规则的服从而不是道德对人的俘获。福柯的伦理路径开始触及作为技术中介物的道德调节主体这一核心问题。后现象学视角已经阐明"我们不能将人类主体的自主性作为道德代理的先决条件，但我们需要用技术中介的意图取代人类主体的'原动机'地位"②。显然，福柯的道德主体的自我构建理念已

---

① Verbeek P. P., *The Matter of Technology*: *A Review of Don Ihde and Evan Selinger（eds.）*, Chasing Technoscience: Matrix for Materiality, Anticancer Research, 2005, p. 124.

② Verbeek P. P., *The Technological Mediation of Morality-A Post—Phenomenological Approach to Moral Subjectivity and Moral Objectivity*, Workshop Moral Agency & Technical Artifacts Nias, 2007, p. 4.

经为技术中介作为道德主体的构成开辟了新的视角。

二 技术人工物道德相关性的一般论述

"道德物化"（Moral materialization）是展示将物自体（包含技术人工物）视为道德中介的核心概念。然而，这一概念牵涉出必须首先进行技术人工物的道德相关性讨论。对于人工物进入道德共同体的讨论从来都不是一帆风顺的，斯威斯特拉（Swierstra）从道义论和后果论角度认为人工物仅仅是工具，不是一个能够做出自我行动解释的完全的道德行动者，另外，人工物不能将行动自身对道德价值的意义做出进一步阐明，一个道德的行为理应是按照理性的标准来行动，虽然人工物可以调节道德抑或开启新的道德行为，但是，这些行动显然不是理性合理标准下道德契约的真正结果。所谓的人工物的道德只能从因果层面来判定行为的道德性质。"因此，引人入胜的人工物不能是道德行动者，他们也不能让人类行动真正有道德。因此……没有理由将人工物纳入道德共同体之中。"[①] 但是，人工物不具备意向性以及物不能对行为负责的论断，不是将人工物排除出道德共同体的前提原因。人工物为行动的道德性提供了必要的"物质答案"，排除物的道德性必然忽视物在道德问题上的功能意义，即作为技术中介的人工物也源自人类自身。任何将技术向人提供道德调节的规范都不是自然而然的理由，现实世界的道德及其道德调节机制无不与人工物相关，将技术中介排除在道德共同体之外，显然不符合人工物推动道德塑行的现实逻辑。

---

① ［荷］维贝克：《将技术道德化：理解与设计物的道德》，闫宏秀、杨庆峰译，上海交通大学出版社2016年版，第52页。

荷兰技术哲学家兰登·温纳（Langdon Winner）对人工物是否具有政治性做出了深刻的阐释，他曾发出疑问："人工物有政治吗？"温纳曾列举了一个著名案例，纽约州的一些具有"种族歧视"色彩的低悬天桥，这种天桥只允许私家车从下面通过，而公共汽车则不能通过。显然这样的设计阻止了买不起轿车的美国贫穷黑人进入琼斯海滩欣赏美景的愿望。作为人工物的天桥显然成了作为政治信念的物质实体，也展示了设计者将"政治实体"的塑造道德化的特征。这在一定程度上阐释了人工物设计上的意向性政治维度，温纳另外一个例子则是番茄收割机，这个例子则展示了人工物的非意向性的政治维度。番茄收割机的大规模、集约化和高成本性，迫使番茄种植改变原有种植品种，以适应番茄收割机的机器化收割，这一技术发展原先根本不具有让小农场倒闭和农民失业的明确意图，但是，番茄收割机的应用确实让这一切发生了。因此，番茄收割机的例子证明即使人类没有明确地赋予技术人工物的某种意图（包括政治意图）或意向性，甚至是偶发性的意图或意向性，事实确实让人感受到技术道德自主性的存在，技术构造了我们的生活世界和道德秩序。

法国著名哲学家布鲁诺·拉图尔（Bruno Latour）认为，道德不是人类独有的事物。所谓的道德"迷失"，恰恰因为道德是迷失在了人类中心主义之下，寻找"迷失"的道德不是在人之内而是在物之中。启蒙时代开启了主客分离的思维模式，奠定了人本主义的"视物观"。这显然与现代世界人与非人实体交织行动的实际不符。拉图尔以行动者网络理论来阐释人与非人的实体关系。人工物以特定的方式形成的道德"脚本"规划着人的行动，道德"脚本"告诉人（行动者网络中的"演员"）在什么时间、什么场合或环境下做什么或说什么。人与物一起构造了人的行动者网络。减速带前的减速，既非人的意向也不是减速带的脚本意向，而是人在涉身环境和行动中与物一起构造的行动者网络共同实施的行为，这种行为下的道德属性不能简单地规划进人或物之中。拉图尔打破了仅仅将技术作为手段领域之内的危险，指出在行动者网络中，技术行动里人—物的时空和行动是相互交织、相互塑造的。这与一个锤子从铸造所需物质（矿物质、木头）到使用，从生产到销售一样，都在时空中变化。技术或人工物的作用不仅能帮助人类实现在物质世界中的某种意向性，充当人类的工具中介，在人类使用技术和铸造人工物时，也充当了道德和行动调节者的角色。技术的道德相关性其实是内涵在道德调节的一个一个领域之内的。传统现象学很难将人工物安置于道德领域之内，还源于传统现象学常常将道德与义务相关联。这种义务性被根植于道德性之中，这种道德义务性的主动性很难与人工物相对接。然而，事实上，道德并非人类事务，道德也体现在非人的实体中。我们之所以不愿意接受这一现实，是因为在超越传统的自我中心主义之前，我们更愿意将人工物的道德性"隐藏"起来，这是为凸显人类行动的正确性、可靠性和延续性提供暂时的心理庇护。但毋庸置疑的是，技术及其人工物一直在形塑人类行动和人类道德全貌。不仅如此，科学技术也在现代主义的宏大叙事中被置于现代化的命题之内讨论，现代主义视角下（明天，科学更美好）的科学不是回归自然主义的探索真实性的学问，而是"这种现代主义的历史也可以通过一种完全不同的伟大叙述来描述，这种叙述是如此的不同，以至于现代主义的思想无法与之调和，这就是悖论所在。至少在过去两个世纪里，科学、技术、市场等不仅扩大了人类的规模，非人类在越来越大的群体中相互联系，而且这种联系也是通过亲密关系建立起来的"[①]。因此，建立全新的道德和技

---

① Latour B., *It's development, stupid! or: How to Modernize Modernization*, Espacestemps Net, 2008, p.4.

术"本体论范畴"非常必要。

美国技术哲学家阿尔伯特·伯格曼（Albert Bergman）发展了海德格尔的存在主义技术哲学路线，从技术和美好生活的视角分析了技术的社会和文化作用，并指出"美好生活的构成不仅仅是基于人类的意向和观念，而且还基于物质的人工物和物质的摆置。技术为美好生活提供环境"①。伯格曼认为人类的文化是被技术所引发的"装置范式"来规约和发展的。以音乐为例，传统的音乐是一种"要求性"的物，它对乐器、演奏技巧、环境等客观事物要求较高，演奏和欣赏往往体现更多现实情景的具身性。随身携带的立体声播放器将音乐由传统的演奏欣赏变为随时随地的自由和自我欣赏，音质音效比现场更好，随时切换的音乐类型也更好地与听者处于自由美好的切身状态。一种可任意处置的实在性（音乐随身播放器）正在取代一些要求性的实在性（音乐现场演奏）。并且，随着可任意处置的实在性从时间和空间中被抽离而逐步商品化和规模化以后，道德也在被商品化。可任意处置的实在性已经变成了独立个体，它塑造着一个人（主体）的喜怒哀乐和情感意志。人类的物质文化在形塑着人类的道德行为实践，物质文化领域的道德相关性得以佐证，技术装置和非技术的"物"都在以各种方式塑造着我们生活于其中的物质世界，也不断构造和激发着人类对美好生活世界的价值追求。

卢恰诺·弗洛里迪（Luciano Floridi）和桑德斯（J. W. Sanders）以人工行动者是否可以是道德行动者的研究而闻名，弗洛里迪从作为智能技术物的"行动者"资格入手，指出"资格"不是与是否具有意向性或有意识相等的问题，而是与能否产生善恶的能力作为评判标准，"一个行动之所以能称为道德有限的是仅当一个

---

① ［荷］维贝克：《将技术道德化：理解与设计物的道德》，闫宏秀、杨庆峰译，上海交通大学出版社2016年版，第60—61页。

行动能引起道德层面的善或恶时，一个行动者之所以被称为一个道德行动者是仅当行动者能够从事道德上有限的行动时"①。这一人工道德能动性能论述需要是在人工行动者之间的互动关系下呈现，需要满足由刺激引发自身状态改变的反应的交互性特征、由没有刺激也能改变自身状态的自主能力以及基本状态被改变而改变"规则转译"的能力三个方面条件，只有满足上述标准，一个能够与外界环境进行交互并且没有外部刺激的情况下也可以自主行动的智能行动者就会出现，其行为也就具有了道德上的能动性，或许，这种道德能动性是"有限道德能动性"（Limited moral initiative），但这也足以解释人工行动者或人工智能物道德存在的必然性。关于人工行动者的道德责任问题，卢恰诺·弗洛里迪和桑德斯通过将责任从道德能动性剥离的方式，给予了"非负责任的道德"的回应，显然这个回应肯定会招来很多人的质疑，一个"非负责任"的人工物或智能物难道还可以成为人工道德能动者吗？

从兰登·温纳的人工物的政治性到布鲁诺·拉图尔的道德"迷失"，从伯格曼技术和美好生活的启示到弗洛里迪和桑德斯人工道德能动性的讨论，一个从技术道德工具论到技术道德行动者的后现象学技术伦理视角清晰可见。

三 技术人工物道德意向性与自由问题

（一）道德工具与道德调节

道德工具论将技术人工物视为"无道德"的道德工具，其核心

---

① Floridi L., Sanders J. W., "On the Morality of Artificial Agents", *Minds & Machines*, Vol. 14, 2004, p. 12.

结论来源于将道德技术中介限定在工具理性视角。技术道德行动论将技术人工物视为具有产生善或恶的行为或能力的道德行动者，有着"有限道德行动者"的内在含义，这是技术道德行动论转换研究视角重新定义道德主体及其核心概念的缘故。不可否认，所有的论述者都承认技术隐含的道德意蕴，人类的道德行为和能力不是主体概念的创造或自我定义，而是在人—技术交织的世界里逐步形成的。"技术塑行"是技术人工物道德研究的理论基础。但这些研究没能深刻回应人们对于道德意向性与自由问题的疑问。技术人工物的道德潜能及后果是无法预料的，不管是番茄收割机还是减速带抑或十字门在产生善的道德意向性时也对另外一些人产生恶的意向性。拉图尔道德行动者网络是对道德实体的模糊性解释和关联性诠释。卢恰诺·弗洛里迪和桑德斯展示的"非负责任的道德"显然也难以说服质疑者。

后现象学的技术人工物道德中介多是以道德调节者的方式出场。将技术人工物视为道德调节者既是一种拉图尔式的非人能动性也是一种技术能动性思想。道德调节的能动性被分散和融合于人与物之中，而非人与物之间。道德调节论引入技术道德调节伦理学视角，将在更大的范围和伦理学的领域内予以意义彰显，如能源生产系统促进生产生活方式的变革，让能源的使用和扩张成为正常性和经常性的工作，这也形塑了我们在环境问题上的道德判断和价值主张。道德能动性必须面对技术人工物没有意向性的质疑。要明确意向性的基本哲学概念，或许从技术意向性出发是一个不错的选择路径。

（二）技术意向性

辨析技术意向性需要以辨析意向性为前提。意向性（Intentionality）在拉丁语中"intendere"是"指向"（Point），"指向某个过程"（Point to a process），"指向某个心灵"（Point to a heart）。因此，技术人工物的意向性也暗含于人类行动和体验的指向性之中，技术的意向性或者说技术调节的意向性是一种特殊物质性的意向性。"人工制品的意向性表现在其对人类行为和经验的指导作用中。因此，技术中介可以被视为意向性的一种具体的物质形式。"① 意向性及其能力是通过形成意向的能力和意向的现实指向性两个方面获得表达和实现的。首先，意向性本身就是现象学理解人与世界关系的重要核心概念，现象学通过意向性概念将人与世界的关系定义为密不可分的关联，这种关联呈现的现象世界才是我们认识世界的起点。这也就是说人类不可能脱离其生存的物质世界而独立运用所谓的"思考"或概念理解和解释世界。其次，意向性的现实指向性是关涉人的行动意识和行动能力的指向性。人的行动意向性的"实践域"维度与人的知觉诠释维度紧密相连，形成行动的意向需要对行动发生的世界的体验和诠释。并且，意向性的现实性指向性天然地与情景相关联。这种关联体现于通过温度计解读温度、通过电话交谈、通过核磁共振成像做检查、通过超声检查胎儿等各种情景领域。在各种情景领域内，人的意向性和道德角色以及道德选择被置于技术或装置的调节之下。维贝克甚至用"超声后现象学"（A post phenomenology Ultrasound）来揭示这种情景。这样一种装置或技术调节的意向性是人与技术"杂交"的意向性，意向性被赋予人也被赋予非人的技术实体，应该说技术与使用技术的人都具备了意向性。如果这些还不能构成对技术意向性的确证论证，那可以从更加直接的实用主义和解释学视角予以回应，技术以"脚本"的形式

---

① Verbeek P. P., *The Technological Mediation of Morality-A Post-Phenomenological Approach to Moral Subjectivity and Moral Objectivity*, Workshop Moral Agency & Technical Artifacts Nias, 2007, p. 4.

规则引发了人类的某种既定行为，比如，通过乳腺癌的前期诊断和超声波的胎儿检查，人们可以事先知晓疾病是否有可能发生，并做出是否进行乳腺切除治疗或者流产的决定，以免发生更加难以承受的后果。技术对身体进行了前置的解释性帮助，虽然技术本身没有"蓄意而为"，但是，技术确实也增强了行动主动性，前置了道德选择和道德判断。缺乏独立意识并不代表技术或者人工物"有"意向性能力的事实。技术的意向性能力可以是"原发意向性"也可以是"自发意向性"，比如，减速带的设计"原发意向性"是为了确保交通安全，"自发意向性"是它也引发了对轮滑爱好者和轮椅行动者的行动不便。技术意向性可以是原发性的意向性，它或许来自设计师和用户的意向，而自发意向性则超越了技术设计的初衷意向，所以，技术有时以人类未曾预料的方式调节着人类的行动体验和道德行为。

技术意向性或者技术人工物的意向性当然需要在面向人本身的意向性中获得可能。其调节作用也是在人类有意识的发现中获得认可与改进。没有技术或技术人工物就没有技术道德和技术道德调节的出场，没有技术道德调节的出场就没有道德角色和道德选择情景的出现。因此，"严格地说，没有这样一种物可以作为'技术意向性'；意向性一直是人与非人意向性的杂交，或者更确切地说，是与在人—技术—世界的关系中分布着人与非人的元素一起的'复合意向性'"①。"杂交意向性"或者"复合意向性"才是技术意向性的合理称谓，这也是技术道德哲学不至于走入极端情景的最好诠释。

---

① ［荷］维贝克：《将技术道德化：理解与设计物的道德》，闫宏秀、杨庆峰译，上海交通大学出版社2016年版，第73页。

(三) 技术自由

关于技术或者人工技术物的道德意向性和能动性的讨论必然牵出技术或技术人工物对道德行动的道德承担问题。这也就是技术道德承担的自由问题。技术有自由吗？一般理解下技术不可能有自由。自由以理性和心灵为前提，技术人工物根本没有所谓的理性或心灵。康德伦理学通过理性将自由与自律进行对接。"康德当然认为，如果我们判断行为是错误的，我们有能力拒绝整个方案，从而放弃对目的的追求。这种能力是我们自由的一个重要方面，当我们的倾向所激发的行为是错误的时候，我们可以把它放在一边。"① 这是康德对道德自由与道德自律的阐释。但是，这是从纯粹理性角度上思考，真正的道德决策和道德自由不是在真空中做出的，一旦引入道德能动性的情景性特征和调节性特征，我们会发现技术调节现象视域下技术以某种特定方式构成了身体也构成了特定的道德决策语境。或许道德能动性不需要理性意义上的完全自律，拥有某些自由的性质或自由度就可以。另外，技术的道德调节并非涵盖了自由的所有领域，技术世界的道德调节不能远离人类的日常生活，技术道德调节也就不是理想意义上的完全自由。这种相对意义上的道德承担和实施自由，符合技术道德调节对于自由的理解。以自由的主权概念为前提来界定技术自由，将技术道德的自由理解为有限自由可以帮助我们更深入地探讨技术自由问题。

同时，我们也知道道德调节和道德本身是两个概念。假设道德行动者需要自由、技术调节限制或摧毁自由，那么只有非技术调节

---

① Korsgaard C. M., *Fellow Creatures: Kantian Ethics and Our Duties to Animals*, University of Utah Press, 2005, p. 86.

的场景才能为道德本身留下空间。显然，一切因技术诱发的行动和道德都可能被看作具有非道德的特征。处于非人类主体、非自由意志状态下的技术道德调节不可能是"道德的"。显然，将自由从技术人工物中剥离谈论纯粹的人的道德能动性不符合逻辑实际。最好的方式是将自由重新界定为道德行动者网络中与决策行动者要素有关的能力。依据这种能力，人类追求自由不是非强迫和非约束，也不是道德上的自律或非自律。而是一种自由意识的场域，在这个自由意识场域中，人—技术—世界处于相互的共同塑造之中，正是在这种物质性的共同塑造下，才创建了各式各样的自由维度，这些自由维度秉持自由本性，但又不是脱离具体情境的理念自由，这种自由展示了人类对自身存在的认知，也展示出人类自由的限度，从而实现着自由场域内的道德自由。

技术自由问题的讨论不是将自由理念牵强地赋予技术人工物，而是换一种视角审视技术人工物回归自由国度的可能性。如果将意向性只分配给人，那技术作为道德中介的意向性就无法展开，同样，技术自由不是人的自由，反之，也应该被理解和承认。人—技术—世界相互关联的自由场域给技术道德调节创造了理论和现实空间，也为发现和审视技术人工物更好做出道德预判和道德行为，提供了实践可能。

四　从技术人工物道德到道德行动者

（一）技术人工物道德对道义论和后果论伦理学的反驳

不可否认，随着人类技术的不断进步，道德问题已经不是人类的专属特权。生态伦理学、动物伦理学、信息伦理学都在将道德问题纳入考察视野。当哈佛大学阿瑟·金斯利·波特哲学教授克里汀·M. 科尔斯加德在《动物同胞：康德伦理学与我们对动物的责任》一文中借用伊曼纽尔·坎特的话说"当［人］第一次对羊说，'你穿的毛皮是大自然给你的，不是你自己用的，而是我的'，并从羊身上取下来自己穿的时候，他意识到一种特权……他对所有的动物都享有这种特权；现在，他不再把他们看作是同类，而是把他们当作可以随意使用的手段和工具，以达到他所希望的任何目的"[①]。人类中心主义的道德律令缺陷在动物伦理中被无情地揭露了。布德维恩·德布鲁因（B. De Bruin）和卢西亚诺·弗洛里迪（L. Floridi）也在《云计算的伦理》（The Ethics of Cloud Computing）一文中列举了一个有关信息伦理的著名案例，美国参议院国土安全和政府事务委员会主席乔·利伯曼（Joe Liberman）的工作人员与亚马逊联系，要求将维基解密从其服务器上删除。一天后，托管公司确实停止了对维基解密的服务。存储个人数据的云存储器和云数据，包括云服务提供商、托管公司的"云中空间"安全、自由、隐私等问题在伦理学视野中都会被考察审视。

技术人工物的道德问题，显然会受到来自道义论视角和后果论视角的双重审视。道义论视角的典型观点是反对将道德能动性赋予非人类的道德主体。道义论遵从康德绝对命令的道义规范，认为技术无法按照同时且能够成为普遍规律的准则去行动。显然，问题的关键又回到了道德自由本质问题的探讨中，我们知道技术调节的道德能动性根本不与道德命令相矛盾。技术调节与人类理性不是彼此剥离的，超声检查中，是否做出堕胎的道德抉择，是人基于道德规范和法律规范做出的综合考量，并且在不同国家、不同文化、不同道德惩罚环境中的选择是不同的。超声检查及其技术左右或影响了

[①] Korsgaard C. M., *Fellow Creatures: Kantian Ethics and Our Duties to Animals*, University of Utah Press, 2005, p. 79.

人类在道德决策中的理性行动，最终做出的道德选择一定是理性考虑后的结果。但不可否认的是，人类所做出的道德决策不完全是理性的结果，而是在人与物、人与技术交织的环境中以一种交互的形式做出的。至于后果论伦理学，他们将功利主义对幸福的认知和幸福的提升作为评价道德价值的标准。显然，一般的后果论功利主义认为即使技术带来了美好生活和幸福的提升，但也悲观地认为技术已经彻底统治了幸福。这样的幸福还是真正的幸福吗？人类基于个体性格、情感、群体偏好和对幸福的理解与追求是否已经失去了应有的位置？后果论伦理学大都对技术及其提升的幸福增强和道德增强保持芥蒂，有些甚至是悲观失望。不可否认，技术不仅影响了道德决策，也在影响偏好本身。有些地方将鉴定胎儿性别合法化就是一种明证。后果论伦理学的道德偏向性难以撼动技术道德中介的道德调节地位。

（二）道德行动者

"万物有灵"论者可以轻松地将技术人工物道德纳入道德行动主体，但一般人都是技术道德工具论的代表。承认技术人工物的道德作用和道德调节意蕴，但是否认技术人工物的道德主体地位。通过对道德相关性、意向性和技术自由问题的考察，结合美德伦理学对生命美好、人类美好的追求，道德行动者是道德共同体中的每一个人、每一种物、每一项技术，所有这些人、物、技术构成了现有的生命世界，也构成和发展着人类存在的形式。在物质世界展开的人类美好生活也必然要面对人—技术—世界交织的道德环境，并在这种道德环境下面对、更新、形塑和破解已有的道德世界及其困境。也许，现代主义力图将人与物、人与非人进行割裂，从而凸显人类中心主义和彰显人本主义价值，而后现代主义则在寻找和弥合这种割裂,从而凸显真实世界里人对美好生活追求的真实现状。将技术人工物视为道德行动者既非对技术强权的臣服,也非对技术世界的抵抗,而是抛开人类中心主义立场,以道德共同体的视角审视技术进步和人类道德世界。

从漠视到践踏：时间正义在
资本主义的过去和现在

孙　涛[*]

正义作为人类社会的基本伦理信念，其应然与实然之间的矛盾贯穿整个文明史。如今这一矛盾体现在时间正义上。自"阶级"产生，时间正义就只能作为理想存在，而在资本逻辑专横跋扈的这一时代更是如此。从传统资本主义时期（数字平台产生以前的资本主义时代）到现如今的平台资本主义时期（数字平台产生以后的资本主义时代），时间正义作为人类社会持续发展的基本原则之一，它的实现反而随着社会的变迁越发遥不可及。

一　时间结构及其分配率与时间正义[①]

人作为时间动物，时间结构内含于其生命活动之中。根据人类

---

[*] 孙涛，南开大学马克思主义学院硕士研究生。
[①] 本文中时间结构、时间结构的分配率和时间正义的概念的提出和界定参考了阎孟伟《人的生命活动的时间结构及其当代意义》（《江汉论坛》2019 年第 6 期），他将人的生命活动的时间结构划分为劳动时间、生理调整时间和自由时间三部分，并在此基础上进一步对时间结构的分配率和时间正义进行了阐述。

实践的基本类型，可以将人的生命活动的时间结构分为两部分：一是劳动时间，二是自由时间。

首先，劳动时间的存在和长短是具有强制性的。第一，劳动时间包括与物质资料生产直接相关的时间。"任何一个民族，如果停止劳动，不用说一年，就是几个星期，也要灭亡，这是每一个小孩子都知道的。"① 为了维持生存，物质资料的生产和再生产是永恒的。另外需要注意的是，"强制"不仅具有自然属性，也具有社会属性，它不仅包括满足人类自然生理意义上的生存所需的含义，还包括在一定社会的生产关系下强制进行的含义。比如在资本主义社会中，工人所进行的往往能生产出过剩产品的劳动之所以具有强制性，就是因为其强制性并不来源于自然而是来源于社会，来源于以资本家生产资料私人占有制为核心的资本主义生产关系。第二，劳动时间还包括与物质资料生产间接相关的时间。人类生理机能的局限，决定了其必须依靠协作和分工才能存活下来，远古如此，现代社会更是如此。虽然生产力的发展水平从根本上决定了在生产中人与人之间结合的基本方式，但只有在生产关系的作用之下，人与人之间、人与物之间才能形成辩证整体，才能转化为现实的生产力，从而进行物质资料的生产活动。因此人类社会中政治统治、思想引领等领域的分工，尽管它们并不会直接地参与物质资料生产，但因其对于维持整个社会关系的最底层即生产关系是必需的，所以它的存在也具有强制性。另外需要注意的是，在这一部分时间中也包括人的劳动能力的生理恢复时间。由于人本身作为动物的先天构造，就决定了其存在不能永动工作的生理局限，因而拥有纯粹用于回复自身劳动能力的生理恢复时间是必需的，所以它的存在也具有强制性。

---

① 《马克思恩格斯选集》第 4 卷，人民出版社 2012 年版，第 473 页。

其次，自由时间的存在和长短是非强制性的，它蕴藏着人类未来发展的无限可能。"时间实际上是人的积极存在，它不仅是人的生命的尺度，而且是人的发展的空间。"① 在时间结构中，刨去强制性的劳动时间，剩余的就是自由时间。自由时间作为"非劳动时间"，不被生产劳动所吸收，它包括"个人受教育的时间，发展智力的时间，履行社会职能的时间，进行社交活动的时间"，归根到底是每个人"自由运用体力和智力的时间"，② 是每个人可以根据自己的主观意志选择实践活动的时间。只有在自由时间之中，人类才能打破既有社会分工的束缚，为自身的全面发展创造条件。第一，自由时间让每个人更立体，并在一定程度上克服社会分工所导致的异化现象，间接促进社会生产力水平的提高。自机器大工业时代以来，无产者在资本家的剥削下逐步沦为彻底的"局部工人"，成为机器的附庸，他们整日重复简单无意义的劳动，体力智力逐渐退化。马克思更是直接指出："一个人如果没有自己处置的自由时间，一生中除睡眠饮食等纯生理上必需的间断以外，都是替资本家服务，那么，他就还不如一头役畜。"③ 因此，自由时间就成为改变现状的一缕曙光。在自由时间之内，无产者可以接受教育、钻研技术，从而一方面在一定程度上克服大量"局部劳动"对自身体力智力的损害，提升自身的劳动技能，促进自身的全面发展，并创造出改变社会分工、克服分工异化的机会；另一方面作为一个社会成员，当每个人都通过自由时间提升了自身的劳动技能时，整个社会的生产力也就会相应成长起来。第二，自由时间让社会空间更和谐。"人的本质不是单个人所固有的抽象物，在其现实性上，它是

---

① 《马克思恩格斯全集》第37卷，人民出版社2019年版，第161页。
② 《马克思恩格斯全集》第42卷，人民出版社2016年版，第263页。
③ 《马克思恩格斯选集》第2卷，人民出版社2012年版，第61页。

一切社会关系的总和。"① 人类自诞生就是社会动物。诚然，我们现在所构建的社会关系其底层是充满"利益"的生产关系，但在自由时间之内，我们可以抛去物质的枷锁、拨开拜物教的迷雾、捅破消费主义的谎言，用最本真的心态去进行社交活动，从而享受来自家庭和社会的温暖。第三，自由时间让人类更发展。"整个人类发展的前提就是把这种自由时间作为必要的基础。"② 在自由时间之内，整体人类不仅可以在任何领域进行学习创造，还可以暂时远离喧嚣的工厂，和家人朋友进行社会交往，从而一方面为生产力的发展注入活力，另一方面为生产关系的扬弃增添动力，在生产力和生产关系之间的辩证运动中不断开拓人类发展的新高度。

劳动时间和自由时间之间的辩证统一，构成了人类生命活动的时间结构。需要注意的是，这两者之间的比例并不是一成不变的，而是具体的、历史的、不断发展变化着的。一般来说，随着文明的不断演进，由于科学技术的不断发展和社会关系的不断成熟，人类总体劳动时间会呈现出不断减少的趋势，相应地，人类总体自由时间会呈现出不断增加的趋势。人类从奴隶社会开始就进入阶级社会，阶级社会和资源分配不平等是同义语。由于自由时间在整体时间结构中的重要地位，我们可以把自由时间在不同阶级之间的分配情况称为时间结构的分配率。同总体劳动时间和总体自由时间之间的比例类似，各个时代各个时期的时间结构分配率也并不是形而上的，同样也是具体的、历史的、不断发展变化着的。

时间结构分配率是时间正义的重要内容。正义作为人类社会亘古追求的价值取向，每个时代、每个人都对其有不同的理解。从分配的角度上去考察，在对资源进行分配时所坚持的公平无疑是正义

---

① 《马克思恩格斯选集》第1卷，人民出版社2012年版，第139页。
② 《马克思恩格斯全集》第32卷，人民出版社1998年版，第215页。

的重要内容。时间确是这样一种资源。所以，自由时间在不同阶级之间的分配情况即时间结构的分配率，就是时间正义的重要内容，而时间结构分配率上的公平就是衡量时间正义的重要尺度。

二 传统资本主义对时间正义的漠视

在传统资本主义时期，资本家漠视时间正义，通过延长劳动时间的方法来间接剥夺无产者的自由时间。

"罗马的奴隶是由锁链，雇佣工人则由看不见的线系在自己的所有者手里。"[①] 相较于之前的阶级社会，成型后的资本主义并不主要依靠显性暴力来进行剥削。资本主义制度作为以资本主义私有制和雇佣劳动制为核心的一种剥削制度，生产资料由资本家私人占有的所有制制度是其核心所在。在资本主义私有制的情况下，无产阶级要想与生产资料相结合从而生存下去，就必须将自己的劳动力作为商品出卖给资本家，以实现和资本家之间的"等价交换"，同时也正是这一隐蔽的"强制性"为劳动时间的不断延长奠定了基础。

资本家不是慈善家。他们在传统资本主义时期为了提高对无产者的剥削程度，从而提高对无产者自由时间的剥夺程度，采取的方法是多种多样的。首先是绝对剩余价值生产方法。在这一方法的指引下，资本家就可以通过延长工人工作日的长度，直接"外延式"地延长工人的劳动时间，从而将强制性劳动的触手伸向自由时间，实现对工人自由时间的剥夺。其次是相对剩余价值生产方法。在这一方法的指引下，资本家就可以在保持劳动时间不变的前提下缩短必要劳动时间，用"内涵式"的手段延长工人的劳动时间，实现对

---

① 《马克思恩格斯选集》第2卷，人民出版社2012年版，第258页。

本该归还给工人的自由时间的剥夺。

资本主义的发家史就是一部剥夺史。在这部剥夺史中，资本家先后剥夺了农民、小生产者、封建主，现在轮到他们自己了。在资本循环中，当资本家将获得的剩余价值用于扩大再生产时，就是资本积累的过程。在资本积累的作用下，生产社会化和生产资料资本主义私人占有之间的矛盾不断激化，不仅使得无产者与资本家之间的鸿沟逐渐扩大，更是将大量小资本家与大资本家之间的差距越拉越开，并通过"自然法则"的市场竞争淘汰下来，成为新的无产者、新的被剥削对象。

"在一极是财富的积累，同时在另一极，即在把自己的产品作为资本来生产的阶级方面，是贫困、劳动折磨、受奴役、无知、粗野和道德堕落的积累。"① 综上，在传统资本主义社会中，资本家不仅通过"外延式"和"内涵式"的方法来剥夺工人的自由时间，还利用资本积累源源不断地"制造"工人，使得越来越多无产者的劳动时间被直接或间接延长，最终导致越来越多无产者的自由时间被越来越少的垄断资本家剥夺。

三 平台资本主义对时间正义的践踏

在平台资本主义时期，资本家践踏时间正义，通过以平台服务为诱饵的方法直接僭越无产者的自由时间。

人类进入数字经济时代。"手推磨产生的是封建主的社会，蒸汽磨产生的是工业资本家的社会。"② 在科技资本化的影响下，自纺

---

① 《马克思恩格斯选集》第2卷，人民出版社2012年版，第289—290页。
② 《马克思恩格斯选集》第1卷，人民出版社2012年版，第222页。

织业和蒸汽机之后，世界经济又经过了分别以钢铁和铁路技术、电气和重工业化、汽车和电子计算机为标志性技术创新的三次经济长波，来到了以信息技术和人工智能为标志性技术创新的第五次经济长波。自1995年加拿大的商业策略大师唐·泰普斯科特出版了《网络智能时代的数字经济前景和风险》一书后，"数字经济"的概念就进入到人们的视野之中。近三十年后的现在，随着信息技术不断成熟，数字经济也逐渐从某一学科领域内的概念转变为"以数字化的知识和信息作为关键生产要素，以数字技术为核心驱动力量，以现代信息网络为重要载体，通过数字技术与实体经济深度融合，不断提高经济社会的数字化、网络化、智能化水平，加速重构经济发展与治理模式的新型经济形态"[①]。

数字平台是数字经济这一新型经济形态的产物。首先，平台具有一般性和特殊性。平台是具体的、历史的，现代社会独有的只是数字平台。从一般性的角度出发，平台可以被理解为可供两个或两个以上主体进行互动实践的基础设施。比如集市和报纸，它们就可以被分别理解为过去式的大众交易和传媒平台。由此，我们便可以褪去现代性所带来的"平台＝互联网"的窠臼，得以在一般性和特殊性的辩证关系中去深入认识这一范畴。当人类进入数字经济时代时，平台也就具有了特殊性，逐渐演化为数字平台。"我们将这种可以收集、处理并传输生产、分配、交换与消费等经济活动信息的一般性数字化基础设施，称为数字平台。"[②] 其次，数字平台的种类众多，它包括广告平台、云平台、工业平台、产品平台、精益平台等在内，而其中最为典型和目前商业模式最为成熟的就是广告

---

① 中国信息通信研究院：《中国数字经济发展白皮书（2020年）》，中国信息通信研究院2020年版，第1页。

② 谢富胜、吴越、王生升：《平台经济全球化的政治经济学分析》，《中国社会科学》2019年第12期。

平台。

当资本寄生于数字平台时，就诞生了平台资本主义。"黑人就是黑人。只有在一定的关系下，他才成为奴隶。纺纱机是纺棉花的机器。只有在一定的关系下，它才成为资本。"① 数字平台就是数字平台，只有在一定的关系下，它才变成数字平台资本，而这种利用数字平台进行资本化运作的经济活动，就是平台资本主义。广告平台作为平台资本主义中的典型，它在数字平台的资本化上开创了先例。Google 作为广告平台的鼻祖创立于 1997 年，并分别在 1998 年和 1999 年获得了资本注入。虽然这期间 Google 一直在利用用户的搜索资料来优化搜索结果，但单纯这样做除了会改善用户体验之外无利可图。"资本害怕没有利润或利润太少，就像自然界害怕真空一样。"② 终于，Google 探索出一条道路。由于在千禧年后，随着 Web 2.0 时代的到来，互联网从静态展示为主转向以用户生成内容为前提。Google 便将原先本用于改善用户体验的数据为基础，再规划出一定可供展示的网页空间，并将其通过日益先进的拍卖系统自动出售给广告商。换句话说，也就是将用户自身生成的数据经过推荐算法的处理后卖给广告商。正是这样的商业模式支撑起了 Google、Facebook 等互联网公司的利润空间。细心的人可能会发现，这一利润空间中隐藏着这些数字平台资本对用户的隐性剥削。像 Google 等数字平台资本这种利用广告来进行盈利的行为，就是将用户生产的特殊产品——数据，进行"恰到好处"的商品化，并将其打包售卖给广告商，最终用这种方式攫取巨额利润。

类似现象在历史上早已出现。1977 年，达拉斯·斯迈兹（Dallas Walker Smythe）发表《传播：西方马克思主义的盲点》一文，

---

① 《马克思恩格斯选集》第 1 卷，人民出版社 2012 年版，第 340 页。
② 《马克思恩格斯文集》第 5 卷，人民出版社 2009 年版，第 871 页。

首次提出了数字劳动的雏形——受众劳动理论。和众多西方马克思主义传播学者观点不同，斯迈兹指出，在大众传播产业中，广播电视等媒介所生产的以及广告商们所购买的，并不是具体形式的新闻、娱乐内容等，而是"受众"。因为在资本逐利动机的推动下，广播电视报纸等提供的内容看似"免费"，但其实际上是一种诱饵，它会吸引大众观看包含广告的内容，并最终将人们的注意力乃至购买力打包出售给广告商。伴随第五次经济长波，"受众劳动"所描述的现象不仅出现在大众传媒领域，也出现在了互联网尤其是数字平台领域，其含义也被慢慢拓展为"数字劳动"。

数字劳动——数字平台资本的新剥削手段。对于数字劳动的概念，现在学界并没有一个统一界定。不过根据马克思的观点，即"劳动过程的简单要素是：有目的的活动或劳动本身，劳动对象和劳动资料"[1]，本文认为数字劳动是以由数字平台为主所构成的数字设施为劳动资料、以数字信息为劳动对象、以互联网用户为劳动主体的，将数字信息逐步加工成数据商品过程的劳动。从数字劳动全过程的顺序性出发，可以将数字劳动分为三个阶段（具体如图1所示）。[2] 第一，平台研发阶段。当资本嗅到数据商品的香味时，就会雇用平台工程师进行数字平台的搭建。这一阶段的数字劳动位于全过程的开端，它是平台工程师以编译器、服务器、交换机等为主的数字平台开发设施为劳动资料，以原始数据为劳动对象，以搭建数字信息交互平台并为用户提供初始形态数字信息为目标所进行的劳动过程，这一阶段为后续阶段的进行奠定了基础。第二，数字平台

---

[1] 《马克思恩格斯选集》第2卷，人民出版社2012年版，第170页。
[2] 本文中数字劳动的阶段划分参考了曲佳宝《数据商品与平台经济中的资本积累》（《财经科学》2020年第9期），她按照劳动过程的劳动分工，将平台经济中数据商品的生产过程具体分为三个阶段：在第一阶段中建立收集和提取用户生成内容的数字化基础设施即数字平台；在第二阶段中互联网用户在对数字平台的使用中进行数字劳动，产生用户生成内容；在第三阶段中用户生成内容作为原材料被数据工程师加工成数据商品。

用户使用阶段。当平台工程师搭建好了数字平台，从而为用户提供了"免费"的平台服务之后，用户就会大量涌入，为资本家进行数字劳动。这一阶段的数字劳动主要体现在全过程的中部即过渡阶段，它是数字平台用户以数字平台为劳动资料，以上一阶段所提供的初始形态数字信息为劳动对象，从而生产出具有用户属性的过渡形态数字信息的劳动过程，这一劳动过程在平台资本家那里统一称作"使用平台"。第三，数字信息最终处理阶段。当用户涌入并产生了过渡形态数字信息后，数据工程师就出场了。这一阶段的数字劳动主要体现在全过程的终端，它是数据工程师以数据分析软件、数据存储设施为主的数据处理设施为劳动资料，以上一阶段所提供的过渡形态数字信息为劳动对象，以析出具有交换价值的数据商品为目标所进行的劳动过程。当这三个数字劳动的不同阶段，在现实中实现了时间上的继起和空间上的并存之后，数字平台资本的"印钞机"就启动了。

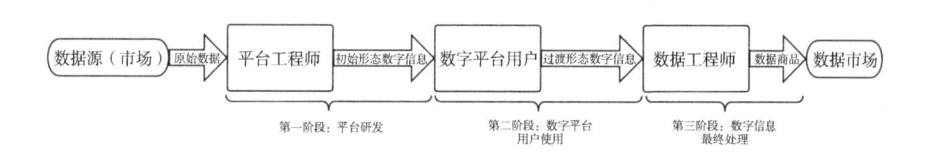

数据源（市场）→原始数据→平台工程师→初始形态数字信息→数字平台用户→过渡形态数字信息→数据工程师→数据商品→数据市场

第一阶段：平台研发　　第二阶段：数字平台用户使用　　第三阶段：数字信息最终处理

图1　数字劳动过程示意图

数字平台用户的数字劳动是症结所在。当我们更进一步思考时，就会发现在整个数字劳动过程中，由于平台工程师、数据工程师和数字平台资本家之间存在雇佣劳动关系，所以他们在很大意义上和传统资本主义时期的工人无异。但在这一数字劳动过程中新出现的"数字平台用户"，不仅在传统资本主义时期没有出现过，而且他作为生产数据商品中的必要一环，本身并没有和数字平台资本家之间产生雇佣劳动关系，所以这一阶段的数字劳动存在"非强迫性"或"自愿性"的特点，这就决定了每个数字平台资本家都需要吸引用户来"自愿使用"自己的数字平台。另外，更重要的是，由于劳动时间在时间结构中的地位不可撼动，所以数字平台用户所进行的"自愿使用"只能发生在其自由时间之中。这就是平台资本主义时间僭越的全部真相。

数字平台资本家也是资本家，也要追求无限的剩余价值。当最初的数字平台资本家无偿占有用户的数字劳动从而尝到甜头之后，只会对更多的无偿数字劳动虎视眈眈。不过和工场手工业、机器大工业等时期的资本家不同，数字平台资本家没有也不可能使用如延长工作日长度等强制性的手段来加强对用户的数字劳动剥削。所以，数字平台资本家为了尽可能增加用户的无偿数字劳动时间，就会使出浑身解数来使用户尽可能多地"自愿使用"平台，从而尽可能多地占据用户的自由时间，以产生更多更准确的过渡形态数字信息，获取越来越多的数据形态的剩余价值。比如时下大火的短视频应用"抖音"，它为了提高所谓的用户黏性，即延长用户的使用时间，一方面在数字平台本身的设计上下手，根据心理学、设计学等学科知识，设置诸多类似"下拉刷新"等能够给予用户强烈正反馈的程式；另一方面从用户出发，根据对用户总体把握和基于大数据的个性推荐系统，不断推送符合用户观赏口味的内容。这两方面综合起来，数字平台用户就在数字平台资本家构建的虚拟世界中停不下来，逐渐用其占据自己的全部自由时间。

数字平台自带垄断属性。"在网络效应的影响下，垄断的趋势是建立在平台的 DNA 上的。"[①] 由于这一属性，本就因资本积累而自带垄断基因的资本主义，碰上自带垄断属性的数字平台，就会使

[①] ［加］尼克·斯尔尼塞克：《平台资本主义》，程水英译，广东人民出版社 2018 年版，第 106 页。

得迄今为止影响力最大的垄断势力的诞生从理论逐渐变为现实,就会使得资本家内部的分化进一步加剧。如今美国的 Google、Facebook、Amazon,中国的腾讯、百度、阿里巴巴,以及由于这些巨头的垄断优势而葬送市场的无数小型互联网公司,都是平台资本主义垄断乱象更为严重的血泪佐证。

综上,在平台资本主义社会中,数字平台资本家在继承之前剥夺无产者自由时间的手段的基础之上,不仅挖空心思利用各种方法增加用户的数字劳动时间,从而直接僭越实则抢占无产者的自由时间,而且通过数字平台自身带有的垄断属性,不断利用网络效应排挤其他数字平台资本家,使其充当无产者的"后备军",最终造成越来越多无产者的自由时间被越来越少数字平台垄断资本家抢占的社会现状。

四 总结与展望

资本主义与时间正义是反义词。"值得怀疑的是,一切已有的机械发明,是否减轻了任何人每天的辛劳。"[1] 当我们停下匆忙的脚步,站在科学技术高度发达的 21 世纪回头看时,能否解答这一当年马克思在写作"机器和大工业"一章时开头所引用的穆勒之问。诚然,经过我们上述的分析,这一问题在"第一次使自然科学为直接的生产过程服务"的资本主义社会中,已然得到绝对否定的答案。从传统资本主义到平台资本主义,科技进步了,物质丰裕了,资本剥削活劳动的方式也"发展"了。从最开始,资本家仅仅只是通过间接延长劳动时间的手段来剥夺工人的自由时间,到现如今,

---

[1] 《马克思恩格斯全集》第 43 卷,人民出版社 2016 年版,第 386 页。

资本家可以自如地通过威逼利诱的方式来直接僭越工人的自由时间。在这一转变中，我们不能一味悲观，也要看到无产阶级力量的日益自觉在这一剥削方式从"显性"变"隐性"中的作用，也不能麻痹自己沉湎于此，就此认为资本主义的剥削方式会止步不前而不会"推陈出新"。正确的态度是要牢记资本的本质，牢记"资本不是物，而是一定的、社会的、属于一定历史社会形态的生产关系"①。只要资本主义私有制还存在，只要资本主义生产关系不灭亡，只要资本主义经济制度仍喘息，资本家对于无产者的压迫就还"合乎正义"，真正的时间正义就永远不会实现。

时间正义应当是中国发展的矢量之一。中国目前正处于社会主义发展的初级阶段，社会主义的制度优势，决定了中国具有实现时间正义的天然沃土；但同时初级阶段的基本国情，就决定了中国仍需借助社会主义市场经济的工具和资本逻辑的野蛮力量来解放生产力、发展生产力。这一特殊国情，就使得中国在实现时间正义的路上挑战更多、风险更大。

迈入数字文明，中国必须始终坚持网信事业的人民性原则。人民性作为马克思主义的鲜明特征，同时也深深烙印于中国各项事业的发展之中。在 2016 年 4 月 9 日召开的网络安全和信息化工作座谈会上，习近平总书记明确指出："网信事业要发展，必须贯彻以人民为中心的发展思想。"② 尤其是在当下，随着数字经济的爆发式增长，接踵而来的就是频繁发生在数字平台资本上的各种滥用未被规范的"数字权力"来无底线侵占用户自由时间的种种行为，这句话显得愈加振聋发聩。所以，从这一点上来说，时间正义并非束之高阁的经院哲学，而是具有实在意义的发展要求。自由时间作为人

---

① 《马克思恩格斯选集》第 2 卷，人民出版社 2012 年版，第 644 页。
② 习近平：《在网络安全和信息化工作座谈会上的讲话》，人民出版社 2016 年版，第 5 页。

类全面发展的空间，它承载了每个人未来发展的可能性和人生经历的完整性，是每个社会成员都应公平享有的必需品，不能成为资本逐利的场所，更不能被某一阶级所独自瓜分和占有。这不仅是数字文明的新要求，也是时间正义的要求，更是网信事业中人民性的重要体现。

有效遏制数字平台资本的无序扩张，始终维护人民群众的时间正义。随着数字平台资本气焰的不断嚣张，中国人民群众的时间正义状况也是越来越严峻。数字平台资本家也是资本家，数字平台资本的逻辑依旧从属于资本逻辑。在当下，数字平台资本在带给中国经济增长的同时，其不断滋生的野蛮行为也造成了极大危害。比如现在，数字平台在发展近二十年后，相关技术日趋成熟，这却对每个人的全面发展造成了更大威胁。在数字平台资本的侵蚀下，每个人的自由时间不仅是被僭越，更是被挥霍。现在是一个人人都离不开数字平台的时代，在这样一个时代愈来愈多的人对数字平台开始产生"上瘾"症状，尤其是众多尚未形成完整世界观的青少年网络用户，沉迷于手机游戏、网络直播、短视频应用而荒废自由时间甚至是学习时间的社会事件层出不穷，严重的甚至会导致性格缺陷或人格扭曲，这无疑会严重残害每个青少年的身心健康以及阻碍其后续的全面发展，这种现象却屡禁不止。以抖音、快手等短视频数字平台为代表的数字平台垄断资本，面对这些社会事件时总是推诿塞责甚至是委罪于人，将责任转嫁给社会、教育以及家庭，一面道貌岸然地扮演"无辜受害者"，一面居心叵测地设计让用户足以上瘾的内容。这些数字平台资本在利用移动互联网红利快速发展壮大之后，虽然在经济指标上做出了不小的贡献，但是在需要承担的社会责任上一再退让，在本应严格管制的内容审核上一再妥协，最终导致这一恶果。所以，必须及时有效地遏制数字平台资本的无序扩张，否则和经济指标一同增长的并不是人民群众的发展空间，而是数字平台资本的逐利空间。而要想防止此类现象的层出不穷，除了要从资本主义企业内部呼唤其微乎其微的社会责任感之外，更重要的在于健全当前我国数字领域的法律法规。

坚持全面依法治国，把数字平台资本锁在"法治的鸟笼"之中。法律是治国之重器，有法可依才能有效治理。数字经济领域尤其是平台经济领域中的垄断乱象，作为近年来在我国新出现的一种资本越界行为，不仅给人民群众带来了极大的危害，而且还呈现出愈演愈烈的趋势。与资本主义不同，中国的法律始终都是为了保障人民权益，因而在数字领域的立法也要加快步伐，做到想群众之所想、急群众之所急。但是，同时也要注意，加快数字立法不等同于禁止数字经济发展，而是为了保护数字经济更好发展。数字平台现如今作为众多经济活动的重要载体，不仅有利于提高全社会资源配置效率，推动技术和产业的数字化变革，贯通国民经济循环各环节，也有利于提高国家治理水平和推进国家治理能力现代化、数字化，过去为中国发展做出很多贡献，未来也大有可为。并且，这一新兴经济模式由于存在时间短、用户规模大、技术密集度高以及商业模式复杂多变等原因，在立法层面和执法层面都存在相关概念不清晰、界定困难、监管范围不明确等困难，这就为数字立法的进程造成了不小障碍。因此，数字立法进程不可操之过急，避免挫伤数字经济尤其是数字平台经济领域的内在活力，也不可滚芥投针，避免人民群众的"数字权益"乃至时间正义受到资本的二次侵害，而是应该将数字平台资本束缚在由法律编制好的"鸟笼"之中，在一定空间之内任其翱翔，但其始终不会逾越代表人民利益的红线。

综上，只要我们始终心怀"国之大者"，以人民为矢量不断有效规范数字平台的资本运营，不断褪去其野蛮生长的嚣张气焰，就可以让其为中国的经济社会发展注入磅礴动力，从而更加接近共产主义社会、更加接近从必然王国向自由王国的飞跃、更加接近时间正义的真正实现。到那时,"代替那存在着阶级和阶级对立的资产阶级旧社会的,将是这样一个联合体,在那里,每个人的自由发展是一切人的自由发展的条件"①。

---

① 《马克思恩格斯选集》第1卷,人民出版社2012年版,第422页。

浪漫主义的赛博格：
对主体生存问题的一种视野

陈珈翎[*]

自 20 世纪以来，人类先后进入信息、智能的时代，面对越来越智能的技术对传统主体性地位的破坏与重构，人与技术的关系及主体的生存处境在智能科技时代的背景下得到了审视与再定义。在信息社会中，主体的具身、虚拟的数字化已广泛普及，在智能时代中，强人工智能的发展使"人机合一"式的后人类主义图景正一步步成为现实。数字化的、技术主体性的动态发展使过去技术与人的"二元"界限不断地被消融，赛博格主体性成为第四次工业革命成果下的人的新的生存形态。

一 赛博格主体性的两种形态：
虚拟数字性和人机共存体

"赛博格"（cyborg）一词是由美国的两位科学家——曼弗雷

---

[*] 陈珈翎，华侨大学哲学与社会发展学院博士研究生。

德·克林斯（M. E. Clynes）和内森·克兰（N. S. Kline）在 1960 年发表的《赛博与空间》中首次提出，该词创立的初衷是为了解决未来人类在外太空生存过程中的生理机能不足，从而向身体内部植入神经控制装置。①"cyborg"取自"cybernetic"（控制论）和"organism"（有机体）的前三个字母，顾名思义，它是控制装置和生物有机体的结合体。学者唐娜·哈拉维在《类人猿、赛博格和女人：自然的重塑》的绪论中提及了赛博格的组成成分，即高科技形式的有机物和机器，前者是"成为信息系统、文本和人体功率学控制下的劳动、需求和繁殖系统"，后者是"成为通信系统的形式、文本和根据人体功率涉及的自对设备"。② 如今，提倡人类力量与物质技术力量和谐共处的赛博格本体论正以两种主要形态发挥着"构建着任何历史转变的可能性"③。

（一）虚拟数字化的主体

20 世纪以来，人类步入互联网信息时代，互联网技术使得人类拥有了第二身份，即存在于网络赛博空间中的虚拟数字化身份。赛博主体在打破了三维时空条件的束缚和肉体的物理在场性的虚拟空间中实现着虚拟生存，借助互联网技术得以自在遨游、穿梭于无界限的空间中。主体在虚拟与现实空间的切换中，在过去与未来、已知与未知的飞渡流转中获得了一定程度的"数字永生"，主体与主体间也实现着跨时空的信息传递和交流。电子邮箱、个人博客、

---

① 彭兰：《智能时代人的数字化生存——可分离的"虚拟实体"、"数字化元件"与不会消失的"具身性"》，《新闻记者》2019 年第 12 期。
② ［美］唐娜·哈拉维：《类人猿、赛博格和女人：自然的重塑》，陈静译，河南大学出版社 2016 年版，第 316 页。
③ ［美］唐娜·哈拉维：《类人猿、赛博格和女人 自然的重塑》，陈静译，河南大学出版社 2016 年版，第 316 页。

电玩游戏等大众社交媒体是人与数字化信息进行密切互动的场所，主体通过图片、文字、影音等符号化的信息进行着网络人格的信息建构和角色表演，技术承载着主体意识、服务着主体意识，信息可根据主体的意愿被修改和删除。

但是，随着技术的不断进步，虚拟空间与现实空间的二元对立正在不断消融，人们更关注如何使赛博主体跨越空间的边界，在虚拟社交、感官性技术的体验与对移动终端的使用中体会到肉身的在场性。新技术在这一方向上的尝试，是在虚拟空间中寻找人在现实情景下的体验感、物理具身性的回归感，而不是还停留于强调身心对立的离身性。实际上，人在虚拟空间中的长时间浸泡会使身体形成其独有的惯性[1]，身体信号传输至主观意识，身体和意识在这一作用下对称一致，而厂商根据用户的体验反馈与大数据信息制造出更加具有现实空间感的产品，从而增强主体身体在虚拟空间中的在场。例如，新浪微博的"点赞"图标的方位就是根据人在手握智能设备时指节滑动的惯性位置设计的，"点赞"虽存在于虚拟社交中，但它着实影响了现实主体间的关系与情感。如今，AR 的应用已经使主体肉身能够在虚拟空间中直接参与，在未来，身体若在 VR/AR 等技术的发展下实现全息的社交互动，那么在虚拟空间中还原身体的真实性的可能将大大加强，人与机器的交互性会更加紧密。[2]

（二）"人机共存"的主体

如果说人从原子化状态切换至比特信息化状态并未从根本上改

---

[1] 彭兰：《智能时代人的数字化生存——可分离的"虚拟实体"、"数字化元件"与不会消失的"具身性"》，《新闻记者》2019 年第 12 期。

[2] 彭兰：《智能时代人的数字化生存——可分离的"虚拟实体"、"数字化元件"与不会消失的"具身性"》，《新闻记者》2019 年第 12 期。

变人的主体意识、主体实践和主体存在①，那么，"人机一体"的赛博格主体形态无论在表征还是内在结构上都改变了传统意义的主体性——哈拉维在《赛博格宣言》中有如此定义："赛博格是一种控制生物体，一种机器和生物体的混合，一种社会现实的生物，也是一种科幻小说的人物。"② 在这里，技术不再作为沟通主体在虚拟空间和现实空间游走的桥梁，而是渗透肉身的内部，打破有机体和无机体的隔阂，主体从而超越其原有的生理机能界限，认知力、行动力、寿命等方面通过技术的建构得到增强。

"人机共存"的主体形式已不再是哈拉维所说的"边缘生物"，而早已被社会的大多数群体认可、接纳，并在社会的各个领域发挥着影响和作用。在医学领域，技术的植入不仅体现在整形美体、安装假肢、人工肌肉或心脏起搏器等应用，更体现在生物技术革命的成果上。在《我们的后人类未来：生物技术革命的后果》中，弗朗西斯·福山提及了生物技术在西方民主制国家的"医疗"与"增强"的应用，并总结了生物技术进步会给人类提供四条通往未来的道路，分别是脑科学和神经药理学的研究、寿命的延长和生物基因工程。③ 对于生物技术对人的建构，他"保守"地指出，面对历史还没有终结的现实，若不为生物技术的发展划一道管控"红线"，则势必从根本上更改人性和政治秩序。在哈拉维那里，生物技术在女性主义的实践中充当着革命性的工具。她的赛博格科学观重新定义了女性身体的"物质性"，不再是"物质—符号学的，身体交互

---

① 韩敏、赵海明：《智能时代身体主体性的颠覆与重构——兼论人类与人工智能的主体间性》，《西南民族大学学报》（人文社科版）2020年第5期。
② [美]唐娜·哈拉维：《类人猿、赛博格和女人：自然的重塑》，陈静译，河南大学出版社2016年版，第314页。
③ [美]弗朗西斯·福山：《我们的后人类未来：生物技术革命的后果》，广西师范大学出版社2016年版，第19页。

的，述行的，中介的，甚至文学的"，① 而是可与技术合成、并也是符合自然的必然秩序的。无论研究后人类主义的思想家是以何种视角研究赛博格主体性，不可否认的是，技术在21世纪的初衷与目标就是在人身上发挥"增强"的作用力，而人类也正在通过NBIC四大技术（纳米、生物、信息、认知）获得通往"超人类"未来的通行证。因此，后人类主义的研究内容势必沿袭着现实成果的发展态势，并站在反思、批判的角度，从对技术的"增强"功能的关注延伸至社会政治、经济、实用生活和文化思潮等领域，以新方式思考机器、技术带给人的意义。

二 浪漫的赛博格：一种视野和方法

现代科学技术正日益消解"人"与"机器设备"、"肉体"与"技术"的二元界限，纵使人类还未进入人与人工智能共同成为高级主体的后人类时代，但赛博技术已经使在信息、智能时代下的人类拥有了稚嫩、萌初的赛博格的主体形态。主体与技术"内—外""虚拟—现实"的对接似乎宣告着纯粹机器主义正走向历史的末端，这使我们必须停止某种对立思维，即对工具理性至上的"启蒙"、渴望回归"自然"的浪漫主义的绝对否定或绝对推崇。

（一）浪漫的主体和技术

在西方哲学的发展历史上，理性主义几乎占据着哲学发展的首

---

① ［美］唐娜·哈拉维：《类人猿、赛博格和女人：自然的重塑》，陈静译，河南大学出版社2016年版，第314页。

要地位，浪漫主义是对理性主义哲学的抗衡、推翻和校正，它将人类的目光从对上帝的马首是瞻、对理性能力的过分强调拉回到了充满激情和生命力的审美与艺术的世界中。近代浪漫主义强调人存在的根本价值，在技术的、理性的世界中，浪漫主义者们渴望回归"自然"，重返"诗意"的生活，他们在"浪漫诗"、审美艺术等汇集人的情感、烂漫的天性的领域中克服、控诉理性主义造成的人的分裂和有违人性的不公。从浪漫主义者的努力中可看出，他们拯救的是技术下的人的异化、残缺，技术与天性是对立的范畴，如同科学与艺术、理性与感性。这种"对立"思维一直延续至19、20世纪的西方马克思主义者那里，如阿多诺和霍克海默在《启蒙辩证法》中对理性的批判。

但是，在现今的赛博技术中，由于主体与技术呈嵌入性、具身性的关系，"主体—客体"的隔阂已经消失了。技术为了实现"增强"的初衷，为了达到帮助主体更好发展的目的，被制造得更能与主体适应、交互、共生融合。主体虽然在技术的主导下"异化"了，但在弱人工智能还未完全进化到强人工智能的今天，它更像是被技术"奴仆"服务的"主人"。同样，科学与艺术也不再"对立"，数字艺术就是个鲜活的例子，它为艺术与科学提供融合的平台，基于数字信号电路技术的数字技术给艺术作品带来新的生成方式和环境，艺术家的主体意识通过数字技术而呈现。因此，当代技术发挥着富有"人性"的积极作用——它们通过对我们进行内部配置、组装，从而塑造了我们，也塑造了我们的文化，[①] 技术不再是冰冷的机器、工具，而是带有情感的、人性余温的浪漫性质，人在浪漫的技术建构下拥有了浪漫的赛博格主体性。

[①] Coeckelbergh M., *New Romantic Cyborgs: Romanticism, Information Technology, and the End of the Machine*, MIT Press, 2017, p.260.

在后人类主义的图景中，我们可展望到，人工智能发展成为具有主体性意识的、自在自为的存在，它与人类一样，在"人机共和国"里拥有公民身份，在社会中实践着生产性的劳作，在生活中拥有着情感性的体验。等到机器主义终结的那天，拥有主体意识的强人工智能不再是作为"奴仆"的物质工具或艺术品，而是成为对世界进行叙事的参与者之一。人曾经的工具技术成了与他同为高级主体的同类，而人在技术的促进下成为无所不能的虚拟智人，从而人的主体性将得到完全的解放，世界不再以技术尺度被建构，而是以诗性尺度解蔽真理，① 原先的人与原先的机器共处于同一浪漫维度，即一道成为"浪漫的赛博格"。

（二）方法："熟练地参与"与"叙事的技术"

然而，在历史上，启蒙理性主义与浪漫主义思潮运动都没有完全消除对立的二元思维，主体因为有"技术"的存在而无法得到真正的解放。理性主义抬高了人的理性，将它放置在神坛的位置，对理性以外的东西嗤之以鼻，而浪漫主义则强调非理性的重要价值，旨在通过感性手段达到人的整体性的诉求。在这两种思潮中，机器（技术）都作为实践、认知的工具成为沟通人与世界、人与真理的桥梁，正因如此，"主体—客体"中间的连接线永远存在，"主体"与"客体"间的对立无法消失。唯有存在于"主体—客体"间的技术消失，"肉身"与"世界之肉"完全地连接，"身体"覆盖、充斥着整个世界，人才有可能在最大程度上掌握真理。

因而，反观在机器主义还未终结的当前，如何处理好二元对立

---

① 韩敏、赵海明：《智能时代身体主体性的颠覆与重构——兼论人类与人工智能的主体间性》，《西南民族大学学报》（人文社科版）2020 年第 5 期。

依旧存在与界限消失这两者同时并存的是我们当下所要思索的，有没有一种折中的方式来看待当代主体的生存模式呢？学者马克·考科贝伯格（Mark Coeckelbergh）在著作《新浪漫的赛博格》中提出，辩证、批判地看待技术中的"理性"要素和"浪漫"要素是必要的，工业机器与浪漫主义的关系并不完全对立、博弈，二者的紧密相依存在于当今的技术中，即体现为"物质浪漫主义"。面对技术主体性普遍化的时代的到来，马克·考科贝伯格提出了解决主体生存问题方法，不是"还原""回归"早期浪漫主义，而是将主体的"浪漫"要素和技术的"浪漫"要素相贴合，发掘技术中的人之天性，从而达到得以追求更好生活的"浪漫化"的赛博格形态。

马克·考科贝伯格指出两种方法，即"熟练地参与"与"叙事的技术"。"熟练地参与"即是强调主体实际工作的环境，从事技术实践的主体将注意力从"机器"转移到对"环境"和"他人"的关注上。在现象学的语境中，"熟练地参与"是一种主体主动地赋予世界意义、同时更好地具身感知世界的意义的方式，主体与周遭的环境建立起亲密无间的关系，是对"二分"下的现代主体异化的补救的尝试。海德格尔在《艺术作品的起源》中就曾质问过作为技术之本质特性的工具性，他举出例子，农妇在使用工具时，是主体居住（liegt）于存在之开放中，在其中，工具因"可交付性"（verlaesslichkeit）将必然交付给了世界，她的时间和本己性的限度也交付给了诸事物，因而，工具在"可交付性"和"可用性"中消失了其作为工具的本有特质，而转向了对主体自身的熟稔、此在对原初世界的使用性和参与感；"叙事的技术"则是源于利科（Ricoeur）的解释学，语言作为叙事的方式、文化的构成要素，在叙事的过程中对真实事件的构造力与真实事件本身存在着差距，若取信于单一的叙事视角，则无法得到大全、真实的概念，由此，若我们将看待世界真理的方式取决于技术，则它会蒙蔽主体创造的关于自己的叙述。在历史的、集体的叙事中，技术原本是主体解释和叙述的对象，但随着技术加速的换代发展，它远比人类想象的更具叙事性，人类不再被视为唯一的叙述者，而是人类与技术共同撰写关于历史及个体生活的文本。

"熟练地参与"和"叙事的技术"分别从现象学和历史主义的角度来瓦解主体和技术之间的隔阂性，指向工具对于使用着的主体而言具有自主性、人文性，它不指涉除了主体之外的其他外在目的。技术、媒介在这里反而成了成全主体自身完整性的手段，此手段不是外在于主体的他者，而是内在于主体自身、为历史主体所用的内在形式、生活方式。这一视野即回到了上一节所说的"浪漫的"技术和"浪漫的"主体，即技术已超越工具性、媒介性，而有着应和着人性之感性、拥有着人性之温存的、促进人的完整性的特质，这一特质已在当下初露萌芽的"赛博格"主体时代中得以存在，在未来的"人—机"赛博格时代中也可翘望。

三　结语

面对主体问题的再回归，我们需要一个新的视野来理解当代主体的生存模式，正如伽达默尔所言："我们必须更为尖锐地提出我们时代的问题，即在一个完全由科学支配的社会现实中人如何能够理解自己。"本文在提供的是看似"回望"、实则"展望"的视角——浪漫主义的视角，即在机械主义发展到末端的时代，在每个人都不可避免地成为现实"赛博格"、科幻类文艺作品也不可避免地变现为生活世界可期的未来的时代，一种在新物质状态下的浪漫主义有望形成。这里讨论的"浪漫主义"不是崇尚返回到在虚构和空想的形而上的现实中实现人的整体性，不是狭义的逃避技术或怀恋"回归自然"，而是在赛博格式的主体性中发现人的整体性是与物质技术紧密相连的。浪漫主义存至今日，它的重现并不与工业机器和技术遥相对立，而表现在有机和机械、生命和科学的试图融合。

综上所述，内含于虚拟数字化主体中"技术"与"肉身"的具身关系向更亲密的方向前进着，"人机一体"的赛博格主体性虽已落脚于具身化的实在之境，但就是否会有突破库兹韦尔的"奇点"的强人工智能社会体系的存在以及造成的影响如何，目前研究者们还各执一词。当前技术带来的确定性成果使"人—机"的二元主义的挑战成为正在发生的现实，从这个意义上可以说，我们已然都是"赛博格"；在未来，知识与它所构成、解剖的历史对象间的边界不再是不可渗透，我们可在技术的浪漫维度中发掘人的浪漫天性，从这个意义上，我们都是"浪漫的赛博格"。

四　附录

附录一

"人工智能与社会认识论"
学术研讨会综述*

胡志康**

2018年,习近平总书记在世界人工智能大会的致辞信中提到,新一代人工智能正在全球范围内蓬勃兴起,为经济社会发展注入了新动能,正在深刻改变人们的生产生活方式。[①] 人工智能改变了我们生活世界的同时也带来了很多问题,其中最基础、最重要的哲学问题是人工智能能否作为社会的新主体,这一问题的出现让我们重新思考人的本质,对人的认识也有别于以往的哲学认识论,在此基础上,以人为对象的所有问题都需要进行重新的思考。社会认识论是以人们对社会的认识为研究对象,从哲学认识论的角度考察人们认识社会的特殊活动结构、方式、方法、规律以及这种认识的发生过程,揭示和再现社会认识"自己构成自己"的特殊道路的研

---

* 此论文基于中国辩证唯物主义研究会社会认识论专业委员会主办、华东师范大学哲学系承办的"人工智能与社会认识论"会议。

** 胡志康,华中科技大学哲学学院、国家治理研究院博士研究生。

① 《习近平致2018世界人工智能大会的贺信》,2018年9月17日,中国政府网,https://www.gov.cn/xinwen/2018-09/17/content_5322692.htm。

究，① 把人工智能纳入社会认识论的研究对象，有利于深化社会认识论的研究，深刻把握时代变革，把握人工智能的哲学之问、哲学之思，彰显马克思主义哲学的时代精神。

一 人工智能与社会认识论的前沿问题

自1956年首次提出人工智能的概念后，经过多层次、全方面、持续性、长时间的技术进步，人工智能得以具备当前多样的形式和功能。从技术层面分析，人工智能主要由高性能芯片带来的巨大算力、深度学习等高效率智能算法以及爆炸式增长的数据资源库等方面组成。从社会认识论的角度看，人工智能的研究还需要从人工智能研究的复杂性、人工智能与智能的关系以及人工智能的概念与特性等方面去深度把握人工智能。

人工智能的研究具有复杂性。人工智能在其发展历程中取得了一系列惊人的成就，但人工智能的发展也经历了许多困难，至今还未能达到人类的全部预期，不同流派的争端仍然在继续，这正是由于人工智能研究的复杂性所导致的。华中科技大学欧阳康提倡从人工智能认知的复杂性角度去看人工智能，他认为人工智能发展曲折的根本原因是人工智能的深度发展离不开对人自身的认识的进展。原初的人工智能是从不同的方面去模拟人的力量、感觉、思维、智慧等不同功能，各自在对应的领域能够发挥积极的作用，但却很难形成一个有序的、有机的整体。人的智慧表现为能够进行概念、判断、推理的形式等，在大脑中存在能把各种智能统摄起来形成整体的实体中枢。人工智能则不能达到这样的高度，只是不同形式的模

---

① 欧阳康：《社会认识论导论》，北京师范大学出版社2017年版，第3页。

仿，因而也遇到了巨大的障碍。因此，对于智能的认识面临着社会认识中的常见现象——对象的复杂性，从每个单一智能方面来拓展人的智能可以达到一定的高度，但却不能带来智能有机的、整体的推进，它仍然会遇到巨大的障碍。人工智能的发展需要对于智能的整体性和复杂性的深度认识，需要有一系列的人工智能生态。基于此，当前人工智能的这种简单的、初级的发展所展现的是人类文明某种意义上的分裂状态，表现为一部分领域的智能化，但是另一些领域没有来得及相应地有序地智能化，从而给社会带来了很多突出的社会问题。

人工智能的研究与智能的研究紧密结合。人工智能作为智能的延伸，而智能包含众多概念，诸如意识、自我、思维（包括无意识的思维）等问题。人类唯一了解的智能是人本身的智能，但是却非常有限，于是就很难定义"人工"制造的"智能"。华中科技大学欧阳康认为，工业革命通过社会化的生产极大地扩展了人类的肌体能力，但是智能却没有得到相应的发展，于是使人的智能得到发展的人工智能应时而生，其目的是如何用智能去帮助人们更好地感知、运算、识别、解决相关领域的问题等。人工智能的发展使得人的能力整体上得到了巨大的革命性的提升，工业革命也走向了后工业革命。武汉大学蔡恒进则关注了人工智能与认知坎陷的关系，他认为，人类的意识不可能完整地上传给机器，对人类而言，认知坎陷的产生与个体身体、经历相关，因此在意识脱离人的身体上传给机器前，需要对意识分级讨论其可迁移的程度，部分可迁移性较强的意识片段并不过多依赖于认知主体，从而容易上传，但有些认知坎陷并不容易上传给机器，且其丰富性也较差。当前的意识的构建和上传存在的问题是可解释性差，多数是因为其背后是资本、商业、国家的建构的作用而不是由对未来有预见的人来决定的，因此，克服了认知坎陷的人工智能也将会给现实世界、未来数字世界、未来的人机一体带来连续性。

人工智能的三要素为算法、数据、算力。算法是人工智能的内核，是人工智能性能高低的关键，不同的算法决定了不同的功能、应用场景，认识人工智能的算法是认识人工智能的必要条件。华中科技大学吴畏从计算机科学、数据科学和人工智能三个维度来讨论算法的认识论逻辑，他提出对于算法的认识论反思建立在三个基础问题的探讨上：一是算法的认识透明性问题，探讨算法透明性可以从形式化透明性、实践透明性、不透明性和元认识层次的不透明性四个角度进行解读。二是算法能否作为科学发现新逻辑，对科学发现的计算（智能）系统的探索，特别是 AlphaFold 的出现为探讨科学发现逻辑问题可提供不同以往的全新思路。三是算法是否超越了常识认识论，如何对常识语言的语义进行理解、分析和再表达已成为各种算法和人工智能必须解决的基本问题。数据处理能力和算力提升是人工智能的基础。当前海量数据的存储和计算机算力的巨大化提升是使得人工智能的算法得以实现的基础，南京大学蓝江认为所有数据通过不同形式被赋形进而形成明确的信息，基于这种赋形的信息，人工智能技术基于解释性路径形成了与人类和其他行动元的关联，并在这个关联基础上形成了更为宏大的数字生态的信息层，而人与非人、真实与虚拟、自然与社会的行动元都是在这个信息层上运行和展开的，于是，这些行动元构成了数字生态下的物体系，这个物体系不断构造出新的关联，而新的智能关联进一步促成了人与智能体的共同进化。

人工智能的概念讨论。浙江大学李哲罕提出大多数人将人工智能视为一个时髦主题，因此其被大面积消费，但抛开这些浮于表面的现象，从本质上用哲学的视角考察人工智能的发生机制，眼下所接触的、所想的仍然只是弱人工智能，而强人工智能不过是一种虚构的担忧而已，当下并不存在，在对人工智能的诸多虚拟性问题仍然需要深入研究，进一步澄清相关问题和概念。上海大学陈海提出，通过人工智能展开对道德专家的讨论可以为道德哲学的研究提供新的视角。道德专家区别于哲学家和专家，具有显著的特征是，他必须持有所有道德上的专家意见且实施所有道德上的专家行为，这个要求很苛刻，但是却很符合人们对人工智能的期待。人工智能在机器人、语言识别、图像识别、自然语言处理以及专家系统等领域具有一些特性，高精准度、高强度、长时间工作且没有主观情感，不会犯错，因此如果这个世界上真的能够出现一个道德专家，那么最有可能成为这个道德专家的恰恰应当是一个人工智能系统。

二 人工智能的重要意义

人工智能改变了人类的生产方式，人工智能成为劳动的主体，也带来了自动化的劳动，影响了人与社会的关系，带来了许多新的社会愿景并引发了对于共产主义实现可能性的讨论，从某种程度看，以人工智能领衔的科学技术构建了一种全新的社会文明新形态。

人工智能是马克思新世界观的重要研究对象。长沙理工大学余乃忠从马克思新世界观来探讨人工智能，他认为在马克思的新世界观中，世界是人的智力所理解和历史活动所占有的世界，也因人的认识的深化和实践的丰富而不断展开，智能世界就是人的知识体系框架中所容纳的世界。人工智能通过赋数、赋联、赋能、赋智，把宇宙万物转化为人的对象，人在人工智能作品中直观到自己和万物的价值。在人工智能环境下，人的感性活动使自身在活动中的历史性矛盾得到前所未有的化解，感性和精神敌对趋和，自我意识和对象意识冲突趋解，理论与理论对立趋同。人工智能超"自然"的技术也必然产生超自然人的"超人"，而超人时代人与自然关系的新规定必然引起人与人关系的新构建。人工智能所带来的"现实世界革命化"，使人占有自然的方式从现实转为增强现实，占有社会的方式从悲剧转为喜剧，占有自我方式从不可解析转为可解析。以马克思新世界观把握人工智能的发展规律，就是"坚持从世界本身来说明世界，并把细节的证明留给未来的自然科学"，这对哲学学科工作者研究人工智能具有很大启示。

人工智能带来了新的认知劳动和劳动方式。人工智能时代的劳动主体有两种，一种是人，一种是智能系统。对于人的劳动方式，上海大学贾文娟认为，人工智能时代的生产对象是数据，生产资料是算法模型与代码模块，基础设施是互联网基站、超算中心等。人工智能产业中的劳动形态也转变为与识别、判断、创造等人类能力相关的认知劳动。今昔的劳动差别在于劳动控制诉求从改变人们身体动作方式发展为改变其头脑认知方式，劳动者从执行机器指令的肢体成了帮助机器接收信息的感觉器官。被贬低、意义与获得感的缺乏等消极体验正在吞噬着劳动主体的热情与生命。对于智能系统的劳动，上海大学孙伟平认为，以智能机器人为代表的各种智能系统自主性和自主等级随着的认知水平提升也在日益增强，其实践的领域和认识的准确性不断扩大。在智能社会中，智能系统的劳动技能不断提升，劳动状态更为稳定，同时与人类相比，一方面，智能系统具有明显的进化优势，在于它不仅可以从事体力劳动，而且可以在脑力劳动甚至曾经专属于人类的领域如艺术创作方面大放异彩；另一方面，智能系统的劳动可能导致大规模技术性失业，甚至造成社会排斥，出现无用阶层。在此背景下，需要不断加快自身进化，努力实现人机协同、人机融合、人机一体化，建构一种新型的智能文明。南京大学蓝江指出在智能算法之下，人们需要考虑的问题不是人工智能对人类的取代，或者人工智能会形成一种与人无关的智慧类型，而是需要在智能关联主义的背景下，重新思考人与非人的系统关系。

人工智能引发了共产主义实现的新探讨。华南理工大学杜巧玲提出，人工智能作为迄今为止最高科技文明的结晶，对未来社会形态演进的"革命性"作用将不可限量。具体体现在：人工智能技术改变了生产方式，实现了社会生产力的发展；人工智能时代知识信息的共享性和共享增益性使得共产主义的经济制度条件可能实现；人工智能等智能技术使得消费资料调配精准得以可能，为按需分配创造了技术条件；人工智能技术消解了异化劳动，使劳动成为人的第一需要，为实现共产主义社会每个人的自由全面发展创造人文条件。复旦大学郑召利则指出，人工智能领导下的经济生产方式如共享经济等，对未来共产主义的实现奠定了一定的基础，但却不能认为即将实现共产主义，共产主义的实现要落实在不断探索的长期而艰难的努力之中。广东警官学院卢文忠从马克思机器论的发展趋势、本质特征、社会效应、未来进路四个方面来研究人工智能，提出共产主义社会是在变革传统工业社会基础上，机器自动化发展到高度智能化并融入生产以及生活过程之中、最大限度地提高生产效率并代替人类不必要的体力脑力劳动，实现人的自由全面发展，进而实现共产主义。

人工智能催生了人类新文明。华中科技大学欧阳康提出当前人类对自身的认识，尤其是对自身智能的认识，对于情感、意志、理性等的能力的认识形成了一个整体，而支撑作为一个整体性的、普遍化的、有机的人工智能的条件已经成熟。通过对人工智能各方面的有序、全面整合，就有可能构成一种全新的人类文明新形态，这种人类文明新形态会让整个社会进入智慧社会。当前人类文明正使得人类的所有能力，即人的体力、智力，包含手脚的感知能力等，都由现代科技产生出来。人工智能的再度复兴，实际上是依托于全新科技，而这种复兴实际上会产生全新的生产体系、生活方式、交往方式、思维方式、情感方式。社会整体结构就会发生变化，这就是"新人类文明形态"或者是"智慧文明"，或者是"智能社会"或"智慧城市"。

三 人工智能的哲学问题

人工智能的发展带来巨大社会、经济、科技效益的同时，也带来了诸多重大哲学问题，其中最重要的问题是动摇了人的主体性地位，甚至危及人类的存在，对此有必要重新研究人与人工智能的主体性差异，审视人工智能时代的伦理道德问题以及反思当前人工智能所造成的现在性问题。

人工智能的主体性研究。华中科技大学欧阳康认为，人工智能是人类智能的延伸。他认为主体能力规定了三个要素，分别是人本身的自然力、经验知识力以及情感意志力，这三个能力是人的基础，区别在于人的哪些能力优先得到发展，不同的时代有不同的选择。工业革命通过社会化的生产极大地加强了人类的肌体能力，极大地增大了社会化的生产，工业化发展到一定的瓶颈后，突破这种发展瓶颈需要人工智能的发展，人工智能是人主体能力延伸的一种体现。上海大学陈新汉提出人工智能和大数据等技术的出现使得主体的价值构建呈现出全面加速数字化的趋势，表现为人对物之间发生作用数字化以及物对人发生作用数字化，并且相互联系，由此，作为主体的人也以数字化的活动方式存在于价值世界中。这种技术凸显了人类的"理性之光"，但也产生了主体存在问题和主体地位问题，其根源在于工具理性和价值理性在价值世界构建的数字化文化。对此,他提出应当把握人文精神,通过"实践诠释"机制,在认识层面和实践层面,对这一根源引起的主体异化问题予以审视,从根源、范围和界限加以规定,对由工具理性异化倾向尤其是价值理性异化倾向导致的对人的主体性的负面影响予以批判。华东师范大学潘斌对于人工智能能否成为道德主体进行了研究,他认为人工智能研究的兴起使得人类的智能得到加强,甚至赋予人工智能以道德主体的身份,为此,需要对道德机器人嵌入道德规则,但是面临程序员以及软件公司的道德品质和取向问题,何种道德规则是最合适的,不同智能体之间如何达成道德妥协等难题。① 因此,加强对程序员、程序公司的道德养成与伦理建设尤为重要,应该将人类的整体利益与持续发展置于优先地位,嵌入任何智能机器的底线伦理人机融合与责任伦理将是未来时代应对智能机器的有效路径。中国科学技术大学张贵红认为需要理解人工智能的行为和意向、赋予其承担责任的能力以及情感和道德判断之间的关系等要素才能赋予 AI 道德主体的地位,并且可以通过借助马勒等人构建的完整的社会心理归因模型来理解 AI 的行为,在人工智能中对其行为进行解释,对信念等民间心理学概念、群体智慧的分析,以及智能体规范行为的构建和相应的伦理问题进行解释,为解释人工智能伦理学的难题提供新的思路。

算法时代的伦理政治审视与思辨性应对。中国社会科学院段伟文指出,一般的算法伦理与治理主张以透明、可解释和可问责的算法消除各种偏见、歧视和伤害,其基本预设似乎是算法本可实现客观认知和公正决策,并可用技术修复其偏差。但是现在的人工智能作为一种全新的世界生成媒介和社会认知与干预试验,无论是算法

---

① 潘斌:《人工智能体的道德嵌入》,《华中科技大学学报》(社会科学版)2020 年第 2 期。

的运作条件，还是人类与算法的关系都关涉复杂的伦理政治配置，不能用惯常的伦理规范来思考。因此，算法伦理（包括伦理设计）研究应揭示潜藏于算法及其技术解决主义逻辑背后的伦理政治暗线，剖析由此带来的社会感知与行动方式的变化和应予扭转的问题，探寻通过思辨与行动进行再造与调适的可能途径。南京师范大学吴静以健康码的应用为案例，指出健康码虽然在疫情防控中发挥了重要作用，但却在很多方面饱受争议。个体存在被以健康码的方式转换为数据身体，取代了主体本身成为对持码主体的身体合法性的唯一确认，对数据身体的认可甚至超越了与主体之间的真实联系。身体数据化的建构依赖于身体的可计算性，作为运作规则的算法本身就是具有导向性与目的性的，进而影响生命政治场域，如何理解数字身份与自然身份之间的关系及其权利问题成为一个重要议题。复旦大学邹诗鹏指出，从机械技术发展到自动化技术继而发展到智能技术，技术的不断座架化对技术社会的形塑和对人的改造这个社会认识和社会理论的核心问题也发生了重大变化。在当前技术化社会中，技术不仅是强势介入人与人之间的中介，而且它本身就是人必须驯服的主体，人是其客体。高速发展的技术化社会使人产生了来自于人文学科的抵抗以及人文精神的焦虑，产生了一种反向的社会活力，产生了身体的犬儒化和犬儒化的身体，即人适应技术座架且身体消极地适应了座架。这种问题的实质依然在于人在技术化社会的自由与解放问题，这一处境下，需要我们继续保持"思"的状态。

人工智能的现代性挑战与反思。人工智能的快速发展带来生活便利的同时，也带来了许多由人工智能滥觞可能带来的现代性风险，为人类本真的生存发展带来潜在威胁。东北师范大学孙颖认为人工智能有着三大风险，即在日常生活中对主体的全面占有而产生神圣化的风险，在市场经济中占有重要地位而产生功利化的风险，在资本主义制度中形成技术与权力垄断而产生集权化的风险。南京师范大学徐亚清指出，人工智能的语言内核并非直观化的技术样态，而是以"生命的算法"为核心的现代性话语，围绕人工智能背后的概念谱系，生命既是现代性话语所塑造的语词，又是在塑造的同时被"裹挟"的对象。由技术语言结构所支撑的现代性话语，在演化中逐渐构筑起了以诠释人的生命为核心的生物学范式，使生命作为"晚近事件"开始显现于现代性的认知之中。此种认知的内核并非对精准"彼岸"的一次性实现，而在于算法本身。人工智能的出现，同样是算法语言的延伸后果，其可视作面向生命的计算，然而计算与生命的张力早已成为困扰20世纪思想史的命题。基于人工智能加速演化的情境中，在反思算法的同时，亦不能止步于以晚近社会以批判理论为代表的"张力化"叙事。其要义并非让生命为算法"裹挟"，而是使算法内化于生命。这同样说明现代性话语并非已经完成的结构，而是"行进"中的叙事任务。

四 结语

人工智能的发展给社会认识论带来了诸多思想资源。华中科技大学欧阳康认为，社会认识论视域下的人工智能研究至少需要关注以下四个问题：其一，哪些技术革命产生了一种全新的智能——人工智能？其二，人工智能深度地引发了人类智能的革命。其三，人工智能引发了深度的社会变革。其四，人工智能引发了哪些社会变革。以上四个问题的解决，将会给人工智能的哲学研究带来广阔的前景。而作为社会认识论的研究者，欧阳康还认为，应当从这种深入的社会变革中寻找我们未来发展的思想资源、实践资源，来更好地丰富发展社会认识论，同时也通过社会认识论的研究为人工智能的发展，为人工智能更好地走向人类文明进步，为人类文明进步在人工智能的影响下走得更加健康、更加快速，提出我们的工作意见和建议。

附录二

中国辩证唯物主义研究会社会认识论专业委员会理事成员名单

2019年11月29日，中国辩证唯物主义研究会社会认识论专业委员会成立大会在华中科技大学召开。中国辩证唯物主义研究会常务副会长庞元正受研究会委托出席会议，来自中共中央党校、中国人民大学、复旦大学、北京大学、北京师范大学、浙江大学、南京大学、吉林大学、武汉大学、中山大学、华中科技大学等高校及中国社会科学出版社等出版机构数十家理事单位代表出席会议。会上成立了中国辩证唯物主义研究会社会认识论专业委员会，秘书处挂靠华中科技大学哲学系。会上，与会理事会单位代表结合学术影响力、地域和单位代表及专业委员会工作需要等原则，逐项选举产生中国辩证唯物主义研究会社会认识论专业委员会首届理事会的理事、常务理事、会长、副会长、秘书长、副秘书长等，并颁发证书。推选过程严格规范、符合程序。具体名单如下：

会　长

　　欧阳康

副会长（6名，排名不分先后）

　　赵剑英　陈新汉　马俊峰　王晓升　邹诗鹏　吴　畏

秘书长

吴兰丽

副秘书长（3名，排名不分先后）

潘　斌　杨国斌　赵泽林

常务理事（23名，排名不分先后）

卜祥记　马俊峰　王晓升　王福生　叶泽雄　刘同舫
许斗斗　吴兰丽　吴　畏　吴　静　邹诗鹏　张云筝
张　亮　陈新汉　欧阳康　郑召利　赵剑英　胡敏中
袁祖社　夏建国　徐　瑾　董　慧　魏书胜

理事（70名，排名不分先后）

卜祥记　万小龙　马军海　马迎辉　马俊峰　王时中
王晓升　王景华　王福生　方环非　叶泽雄　田勤耘
刘玉军　刘同舫　刘　宇　刘启航　刘　玲　刘　琼
刘歆立　刘露晓　许斗斗　孙德忠　李白鹤　李秀敏
李明书　杨　松　杨　玲　杨国斌　杨淑静　吴兰丽
吴　畏　吴　静　何　丹　谷生然　邹诗鹏　张云筝
张宏程　张　亮　张　梧　张登巧　张　楠　陈新汉
武小西　欧阳康　罗天强　季岐卫　郑召利　定光莉
赵泽林　赵剑英　胡敏中　种海峰　秦际明　袁祖社
夏建国　徐　敏　徐　瑾　唐　瑭　盛新娣　彭金富
董　慧　韩东屏　韩金起　程新宇　谢　俊　熊治东
潘建屯　潘　斌　薛秀军　魏书胜

2021年10月29日，中国辩证唯物主义研究会社会认识论专业委员会召开了会长办公会（扩大），部分理事出席会议。会长办公会（扩大）通过了增选理事和常务理事的建议。社会认识论专业委员会理事会以通信投票方式选举了新增的23名理事和其中的4名常务理事，名单如下：

常务理事（4名，排名不分先后）

闫坤如　李哲罕　余乃忠　蓝　江

理事（23名，排名不分先后）

刘光斌　蓝　江　李哲罕　李学锋　张明海　邵南征

宫　丽　徐　强　李春燕　张贵红　赵　伟　朱琳玲

陈明益　高斯扬　李家丽　余　扬　余乃忠　闫坤如

张　炯　孟小非　姜权权　熊翔宇　李雨燕